中国软科学研究丛书
丛书主编：张来武

“十一五”国家重点图书出版规划项目
国家软科学研究计划资助出版项目

服务创新与服务业的升级发展

原毅军 著

科学出版社
北京

内 容 简 介

本书的研究对象是服务创新和因服务创新所引起的服务业的价值创新能力的提升、服务产业结构的优化和服务业的升级发展等问题。在内容安排上，本书注重借鉴和吸收国内外同类研究中的新成果，深入分析服务创新与服务业升级发展之间的内在联系，其主要内容包括：服务创新的条件、模式和创新扩散、服务创新的衡量和分类比较、服务创新对服务业升级的影响，以及从产业共生角度论述服务业与制造业互动升级发展的机理。

本书可为高等学校、科研机构和企事业单位从事产业经济，以及服务创新和服务业发展研究的人员提供参考，也可以作为高等院校经济类和管理类研究生的学习参考用书。

图书在版编目(CIP)数据

服务创新与服务业的升级发展/原毅军著. —北京：科学出版社，2014

(中国软科学研究丛书)

ISBN 978-7-03-041014-6

Ⅰ. ①服… Ⅱ. ①原… Ⅲ. ①服务业–经济发展–研究 Ⅳ. ①F719

中国版本图书馆 CIP 数据核字（2014）第 124842 号

丛书策划：林 鹏 胡升华 侯俊琳

责任编辑：石 卉 乔艳茹 / 责任校对：朱光兰

责任印制：赵 博 / 封面设计：黄华斌 陈 敬

科学出版社 出版

北京东黄城根北街 16 号

邮政编码：100717

http://www.sciencep.com

北京凌奇印刷有限责任公司印刷

科学出版社发行 各地新华书店经销

*

2014 年 7 月第 一 版 开本：720 × 1000 1/16

2025 年 2 月第六次印刷 印张：13 1/2

字数：272 000

定价：88.00 元

（如有印装质量问题，我社负责调换）

总 序 PREFACE

软科学是综合运用现代各学科理论、方法，研究政治、经济、科技及社会发展中的各种复杂问题，为决策科学化、民主化服务的科学。软科学研究是以实现决策科学化和管理现代化为宗旨，以推动经济、科技、社会的持续协调发展为目标，针对决策和管理实践中提出的复杂性、系统性课题，综合运用自然科学、社会科学和工程技术的多门类多学科知识，运用定性和定量相结合的系统分析和论证手段，进行的一种跨学科、多层次的科研活动。

1986 年 7 月，全国软科学研究工作座谈会首次在北京召开，开启了我国软科学勃兴的动力阀门。从此，中国软科学积极参与到改革开放和现代化建设的大潮之中。为加强对软科学研究的指导，国家于 1988 年和 1994 年分别成立国家软科学指导委员会和中国软科学研究会。随后，国家软科学研究计划正式启动，对软科学事业的稳定发展发挥了重要的作用。

20 多年来，我国软科学事业发展紧紧围绕重大决策问题，开展了多学科、多领域、多层次的研究工作，取得了一大批优秀成果。京九铁路、三峡工程、南水北调、青藏铁路乃至国家中长期科学和技术发展规划战略研究，软科学都功不可没。从总体上看，我国软科学研究已经进入各级政府的决策中，成为决策和政策制定的重要依据，发挥了战略性、前瞻性的作用，为解决经济社会发展的重大决策问题作出了重要贡献，为科学把握宏观形势、明确发展战略方向发挥了重要作用。

20 多年来，我国软科学事业凝聚优秀人才，形成了一支具有一定实力、知识结构较为合理、学科体系比较完整的优秀研究队伍。据不完全统计，目前我国已有软科学研究机构2000 多家，研究人员近4 万人，每年开展软科学研究项目 1 万多项。

为了进一步发挥国家软科学研究计划在我国软科学事业发展中的导向作用，促进软科学研究成果的推广应用，科学技术部决定从 2007 年起，在国家软科学研究计划框架下启动软科学优秀研究成果出版资助工作，形成“中国软科学研究丛书”。

“中国软科学研究丛书”因其良好的学术价值和社会价值，已被列入国家新闻出版总署“‘十一五’国家重点图书出版规划项目”。我希望并相信，丛书出版对于软科学研究优秀成果的推广应用将起到很大的推动作用，对于提升软科学研究的社会影响力、促进软科学事业的蓬勃发展意义重大。

科技部副部长

2008 年 12 月

前 言 FOREWORD

中国的经济发展已经进入到一个新的阶段，一个以加快转变经济发展方式、提高经济运行效率、优化产业结构、激发经济体系中创新活力为显著特征的发展阶段。在这个新的经济发展阶段中，经济增长将不再是政府追求的重中之重的目标，而节能减排、生态文明、社会稳定等，都成为必须权衡的社会经济发展目标。现代服务业的发展将在这个新的经济发展阶段中扮演日趋重要的角色。

自 1978 年实行改革开放政策以来，中国在努力实现高速经济增长目标的过程中，逐渐形成了以资源高度依赖和外向型为特征的经济结构，使得经济发展陷入粗放化的恶性循环，生态环境遭受严重破坏，导致经济发展的可持续性降低。而且，随着工业化和城市化的快速推进，对资源能源的需求还将维持在较高水平上。因此，缓解资源环境压力、促进经济发展方式的转变，将更加倚重资源利用效率的提高。现代服务业尤其是其中的高端服务业凭借高人力资本含量、高技术含量、高附加值、低资源消耗等特点，显著提高了经济运行效率，有力地支撑了经济发展方式的转变。

在现代市场经济中，服务业是一个由众多细分行业构成的重要产业部门。随着经济发展水平的提高，技术尤其是信息技术的进步及其在服务业中的广泛应用，服务创新活动的活跃及其创新成果的扩散，使得服务业的内部结构不断发生着演化，适应社会发展和市场需求变化的新兴服务业不断产生并快速成长、壮大起来，取代失去生命力的传统服务业，从而推动了服务业的升级发展。

与服务业发展水平高的发达国家相比，中国的服务业发展仍存在较大差距，主要表现在三个方面：一是服务业的内部构成不同，现代服务业比重偏低，高端服务业的发展刚刚起步，服务业整体的价值创造能力较低；

二是服务业的市场结构不合理，行业进入壁垒较为普遍，电信、金融等服务业垄断现象严重，有利于新兴服务业产生和发展的市场条件不足；三是服务业发展缺乏以具有显著特色和竞争优势的空间集聚区为基础形成的规模经济和范围经济，片面追求各地区服务业的平衡发展，导致服务业发展中的产业同构现象严重，资源浪费、效率低下。因此，发展中国服务业的当务之急，不是简单地扩大服务业的规模或提高服务业在国民经济中的比重，而是要通过服务创新促进服务业的升级，推动服务业的高水平发展。

影响服务业升级发展的因素众多，服务创新是其中最关键的因素。长期以来，对制造业技术创新的研究使人们在提及创新时很自然地将创新的范畴局限于技术创新的狭窄领域，而对于服务创新，尽管近些年引起了越来越多的关注和研究，但仍缺乏权威性的统一界定和完善、系统的理论解释。服务与生产、制造等经济活动毕竟有很多不同，所以服务创新与典型的制造业技术创新之间也存在诸多差异，深入、系统地研究服务创新及其对服务业升级发展的影响，不仅具有重要的学术价值，更具有积极的现实意义。

本书的出版得到了科学技术部专著出版基金的资助。本书是在我主持的多项相关科研项目研究成果的基础上撰写而成的，初稿完成于3年前，经过对数据、资料的更新，对主要内容的多次修改，得以定稿。希望本书的出版对从事服务创新和服务业升级发展研究的读者有所裨益，并敬请广大读者对书中存在的不足予以指正。

原毅军

2014年4月于大连

目　录　CONTENTS

第一章　绪　论

第一节　服务创新的概念

一　创新概念的来源与发展

1. 创新概念的来源

现代意义上的创新概念是在 20 世纪初提出来的，其内涵和外延经过近百年的不断丰富和发展，已成为与科技进步和经济增长密切相关的理论思想。学术界从多角度、多层次对创新进行了深入研究，认为创新已成为未来经济发展的主要推动力。各国也都在运用创新获取国家、产业及企业层次上的竞争优势。

创新概念最初是由美籍奥地利经济学家约瑟夫•熊彼特（J.A.Schumpeter）提出的。熊彼特关于经济增长非均衡变化的思想首先反映在其 1911 年出版的德文版《经济发展理论》中，此书在 1934 年被译成英文时，使用了“创新”（innovation）一词。熊彼特在 1928 年就指出创新是一个过程，并在 1939 年出版的《商业周期》（*Business Cycles*）一书中比较全面地阐述了创新理论。在熊彼特提出的理论中，创新被看作是把一种从没有过的关于生产要素的“新组合”引入生产体系当中。这种“新组合”包括了五项内容，即产品创新、过程创新、市场创新、投入创新及组织创新。

熊彼特提出的创新概念的内涵很丰富，既涉及技术性变化的创新，也涉及非技术性变化的组织创新。这与熊彼特的整个研究的性质有关，他始终是将技术创新作为一个新的独立变量来考查其对经济增长以至社会变迁的影响。他认为创新是经济发展的根源，并根据利息、利润、经济周期等经济学基本概念、现象对创新概念进行界定。熊彼特把创新看成是理解资本主义体系及其发展的核心概念。他还认为创新是自发、间断、质的、革命性的现象，因而资本主义经济发展过程是一个动态均衡的过程，而不是自瓦尔拉以来的新古典经济学家所强调的静态均衡的过程。

熊彼特的理论奠定了创新研究的基石，自该理论提出以后，国外许多学者又提出了有关创新尤其是技术创新的各种表述。美国经济学家罗伯特 •索罗（Robert Solow）于 1951 年在其著作《资本化过程中的创新：对熊彼特理论的评价》中首次提出了技术创新的两个条件，即思想来源和后续阶段的实现发展。厄特巴克

(J. M. Utterback) 在 1974 年发表的《产业创新与技术扩散》一文中认为，“创新是技术的实际采用或首次应用”；弗里曼（Freeman）在其 1982 年出版的《工业创新经济学》一书中指出，“技术创新是指新产品、新过程、新系统和新服务的首次商业化应用”。Tidd（1997）认为，“创新是一个存在于由组织提供的物品（产品或服务）当中的变化及其创造和传递的方式上发生的变化”。彼得·德鲁克（Peter F．Drucker）认为，创新是创业家独有的工具，是一种赋予资源以新的创造财富能力的行为，任何改变现有资源的财富创造潜力的行为都可以称之为创新。

虽然以上这些定义都是在制造业占主导地位的经济背景下提出的，但其中也隐含了服务创新的部分内容，学者们对创新概念的理解已经超出了制造业中的有形产品，拓展到了以“无形性”为特点的服务业当中。

2. *创新研究的发展*

从 20 世纪 50 年代开始，科学技术的迅猛发展对人类社会和经济发展产生了巨大的影响，人们开始重新认识技术创新对经济增长和社会发展的巨大作用。这一时期针对技术创新的研究逐渐发展并丰富起来，被经济学家称为技术创新的复兴时代。到目前为止，国外学者针对创新尤其是技术创新的研究主要经历了三个阶段，如图 1-1 所示。

图 1-1　创新研究的发展阶段

长期以来大量针对制造业技术创新的研究导致人们在提及创新时会将创新的范畴局限在技术创新的狭窄领域，这使得创新研究打上了深深的“技术”烙印。技术创新的研究成为当今创新研究的主流，而对服务创新的研究却严重滞后。随着服务经济时代的到来，服务业在国民经济中的地位日益提高，对促进经济增长和扩大就业起到越来越重要的作用，而服务业的可持续发展离不开创新。近年来，服务创新的商业现象层出不穷，创造了极大的市场和社会价值，对服务创新的研究也取得了不少令人振奋的成果。

二 服务创新概念的界定

对服务创新概念的界定是近年来学术界争论的一个焦点，不同学者从不同角度对服务创新作出了不同的解释。

1995 年，由欧洲联盟（以下简称欧盟）社会经济研究规划资助的欧洲服务业创新系统研究项目（SI4S）对欧洲国家的服务企业进行调查后认为，服务创新是新的产品和服务，在服务中使用新的技术，或者在服务中对现存技术的新应用。

英国学者 C.H. Lovelock（1983）从产品创新的角度对服务创新进行的解释包括以下内容。

第一，重大创新，是指为尚未界定范围和确定规模的市场提供新产品。

第二，创始业务，是指在一个市场需求能够得到满足的产品/服务市场上创造出新产品。

第三，提供新产品，是指为目前所服务的市场开发新的产品（即便这种新产品在其他地方也能买到），是企业向现有顾客提供产品/服务的一种尝试。

第四，产品改进，是指对现有产品的特点、功能等所作的改变，如延长服务时间、增加服务交付场所的数量等。

第五，产品线的扩展，是指为目前的产品线增加新的产品种类，或者采用新的传递方式。

第六，形式的改变，即改变产品或服务的外部视觉。

在国内的相关研究中，对服务创新概念的解释也不尽相同。一些学者认为，服务创新是指服务企业引入一种更有效而尚未被采用过的新的服务手段或方法，在服务过程中应用新思想和新技术来改善和变革现有的服务流程和服务产品，提高现有的服务质量和服务效率，为顾客创造新的价值，并实现其市场价值的活动过程。服务创新是企业为了提高服务质量和创造新的市场价值而制造的服务要素的变化，对服务系统进行有目的、有组织的改变的动态过程，或者是把特定顾客和问题的服务解决方案运用到解决其他顾客和问题的部分。服务创新为用户提供以前没办法实现的新颖服务，这种服务在以前由于技术等方面的限制因素不能提供，现在因突破了限制而能提供。

也有学者从经济、技术、社会、方法论角度对服务创新进行了界定。服务创新既是指通过非物质制造手段所进行的增加有形或无形“产品”附加价值的经济活动，也是以满足人类需求为目的的软技术的创新活动，还是创造和开发人类自身价值，提高和完善生存质量，改善社会生态环境的活动；而从方法论角度看，服务创新是指开发一切有利于创造附加价值的新方法、新途径的活动。

服务创新活动发生的范畴不只局限于服务业本身，在其他行业中同样大量出现。因此，可以从广义和狭义两个层面对服务创新概念进行界定。从广义上讲，服务创新是指一切与服务相关或针对服务的创新行为或活动；从狭义上讲，服务创新是指发生在服务业中的创新行为或活动。鉴于服务业本身创新活动出现得更为频繁和丰富，而且它也是理解其他部门服务创新的基础，本书从服务创新的狭义概念进行探讨。

在现有关于服务创新概念界定的基础上，本书从价值创造的角度对服务创新给出新的定义：服务创新是服务企业在运作过程中所使用的，能够为企业创造新的价值的各种方法和行为的有机组合。

三 服务创新与制造业创新的区别

长期以来，制造业技术创新的研究使人们在提及创新时很自然地将创新的范畴局限于技术创新的狭窄领域，而对于服务创新来说，一般人认为服务业中的创新很少，或者认为服务创新局限在适应制造业技术创新的框架范围之内。

尽管服务与制造越来越难以区分，而且服务业创新的动机也与制造业一样，有提高市场占有率、改善服务质量和扩展产品或服务范围等，但是服务与生产、制造等经济活动毕竟有很多不同点，所以服务创新与典型的制造业创新之间也存在诸多差异，主要表现在创新的表现形式和组织方式两个方面。

1. 服务创新可以采用不同的形式

和制造业部门一样，服务部门也是产品、过程、组织、技术和市场的集合体，因此也包含了多种与制造业相似的创新形式。同时，服务本身的特性又使创新具有许多不同于制造业创新的独特形式。需要注意的是，在理解每种服务创新类型的语义时，不应过于僵化，不能只从制造业中的相应含义去理解，而要从服务本身的特性加以理解。

首先，虽然服务业中也包含了产品创新、过程创新等一般的创新形式，但它们在内涵上与制造业的产品创新、过程创新有着本质区别。制造业中的产品和过程创新都是针对有形实物产品而言的，其创新结果明显可见；服务业中的产品和过程创新却是无形的，它可以只由方法或过程组成，而不包含任何技术维度和有形成分，这种“无形”的创新经常不被人所察觉。服务在本质上不是一种有形产品，而是一个过程、一个标准，因而在服务业中对产品创新和过程创新进行区分比在制造业中困难得多。此外，虽然技术在服务业中扮演着日益重要的角色，但它并不是创新的一个不可缺少的因素，服务业中的产品创新和过程创新完全可能在不包含技术维度的情况下发生。

其次，服务创新活动中存在着大量针对特定顾客的“定制创新”，这种创新与制造业中的创新相比，具有明显的不可复制性。这种服务创新是发生在服务业中的一种非常普遍和重要的创新形式。这就要求对以前较为狭义的创新概念（如创新必须具有某种程度的可复制性）进行一定程度的扩展，以便将不同形式和不同创新度的创新包括进来。

最后，某些服务创新特别是公共部门中的创新具有很强的社会维度。这样的创新虽有较大成本，但仍会创造价值，在评价时不能只从量的多少或市场价值的高低进行比较，而要通过社会价值的增加来描述。正因为这种创新的非市场维度较强，所以很容易被人们忽略。

综上所述，服务创新是一种“无形性”创新，它包含了大量的针对特定顾客的“专门创新”，而发生在公共部门中的创新又具有较强的非市场维度，这一切都使得服务创新表现出了与制造业创新完全不同的形式。

2. 服务创新可以通过不同的方式进行组织

就创新的目的而言，制造业创新以生产和制造更好、更符合需求的有形货物为目的；服务创新则以把有形的硬件技术产品或者无形的软件技术“产品”更快、更好、更有效地送到需求者手中为目的。所以，服务创新的组织管理方式与制造业创新也有所差异。

1）服务创新的交互作用模型

创新管理理论长期以来推崇创新的线性模型，其中研究与开发（research and development，R&D）、生产及营销各阶段之间没有相互作用，按顺序进行，因而研究者、生产者和销售人员处于相互隔离的状态。这样的理论概念是从制造业的创新过程中得出的，但它并不适合于服务业。服务创新的组织有其自身的特点：服务的生产和提供是服务企业与顾客、供应商等参与者之间一系列交互作用的结果，创新活动按照复杂的交互作用模式进行组织，创新过程就是不同行为者和不同部门之间复杂的交互作用过程。例如，开发一种新的、具有较大规模市场的保险产品，需要律师、保险精算师、IT 专家、销售人员和顾客的集体参与和交互作用才能完成。又例如，咨询业中的创新发生在服务提供者和顾客界面之间，更加需要两者之间积极、大量的互动沟通。

2）服务创新的 R&D 活动和科学基础与制造业创新的区别

在服务创新中，通常没有正式的 R&D 部门。如果从制造业创新的角度分析，很难发现服务创新中的 R&D 活动。事实上，在服务创新过程中包含了相应的 R&D 活动，只是形式与制造业中的 R&D 活动不同。服务业的创新活动通常是一种概念分析活动，有时还包括对创新项目的测试。

此外，服务创新中 R&D 活动的科学基础与制造业也有所不同。制造业 R&D 活动主要以自然科学为基础，而服务业中的 R&D 活动则主要以社会科学为基础，如咨询业中经常使用的心理学、人力资源管理学，保险领域经常运用的人类学、社会学、经济学、管理学、法律、政治学、风险学等。

在服务企业的创新过程中，某些情况下会存在专门的创新部门，特别是在大型服务企业里，这种创新部门是一种专门针对创新而形成的、非持久性的创新机构。但是，即使这些部门存在，它们在创新过程中也并不扮演重要的角色。其主要活动是搜集企业中的创新思想或诱发创新思想的产生，而不像制造业中的创新部门那样扮演关键性角色。

3）服务创新以个人的创新活动为主

服务创新活动最初往往是非正式化和非系统性的活动，战略导向不强，个人创新精神和自发的创新活动占据主导地位。这与制造业在战略引导下有组织、系统性的创新活动有很大的区别。不过，目前服务创新活动的发展趋势是正在由非正式化和非系统性向战略引导下的正式化和系统性转变。

4）服务创新对无形资产的依赖程度更大

服务业的操作对象是人的情感世界、心理活动、行为和社会活动等，而制造业的操作对象是自然物质和人工物质世界，因此，服务创新中最关键的因素是人的因素。此外，制造业以硬件技术为核心技术，服务业则是以软件技术为核心技术。所以，在服务创新中企业无形资产的作用要比有形资产更重要。比如，在服务创新中，与制造业一样，必须把降低服务过程中的物质投入、能源或人力成本作为创新目标，但是更多的附加价值将来自开发的相关无形资产，诸如客户关系、品牌知名度、商誉等。

5）创新的知识资源来源与制造业有很大不同

多数服务企业在创新中所需要的知识，主要是来自有关开发、市场和消费者导向的新构思和新创意，而对大学和研究实验室的依赖非常有限。这一方面是由于基础 R&D 通常与服务业的关系较少，大多数的服务业一向不注意开发它们自己的技术；另一方面是由于历史的因素，大学和研究机构通常把研究重心放在工业的制造过程和技术上面，而这些技术与服务业的相关性有限。

经济合作与发展组织（Organization for Economic Co-operation and Development，OECD）的创新调查结果表明，服务业在知识上很大程度依赖其他企业。1997 年德国的创新调查发现，竞争者、贸易集会、展览会和客户是外部知识的主要来源，设备供应者也是重要的知识来源。在意大利，上述四个来源被认为是最重要的，之后是咨询、会议、研讨会、专利权和许可证。在法国，客户和设备供应商被认为是外部知识的重要来源，法国竞争者的重要性比德国和意大利要小。在英国，客户和消费者被认为是知识的最重要来源，之后才是内部来源、设备供应商和其他企业。在对这些国家的调查中，只有少于 5%的企业认为研究机构和大学对服务部门的创新很重要。

第二节 服务创新的特点、类型与内容

一 服务创新的特点

1. 服务的特点

服务创新的特点来源于服务本身具有的特点，其特点归纳起来，大致有以下四个方面。

1）无形性

这是服务最为显著的一个特点。服务是一种活动而非一种可以捉摸的东西，因此具有非实物性、不可触摸性的特点，这也是与一般物质产品的有形性相对立的特点。其具体特点可以从两个方面来理解：一是与有形的消费品比较，服务的空间形态基本上是不固定的，在很多情况下人们不能触摸到，因为它采取非实物形式，不作为物品离开服务者而独立存在；二是有些服务的实用价值或效果，往往在短期内不易感受到，通常要等一段时间后，使用或享用服务的人才能感觉到服务所带来的利益，如教育服务等。

2）异质性

服务的异质性是指构成服务的要素及其质量水平经常发生变化，难以形成统一的认定。也就是说，由于服务无法像有形的物质产品那样实现标准化，所以，即使是同一种服务，受到提供服务的时间、地点及人员等因素的影响，其服务的品质的异质性都很大。服务的生产是一种直接的人与人的传递。因此，服务的传递者，包括服务人员、顾客及服务环境等，都会影响服务的生产，从而使服务产品处于一个不断变化的过程之中，难以实行标准化生产。

3）不可分离性

服务的不可分离性是指服务的生产和消费是同时进行的。服务在本质上是一个过程或一系列的活动。消费者在此过程中必须与生产者直接发生联系。服务生产者提供服务给消费者时，正是消费者购买服务的时间，两者在时间和空间上是

同时进行的，生产结束即消费结束，服务作为产品也就不复存在。

4）不可存储性

这主要是由服务的无形性和不可分离性决定的，服务产品既不能在时间上储存下来以备将来使用，也不能在空间上将服务转移并安放下来，如果不能及时消费，就会造成服务的损失。实物产品是有形的，且可以在生产出来一段时间后再使用，因此可以经历生产、存储、消费的一个过程；而服务的生产和消费是同时发生的，如理发、外科手术、酒店住宿、按摩、旅游、现场体育赛事及其他任何服务，不可能像实物产品那样先生产再使用。

2. 服务创新的特点

根据服务的特点，与制造业技术创新相比，服务创新主要有以下特点。

1）服务创新的内涵更加丰富

服务创新的内涵表现在以下五个方面：①无形性。服务创新是一种概念性、过程性的创新活动。从形式到内容都与制造业创新有较大差异。②多样性。服务创新是一种多样性的创新活动，服务创新可能是技术创新，但这只是其中的一种类型，服务创新更多的是非技术性创新，如组织创新、结构创新等，因此要从更为广阔和多维的角度对服务创新进行考察和理解。③混合性。服务创新的新颖性范围很广，既有可复制的创新，又有不可复制的专门为某类或某个特定客户定制的创新服务活动。④顾客中心性。顾客作为服务创新活动的参与者在创新过程中发挥了积极的作用，服务创新更多地表现为一种以顾客需求为中心的创新活动。⑤市场导向性。服务创新是在企业层面上进行的一种创新活动，对市场需求的变化更敏感，是企业为更快、更好地满足市场需求的变化而进行的一种创新活动。

2）服务创新中顾客参与程度高

服务创新最显著的一个特点就是顾客积极参与创新过程，这一特点可以从“服务生产”的特殊性中得到解释。在制造业的生产过程中，顾客只是最终产品的被动接受者或使用者，并不参与产品的生产和传递，也不与制造商发生交互作用，从顾客参与的角度出发，可以将这种生产过程称为“独立生产”过程。而在服务业的生产过程中，由于生产和消费的不可分离性，顾客积极参与到服务的整个生产和传递过程中，并与员工发生大量的交互作用，所以这是一种“合作生产”的过程。“独立生产”与“合作生产”的对比反映出服务业与制造业性质上的差异，导致两者创新过程的重大差异。

3）服务创新以渐进性创新为主且较为灵活

服务创新的新颖度范围虽然较广，但在实际中它经常是一种渐进性的创新，而较少出现根本性创新。服务创新经常是在原来服务提供基础之上的较小变化，只有很少一部分是对市场而言的全新创新。

服务创新形式灵活，不需要遵循统一的模式，也不需要统一的平台，其创新形式和创新信息来源根据服务行业的不同而不同。例如，在通信技术、银行、航空等行业主要依靠大规模的网络技术从内外部获得信息，其创新的形式主要表现为网络影响和技术创新。而个体服务和社会服务则主要依靠外部的技术，创新形式主要表现为社会创新。

4）人力资本是服务创新的关键驱动要素

在信息时代，企业最新、最有用的知识存在于员工的头脑中，具有创造能力和创新精神的员工是企业的核心资源，高素质员工的创新能力是企业获取竞争优势的关键。只有员工的创造性思维能力才是企业最为宝贵的资源。增加人力资本投资，重视对员工创新思维能力的培训，营造以人为本的创新文化，使每个员工都成为一个自主创新的主体，从而积累雄厚的人力资本，是企业开展服务创新活动的基础。

5）服务创新的研发周期短，形式多样

服务创新的研发时间通常较短，投资回报期也较短，具有资金投入少、扩散速度快、不确定性大的特点。服务企业中的服务创新活动主要体现在诱发、搜集和整理创新概念上。服务创新和技术创新研发活动的科学基础不同，前者以社会科学和人力资源科学为基础，后者以自然科学技术为基础。

服务企业不仅可以根据顾客需求采用“顾客化（定制化）”的生产方式提供新服务产品，还可以根据新服务产品的特性采用“标准化”的生产方式提高效率和扩大规模。除此之外，越来越多的服务企业已开始将“标准化”和“顾客化”整合进一个模块化系统中，采用“模块化”的方式进行新服务的开发和生产。这种方法既在一定程度上提高了新服务开发的效率，又能较好地满足顾客需求。因此，新服务的生产较制造业大规模、标准化的单一生产方式明显呈现出多样化的特点。

二 服务创新的类型

关于服务创新的类型，国内外学者一直在不断地进行探索，并试图对其进行更加完善的描述。

熊彼特（1990）认为创新包括五个方面：

（1）引入新产品或新产品质量（产品创新）；

（2）引入新生产方法，包括商业上处理商品的新方法（过程创新）；

（3）开放新市场（市场创新）；

（4）发现原材料或中间投入的新供应来源（投入创新）；

（5）实施新的产业组织（组织创新）。

C.H. Lovelock（1983）认为创新有六种：

（1）主要创新；

（2）启动新的业务；

（3）开发针对当前市场的新产品；

（4）产品线的延伸；

（5）产品改进；

（6）风格的改变。

R. Normann（1983）将服务创新的类型归纳为四种：社会创新、技术创新、网络影响和复制创新。

随着研究的深入，学者们开始关注服务业本身特有的创新形式，Miles（1993；1995）依据服务特性，将服务创新分为产品创新、过程创新和传递创新三类。J.Sundbo和 F.Gallouj（2000）根据创新对象将服务创新分为产品创新、过程创新、组织创新和市场创新四类。此外，学者们还发现了许多用技术维度无法解释但相当重要的创新形式，如 Gallouj（1991）提出的“专门化”创新和其他学者提出的结构（重组）创新、形式化创新等，这些非技术性创新在服务业中发挥着更为普遍和重要的作用。

1. 服务创新的一般类型

在国内外学者研究的基础上，我们把下列几种创新类型归纳为服务创新的一般类型，即技术创新、产品创新、过程创新、组织创新、传递创新、市场创新和重组创新。

（1）技术创新。指已有技术或新技术在服务组织中的引入而产生的创新，如家庭银行、自动柜员机（ATM）的出现，工资册的计算机化管理等。

（2）产品创新。指对市场而言的全新服务产品的开发和引入。这种服务创新与制造业中的产品创新很相似，只不过创新对象并不表现为一种有形的物品，而是一种全新的服务概念、流程或方法。例如，保险公司设计和开发一个全新险种就是产品创新的典型例子。

（3）过程创新。服务在本质上是一种过程，服务产品在很大程度上就是服务过程，很难在产品创新和过程创新两者间进行明确区分，因此服务的过程创新是广义上的产品创新。而从狭义上讲，过程创新只针对某一服务的运作和传递过程，是服务生产、传递程序（规程）的变化。狭义的过程创新可以分为两类：生产过程的创新，称为“后台创新”；传递过程的创新，称为“前台创新”。

（4）组织创新。指服务组织要素的增减，组织形式或结构的变化，管理方法的更新和引入。例如，一个激励系统或某种柔性组织结构在企业中的引入，自我管理团队的出现等都是组织创新的典型例子。

（5）传递创新。指服务企业向顾客的价值传递系统、路径或方式的创新。传递创新反映了服务创新的顾客参与和交互作用特性。服务传递方式的优劣和效率的高低直接影响服务的结果和顾客感知的服务质量，而某些技术创新也可以看作是一种传递界面的创新。

（6）市场创新。指服务企业在市场中的新行为，包括开辟全新市场，在原有市场内开发新的细分市场，进入另一个行业和市场，以及在市场上与其他行为主体间关系的变化等。比如，加入一个新的市场战略联盟就可以看作是市场创新。

（7）重组创新，又称为“结构创新”。指服务企业在现有资源的基础上，通过将已有服务要素进行系统性的重新组合或重新利用而产生的创新。这种创新通过几种具体方式得到实现：新服务要素的增加；两种或两种以上已有服务要素的组合；已有服务要素的分解。企业开展重组创新的能力与其掌握的资源，尤其是知识和技术能力密切相关。企业实施重组创新必须具备的一个条件是其“服务产品”具有一定的模块化结构，即“服务产品”能被分解为可以清晰识别和定义的要素。服务产品的模块化是服务企业实现经营活动“正式化”或“标准化”的前提条件，因此成功的重组创新可以显著提高服务企业的效率。

2. 服务创新的特殊类型

服务创新的特殊类型主要包括专门化创新、形式化创新、外部关系创新和专家领域创新。

1）专门化创新

专门化创新，是针对某一顾客的特定问题在交互作用的构建过程中提出解决方案的创新模式（Gallouj，1998）。这种创新模式在知识密集型服务业中广泛存在并相当重要，如咨询服务业最主要的创新模式就是“专门化创新”。R.Mamede（2002）认为特定创新最重要的特征就是适应能力。专门化创新是由顾客和服务提供者两者共同完成的，因此创新的实际效果不仅取决于服务企业本身的能力，还取决于交互界面中客户组织的专业知识和能力。专门化创新是一种“交互作用”过程中的创新，它与服务提供者及其顾客的积累性学习过程密切相关。这一积累性学习过程产生新的知识和能力被解码后可以在不同环境中被重新使用。因此，专门化创新引起的变化通过经验积累的解码而形成持久的状态变化。此外，专门化创新中“服务提供者—顾客”界面的存在有助于限制这种创新模式初始形式的可复制性，在一定程度上对创新起到保护作用。

2）形式化创新

上述各种服务创新类型有一个共同特点，即服务要素发生了某种定性或定量的变化。形式化创新并不发生定量或定性的变化，而是各种服务要素的“可视性”和标准化程度发生变化，它经常采用以下一些方式实现：将服务要素进行“序化”；对服务要素进行详细说明；降低服务要素的模糊性，使其更加具体有形；赋予无形服务要素以具体形式，等等（Gallouj 和 Weinstein，1997）。在很多服务业尤其是知识密集型服务业中都会发现形式化创新的存在。需要指出的是，在服务活动中，服务特性和功能的“有序化”经常是“重组创新”实施的先决条件。“形式化创新”过程会使服务要素的标准化程度提高，这为“重组创新”提供了条件，因此，一般在“形式化创新”之后紧跟着“重组创新”。

3）外部关系创新

外部关系创新，是指与其他市场参与者（消费者、供应商、公共权威机构或竞争对手）建立新的市场关系（Djellal和Gallouj，2001）。这一概念看起来与最近创新研究中关于组织创新的概念密切相关。然而，根据熊彼特关于产业组织的原始概念，外部关系创新后来被拓展到包括搜集、管理和使用信息的过程，以及基于这些信息的决策的实施（OECD和European Communities，1997）。搜集、管理和使用信息的过程涉及公司的内部组织及公司的外部关系组织，也就是说外部组织创新是组织创新的一个“子集”①。这表明，一般来说，外部关系创新与组织创新面临相同的问题，即从测量角度来说它是一个难以处理的问题。

4）专家领域创新

专家领域创新，是指通过知识积累和服务专业化的程序来探测新需求并对其作出回应。这类创新被称为一种潜能，只有在与客户的互动中，实际创新才被物化。在这种意义上，专家领域创新只是“专门化创新”的一个特殊情况。但Gallouj（2000）强调，专家领域创新的重要结果是“开拓新市场、（内部和外部）多元化或产品范围的更新以及在知识和专家方面竞争或垄断优势的形成”，它更接近于熊彼特（1990）描述的创新特征②，即专家领域创新是真正的创新。

除了上述几种服务创新概念外，相关研究中还可以发现其他一些新概念。这些新概念的贡献在于它们直接关注创新方式的多样性（即创新过程的不同特征），阐释了基于创新程度划分的不同创新类型。

（1）专家领域创新是一个过程，从熊彼特的角度来看，它包括探测新需求、回应这些需求并因此产生的开拓新市场的行为。

（2）外部关系创新面临着与组织创新或其他类型创新相同的问题，它们可能会产生显著的经济效应，但从实际来看它们很难辨认和测量，而且不能对某些组织变化是否具有创新性特征等问题作出判断。

（3）形式化创新是难于把握的一个概念。对它的定义相当模糊，它看起来与知识和过程外在化密切相关，然而没有明确的是，这些形式化过程与新产品或组织生产或执行过程的新方式如何相关。

（4）专门化创新也是一个有争议的概念。专门化创新挑战了对“创新”扩散的不连续性和可能性的要求，“创新”是由适用于特定问题的特定的、不可复制的解决方案组成的。

3. 基于创造新市场的服务创新分类

这是针对服务创新的分类，之前我们强调了服务的不可分离性，但这并不是

---

① Djellal 和 Gallouj 于2001年也讨论了“（内部）组织创新”的概念。

② 至于发现新需求、开放新市场和更新产品范围，熊彼特认为，“通常，生产者发动经济变革……，（消费者）被告知需要新事物，或者在某种关系或使用习惯上不同的事物”。

绝对的。这种创造新市场的服务创新在两个维度上相互区别，这两个维度分别是：所提供利益的类型和服务可分离的程度。

在第一个维度上，企业可以通过提供一种新的核心利益或者改变顾客获取核心利益的一种新的服务传递方式来进行创新。例如，太阳马戏团（Cirque du Soleil）通过提供一种体现核心利益的独特表演为生活娱乐创造了一个新的市场，这种表演既非杂技又非舞蹈，而是两者的结合。这种独特的表演很成功。服务的传递过程也是标准的，顾客需要提前买票进入剧场观看表演。而凤凰城大学通过网络这种新的传递系统让学生获得核心利益，即大学学位，从而使该大学成为美国快速发展的高等教育机构。

第二个维度涉及服务的生产和消费是否同时发生。IT的发展和广泛应用将形式上生产和消费不可分离的许多服务转换成可以在任何时间和地点进行消费的服务。传统上医疗保健是一种"不可分"的服务：医生必须和病人在同一个地点。尽管在多数情况下病人需要医疗保健服务的时候会去诊所或医院，但医生和护士可以通过电子邮件、可视电话或语音信箱为病人提供医疗建议，或者通过远程医疗设施监控病人的健康状况。

把这两个维度结合起来，构成一个矩阵，如图1-2所示。矩阵中的每个单元都提供一种方法，以此为市场创造型服务创新设计一种特别方式。这有助于企业管理者确定他们应该在哪个单元中进行创新及理解该单元的动态变化。

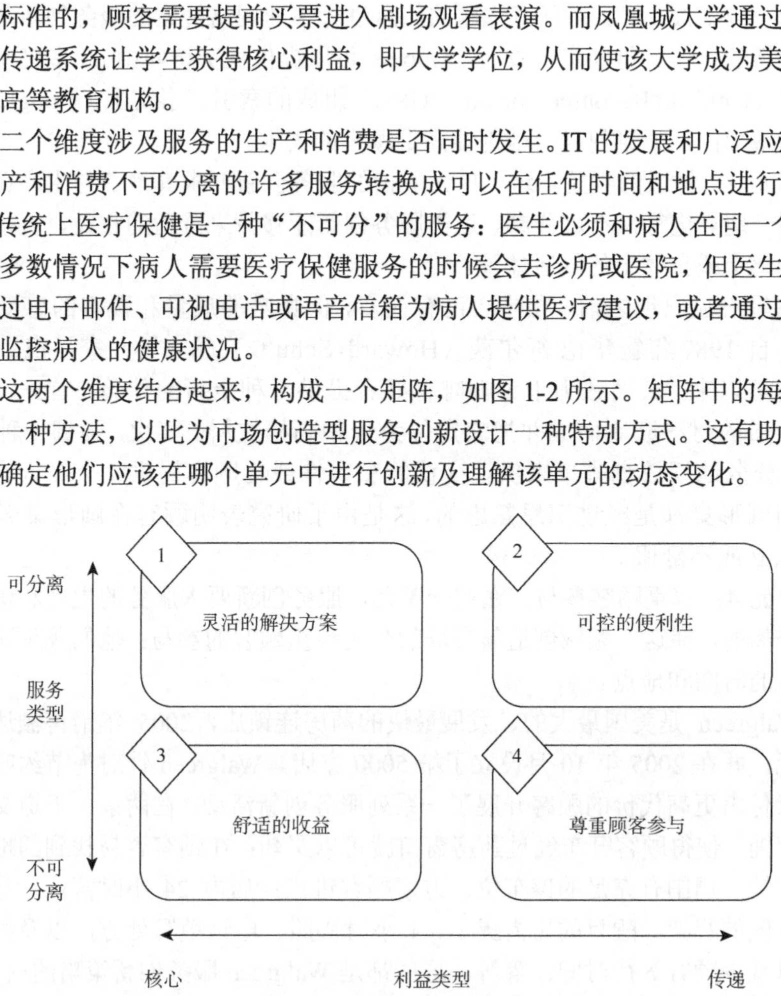

图1-2 市场创造型服务创新的四种类型

单元1：灵活的解决方案。该单元描述的服务创新允许使用者打破时间和地点的限制，即服务的消费与生产在时间和地点上可以分离。

这类创新的发起者是联邦快递公司。1965年，弗雷德里克·史密斯（Frederick W.

Smith）写了一篇学院期刊论文，讨论了利用空中客运干线系统来运送期限紧迫的重要物品。联邦快递公司提供一种新的服务，即快速、可靠地运送时间紧迫的物品，从而创造了一个新市场。速度与可信度的结合使联邦快递成为值得信赖的快递公司。

单元 2：可控的便利性。该单元描述了顾客可以在任何时间和地点享受到服务价值。

典型的例子是 Google 创造的信息传递的变化。Google 没有发明信息提供的新的途径或手段，但其对任意主题的信息进行快速网络搜索的服务创新却为顾客提供了新的价值。借助广告收益，Google 可以提供免费访问由 80 多亿统一资源定位符（Uniform Resource Locator，URL）组成的索引。事实上，Google 是一个信息储备部门，无论何时何地都能满足顾客的需求。

单元 3：舒适的收益。这一单元所指的服务创新要求其消费与生产在同一时间、同一地点进行，不可分离。这类服务创新能够带来舒适的收益，直接给顾客带来情感上或身体上的舒适体验。

在星巴克出现之前，咖啡店已有很多，但咖啡的质量和顾客的感受却并不一致。自 1987 年霍华德·舒尔茨（Howard Schultz）成立第一家星巴克并将其迅速传播以来，公司致力于为咖啡喜好者提供一种全新的体验。首先，咖啡用同样性质的材料磨制而成并把它定位为一种高档饮料。其次，强调一种轻松的氛围，分散地摆放咖啡桌来保证交谈的私密性或为顾客提供一个私人空间，甚至使用圆形桌都是经过深思熟虑的，这是由于研究表明顾客在圆形桌旁时不会感到孤立或不舒服。

单元 4：尊重顾客参与。在这一单元，服务创新要求服务的生产和消费也是不可分离的。在这一领域创造新市场的公司尊重顾客的参与：他们尊重顾客使用其服务的时间和地点。

Walgreen 是美国最大的、发展最快的药房连锁店，2005 年销售额达到 420 亿美元，并在 2005 年 10 月设立了第 5000 家店。Walgreen 针对为节约时间和精力愿意付出更高代价的顾客开展了一系列服务创新活动：在两条主干道交叉街角设立店铺，使得顾客开车经过药房窗口就可以买药；在顾客容易找到的地点设立独立店铺，周围有充足的停车位，方便顾客进出；店内 24 小时营业、宽敞的过道、较低的货架、醒目的店内提示、1 小时快照、电话填写处方，以及处方自动排队以减少顾客等待时间；等等。这些都是 Walgreen 服务创新策略的内容。

三 服务创新的内容

1. 服务创新的要素

服务创新涉及企业经营管理的各个方面，包括创新战略、服务理念、组织管理、服务方式及技术支撑，如图 1-3 所示。

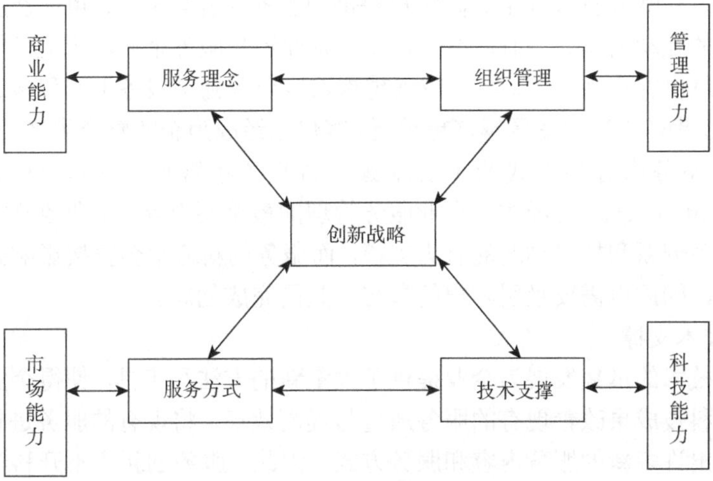

图 1-3 服务企业创新的系统模式

1）创新战略

服务创新战略是服务创新活动的核心。服务创新活动可以在企业内部的多个层面展开，可以是企业战略指导下的有组织的行为，也可以是企业员工的自发行为。不过，服务创新给企业带来的效益是由战略决定的，只有创新战略指导下的服务创新，才能从战略上对未来产生重要的战略性影响。因此，企业的服务创新活动只有与其战略的制定和实施过程紧密结合在一起，才能有效地影响企业的服务理念，带动企业的组织管理，促进服务方式的变化，促使企业从整体上得到快速成长。

2）服务理念

服务企业面对客户需求的不断变化和竞争对手激烈的竞争，必须通过调整服务理念增强适应能力。市场的变化要求服务企业打破固有的服务理念，开展全新的服务业务，想尽办法贴近客户、贴近市场，掌握竞争对手的动态。为了赢得市场、赢得竞争，企业需要突破原来对服务范围和方式的理解，扩展服务内容、调整服务方式，将现有的服务与客户需求及竞争对手的做法对照分析，以发现自身服务方面的差距，寻找服务创新的切入点。

3）组织管理

服务创新要求有科学严密的组织管理，以及管理创新和制度创新的支持。服务内容、方式的变化必然要求企业在其组织模式、管理方式和员工的知识结构等方面接受相应的挑战。企业的服务创新不仅仅是高层管理者和指挥部门的事，也会涉及每个员工，企业的组织管理工作既要有利于服务创新活动的开展，还要营造能够鼓励员工进行创新活动的文化氛围，努力使企业成为学习型的组织。

4）服务方式

服务方式既涉及服务企业向客户提供的服务内容与形式，也涉及服务企业与客户之间的互动关系。当前，不管是制造企业还是服务企业，所提供的产品和服务都越来越以客户为导向，客户越来越深入地介入到与服务生产和传递相关的过程之中，因此客户界面变得越来越重要。客户已经成为企业整个生产经营的中心，成为新的服务内容与方式的重要来源。客户关系管理（customer relationship management，CRM）已经成为企业服务管理的最重要内容。企业改善客户服务界面需要管理创新和技术创新的有力支撑，而服务创新通常会直接影响到客户的利益和效率，因此也需要吸引客户的参与，共同完成创新。

5）技术支撑

科学技术的迅猛发展为企业提供了大量新的方法和工具，使得企业可以利用这些新的科技成果改善现有的服务质量与提高效率，将现有的服务进行延伸，也可以创造出许多新的服务内容和服务方式。因此，服务创新离不开科学技术的支持，技术创新是服务创新的重要支撑和保证力量。实践中，新技术的运用对服务创新的重要性不断增强。在运输物流业，信息和通信技术，以及物流装备技术为运输和物流服务企业的发展提供了巨大的发展空间。

2. 服务创新的过程

无论是哪种类型的服务创新，都包括以下过程，如图 1-4 所示。

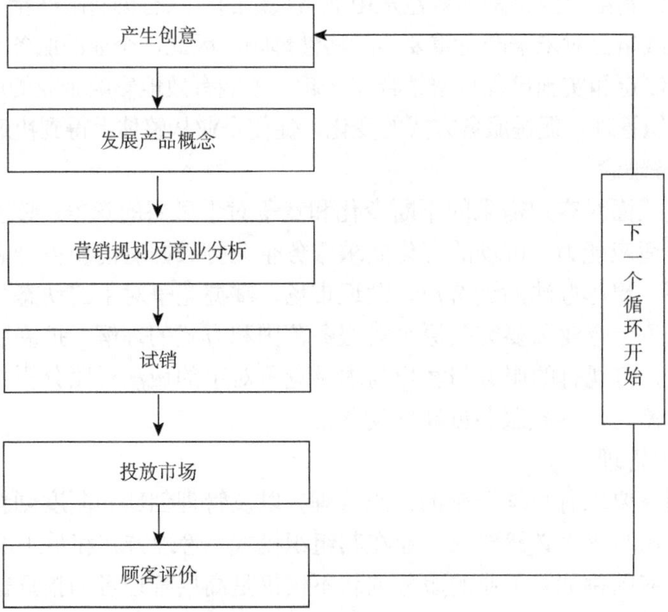

图 1-4　服务创新过程

1）产生创意

产生创意是服务创新的第一步。好的构思是创新成功的关键，这个阶段企业需要借助创造性思维产生很多构思，并依据客观、全面、公正的原则对构思进行评价筛选，剔除不合实际的构思。构思可以来源于企业内部，也可以来自企业外部。内部构思主要源自企业研发部门、一线员工等；外部来源包括顾客、竞争对手、外部研发人员等。

2）发展产品概念

产品概念是企业从顾客的角度对创意进行的详尽描述，描述出服务的优点、价格、名称、提供给顾客的利益、能够满足顾客哪些方面的需求等，让顾客能识别出服务的特征。发展产品概念是指将筛选出来的构思丰富化、具体化，增强其可操作性。这个过程包括概念测试，通过实地访谈等方法定性地找出对这一概念最感兴趣的人，即潜在顾客群，指出更加深入的产品开发工作应采取什么方向，对目前的工作进行修正。

3）营销规划及商业分析

服务营销规划是企业战略的一项重要内容。当产生了新产品构思并准备将其引入市场时，就需要明确企业的营销规划，包括对企业战略目标的确定、竞争态势的考察、营销战略措施的选择，以及计划实施过程的监督。准确、细致的商业分析是制订营销规划的基础，商业分析的目的就是确定服务的开发能否带来发展和利润，新服务在市场上被接受的程度，以及新服务的开发对公司的财务状况的影响。

4）试销

试销进入的市场往往是有代表性的小范围的目标市场，在这类市场中实施营销规划，以了解消费者对产品的实际反映情况，最终投放到市场上的服务能否得到目标市场消费者的接受。

5）投放市场

企业在将新产品正式投放市场之前需要作出四个基本决策，即何时（when）、何地（where）、何人（who）、如何做（how）。

6）顾客评价

顾客评价是一个创新活动的结束，同时也是下一个创新活动的开始。顾客评价使服务创新变成一个过程，可以作为企业对服务改进的依据或者产生创新的重要来源。顾客评价包括直接评价和间接评价。直接评价是指通过各种方式从顾客口中得到的消息，间接评价则是从顾客行动中得到的信息，包括销售额、销售增长、市场份额的变化等。

3. 服务创新的途径

服务创新的途径有以下五个方面。

1）准确把握顾客期望

在竞争对手云集的市场上，你不必轻易改变产品本身，而要把注意力放在对顾客期望的把握上，认真听取顾客的反映及修改的建议。了解不同顾客的需要，找出顾客的期望，把关注的焦点放在最重要的顾客身上，制定出超过这些期望的策略，以独特的服务方式有别于竞争者，这就是服务创新的基本出发点。顾客的期望是有弹性的，企业必须根据顾客的期望而改变。但是弹性不是一个不能兑现服务承诺的借口，可以用弹性来平衡消费者的不满，而对消费承诺必须百分百兑现。

2）善待顾客抱怨

顾客抱怨说明服务有缺陷或服务方式有待改进，这正是服务创新的机会。如果对顾客的抱怨不理不睬，就会失去顾客。由此产生的不良影响，会导致企业失去更多的潜在顾客。而如果对顾客的抱怨采取必要的、及时的补救措施，反而会提升企业的声誉，换得顾客的忠诚。

通常，顾客对服务品质好坏的评价是根据他们同服务人员打交道的经验来判断的。因此，提高服务人员的素质十分重要。服务业中成功的企业通常都充分认识到了这一点，他们的员工都经过了严格培训，从而在人员素质方面与竞争对手形成了差异。

3）把“有求必应”和主动服务结合起来

很多企业对服务的理解只是把服务限定在“有求必应”的范围内，被动地适应顾客的要求。而一个企业要想在竞争中取胜，还必须改被动为主动，主动地探求顾客的期望，在顾客提出之前就已经达到，这样就可以在服务市场上领先。尽管服务是靠顾客推动的，但有时顾客自己不一定清楚他们需要的是什么，这就要求服务行业的经营者大胆推测，形成引导消费的新潮流。

4）把无条件服务的宗旨和合理约束顾客期望结合起来

企业努力满足顾客的需求，是达到一流服务水平的基本原则。当顾客的期望超过企业提供的服务水准时，他们就会感到不满；而当企业服务水准超过他们的期望时，他们就会感到满意。顾客对服务品质的评价，容易受到先入为主的期望影响，因此合理约束顾客的期望是必要的。企业必须严格控制广告和推销人员对顾客的承诺，以免顾客产生过高的期望。而在实际提供服务时尽可能超出顾客的期望。

5）把企业硬件建设和企业文化结合起来

现在的服务企业越来越多地采用先进的高科技手段来辅助提高服务水平，如银行采用的 ATM。但是高科技手段并不等同于服务创新。服务是一种人与人之间的互动行为，而且服务过程是很难凭借某种作业标准来控制的，必须形成一套内在的行为准则，让企业员工在面对顾客时能够灵活运用。所以，营造强有力的企业文化才是提高服务水平、推进服务创新的一个重要源泉。以顾客为导向的企业文化，要求员工将顾客的事当成自己的事来处理，使每位员工都成为优质服务的提供者。

第三节 服务创新的理论研究综述

针对服务创新的系统理论研究开始于20世纪80年代，虽然尚未形成稳定的理论体系，但取得了显著进展。现在从研究所使用的工具和方法、研究层面和研究切入点三个方面对服务创新的理论研究进行归纳。

一 服务创新研究的工具与方法

长期以来，受制造业技术创新分析所形成的“技术方法”的影响，很多学者在服务创新的研究中仍沿袭了技术创新分析方法。考虑到服务创新的特点，以及服务业和制造业间的融合趋势，不同的服务创新研究方法大体上可以归纳为两类方法体系。

1. “技术—服务—整合”方法体系

1）技术方法

技术方法关注技术在服务创新中的作用，并着重对技术设备和技术系统在服务业中引起的创新进行分析。技术方法在很大程度上以下列假设为基础：制造业技术创新研究中发展起来的方法对大多数服务创新研究都适用，只是需要针对服务业的特性作出相应改变。技术方法更关注技术在服务业中引发的创新，忽略那些非技术性创新（由服务本身的特性引起的创新），其最主要的目的是探讨技术在服务中的作用和效果。目前，学术界运用技术方法对服务创新的研究主要包括三方面内容：①研究技术在服务业中传播和扩散的速度和程度；②分析各种技术的采用对服务业中生产率、就业、贸易等经济变量的影响；③研究技术在服务业中所引发的创新的性质、结构、过程和演变规律。

技术方法对发生在服务业中的创新的研究，部分地揭示了服务创新的过程和性质，具有一定的价值。但是，狭隘的技术观点不足以完全理解服务创新形式的多样性及特有的结构和机制，因而不能解释全面的服务创新。

2）服务方法

服务方法强调由服务和服务生产本身特性所引发的创新。该方法的起点是服务本身所具有的“无形性”和“合作生产”特性。服务方法的基本假设是服务本身的特性引发了很多技术方法难以发现的创新形式，这些创新比由技术引发的创新更为频繁地发生，并成为服务创新的主体。因此，以服务本身特性为基础进行创新分析是该方法的核心。例如，由该方法形成的一个重要概念是“服务生产”，它指出了创新过程中服务提供者和顾客间的“合作生产”这一特性，这是对物质产品生产和服务生产进行区分的根本属性。从服务的顾客参与特征出发，可以更好地揭示服务创新的过程，可以更加全面地理解服务创新所具有的本质属性。

服务方法并不排斥技术维度，只是更加重视非技术形式的创新，更为关注那些具有明显服务特性的服务部门，如咨询服务业和知识密集型商业服务业等。服务方法的最大贡献就是发现了服务中特有的创新形式，进一步扩大了服务创新的研究领域和范畴，已经成为服务创新研究的主要方法。

3）整合方法

整合方法建立在服务和物质产品相互融合的基础之上，并将两者看作在功能上无差别的“统一体”进行分析。采用这种方法对服务和产品进行分析是以产品和服务边界的日益模糊和相互融合为背景的。产品和服务可以被定义为一组服务特性（最终传递给顾客的产品特性）、技术特性（生产所需的技术）和过程特性（生产过程的特性）的混合体，创新是其中某一种特性或多种特性的变化。

采用整合方法进行的服务创新研究中，较有代表性的是 F.Gallouj 和 O.Weinstein（1997）所完成的工作。他们对包含产品和服务的创新进行了统一分类，识别出六类创新模式：根本创新、改进型创新、渐进创新、专门化创新、重组创新和形式化创新。他们的研究工作揭示了服务业和制造业创新活动内在和本质的联系。

整合方法用一种有别于技术方法和服务方法的观点对发生在服务业和制造业中的创新进行综合研究，揭示了两者之间的内在一致性，为创新研究提供了一种更为广阔的视角。

2.“服务—管理—整合”方法体系

1998 年 P.D.Hertog 和 R.Bilderbeek 总结前人的工作，提出了服务创新研究的三种方法，称之为三种“思维意识流”，构成了“服务—管理—整合”方法体系。

1）服务方法

服务方法将服务业看作一个具有独特创新过程、性质和模式的部门，并以服务本身的特性为基础进行研究。但该方法还将技术引起的创新包含进来，因而范畴较上述“服务导向方法”更为广泛。

2）管理方法

管理方法主要是在企业微观层面上进行研究使用的方法，它通过对服务产品及服务企业各种职能活动在组织和管理上的分析，提出将服务企业组织和管理的理论框架作为服务企业进行创新的基础和平台，其中较有代表性的研究成果有服务管理系统、服务利润链理论等。

3）整合方法

整合方法，也称为功能方法，将制造业和服务业中创新活动的功能看作企业包含的各种要素整合的结果，并以此为基础对创新活动进行一般性分析，其中较有代表性的研究成果有创新的交互模型、重组模型等。这种方法发现的创新模式可运用于制造业和服务业。

上述三种方法从不同角度揭示了服务创新的性质，开阔了服务创新研究的思路。

二 服务创新研究

早期的服务创新研究主要针对企业的微观层面，着重对服务企业中的创新类型进行分析，并对服务创新概念和创新模式进行研究。这类研究发现了服务创新范畴的广泛性和创新形式的多样性，强调了组织创新和重组创新等创新形式在服务业中的特殊地位。随后的相关研究开始对具体的服务企业创新过程进行描述，提出相应的创新过程模型。同时，还对服务企业的创新动力、创新轨道、创新障碍、创新战略和组织形式、人力资源、标准化和顾客化等与制造业创新研究相似的问题进行了广泛而深入的研究，基本上揭示了服务企业创新的规律。

随着研究的深入，人们发现经营环境对服务企业创新具有重要的影响，同时也意识到创新在产业层次上的重要性。学者们开始从系统、科学的角度研究服务中的创新，并提出“服务创新系统”的观点，服务创新的研究进入了更高的层面。近年来，学者们不仅关注服务业中的创新，还开始关注创新中的服务，探讨服务对创新的影响，其中知识密集型商业服务业在创新系统中所扮演的角色成为关注的焦点。

目前，对服务创新的研究基本已深入到服务业中每个细分行业的内部，从传统服务业到新兴服务业，从个人服务业到公共服务业，都有相关研究。通过对各个部门服务创新活动的研究，揭示出产业间创新规律的异同。

三 服务创新研究的不足

尽管服务创新研究在经历的短短 20 年间取得了很大的进展，形成了自己独立的方法体系和理论，但由于该领域仍是一个新发展的研究领域，理论研究和实践经验还较为缺乏，所以还存在诸多不足，主要表现在以下三个方面。

（1）当前的研究仍显分散，还没有一个普遍适用的服务创新的基本概念体系和理论基础；

（2）对服务创新的机理、路径、创新政策，以及企业、产业和宏观层面之间创新要素的内在联系缺乏系统研究；

（3）研究范围有待进一步扩大，尤其要加强对制造业的服务化、制造业与服务业互动升级发展中的服务创新，以及技术进步所产生的新兴服务部门中的服务创新的研究。

第四节　服务创新在服务业发展中的作用

创新在服务业和制造业中同等重要，都具有很强的理论价值和实践意义。它既是服务企业获取可持续竞争优势的重要手段，又是服务产业及包括制造业在内的整个国家竞争力提升的关键要素。

一　增强企业的竞争优势

服务创新是服务企业获取和维持竞争优势的重要手段。世界上有许多服务创新助推服务企业不断发展壮大的成功案例：花旗银行最早推出 ATM 服务，并凭借此项业务巩固了其市场地位，成为业内该项技术的领头羊；美国西南航空公司在规模上虽然比它的竞争对手要小得多，但是它的运营效率却是同行业中最高的，它之所以成功就是因为它在某些领域进行了服务创新，比如，它缩短了顾客的转机时间，在它的带领下所进行的这一航空领域的改革打破了原来以舒适为目标的航空业发展模式。

但是，由于服务创新的易模仿性，服务企业的竞争优势比制造企业的竞争优势持续的时间更短，即便服务企业的竞争要素中包含有很多无形要素，竞争者仍可以通过一定的方法进行“解码”和复制。因此，服务企业要想保持在市场中的位置并获得更高的顾客满意度，就必须通过持续不断的创新形成更多竞争者无法模仿的能力，并获得可持续的竞争优势。

服务创新对企业的运作和传递有重要影响，它不仅可以提高服务提供的效率，还会提高服务传递过程的质量。通过采用新的传递、运作方法，新的组织形式，或者新的顾客接触方式，都可以有效提高服务生产和提供的效率。信息和通信技术在服务中的引入是改善服务质量最明显的例子。服务企业还可以通过组织创新等手段扩大企业规模，为企业发展赢得更大的空间。

服务创新可以为服务企业开辟新的市场，形成新的竞争领域，为服务企业的发展提供更广阔的前景。一项全新服务产品的推出经常会带来革命性的变化，并开辟一个全新的市场。创新，也只有创新才具有这样巨大的潜力。

二 促进产业结构优化和产业升级

服务创新不仅在微观企业层次上显示其重要性，在产业层次上也有重要意义，它是优化服务业内部结构、促进服务业升级的重要手段。

服务创新标志着一种新的商业模式的出现。一方面，商业模式的变更必将打破服务业内部原有的市场关系，某些新产品或原有生产过程的某一环节随着创新的推进和市场需求的扩大而分离出来，形成新的产业部门。另一方面，因为新产品、新流程的发明和利用，又扩大了社会分工的范围，创造了服务活动的新领域，形成了原来没有的新的服务门类和服务部门。

服务创新在使新兴产业诞生的同时，也积极地改造着原有的产业和产业部门。服务创新使得传统产业部门有可能采用新技术、新工艺来提高其服务水平、改变其生产面貌，促进原有服务部门和产品的更新换代。实践中，一个服务业部门如果只有很低的创新密度，同时具有很高的生产标准化程度，一般就认为已经具备了成熟产业的特征。通过服务创新，这类成熟产业可以重新焕发出生机和活力。例如，中国邮政行业扭亏为盈很大程度上归功于其对电子邮政、物流配送和金融类业务等新型服务领域的拓展。特别是邮政金融网，实现了全国31个省（自治区、直辖市）的通存通兑，这种电子汇款方式彻底改变了传统的汇款方式，既具有银行电汇般的速度，又具有传统邮政网点多的便利，吸引了大量的消费者。因此，服务创新的结果并不是消灭一批传统产业，而是使这些传统产业以新的面貌出现在新的产业结构中，有的甚至成为某些新兴产业赖以建立的重要物质条件之一。这样，服务创新实际上是使整个产业结构的内涵具有了新的内容。

服务创新是导致产业关联变动的重要因素。在国民经济的大体系中，任何一个产业部门都不可能独立生存，都与其他产业和部门存在关联关系，服务业尤为如此。由于产业部门之间存在这种关联性，所以关联产业之间是一种互为产品创新和过程创新的关系。这样，一个产业部门的服务创新会依次向其关联产业传递、扩散，促使其发生新的服务创新，进而导致服务业的扩张或收缩。不同服务部门之间通常具有明显差异，在任意特定时期，创新在这些服务部门中的分布都是不平衡的，有些部门发展得快，有些部门发展得慢。创新活动活跃的部门，其竞争力也较强，发展较快，价值创造能力强。如果某一部门的创新提高了该部门的服务效率，就可能诱导关联部门的服务创新。否则，这些部门不仅会限制已创新部门效益的实现，而且还会限制整个服务业的生产效率和生产能力的提高。服务创新的诱导机制和产业部门之间的关联机制的复合作用推动着产业结构的变动。

服务创新还可以刺激需求结构发生变化，从而促进产业结构的变化。服务创新可以创造新的市场需求，并使一部分潜在的市场需求转换为现实的市场需求。创新通过市场需求，利用产业的需求弹性差异，刺激产业进行有规则的扩张或收缩，使产业实现优胜劣汰，从而直接推动产业结构的升级。

三 推动服务经济增长

服务创新主要是通过经济运行这一载体来影响服务业的，随着网络技术的进步，服务创新不仅可以通过增强服务企业和产业的竞争力而创造出更多产出，还可以促进经济增长方式的转变，创造更多的就业机会，实现服务经济的跨越式发展。

随着经济和技术的日新月异的发展，服务业在一国经济中发挥着日益重要的作用，未来国际竞争力在很大程度上取决于服务业竞争力的强弱。通过服务创新，企业可以提高产品的竞争力，产业结构可以得到调整和优化，为服务经济创造新的增长点。美国 20 世纪 80 年代就是通过信息传输、计算机服务、软件业、科学研究、技术服务业等现代服务业形成的服务创新浪潮很好地解决了经济增长乏力的问题，使得国民经济快速走出低谷。

服务经济的发展为扩大就业创造了有利条件。一方面，服务企业进行服务创新，可以提高劳动生产率，降低单位成本，从而扩大产品需求带来就业和产出的增加；另一方面，服务创新可以开发出许多新的行业和部门，从而推动社会劳动力的重新分配。比如，家政服务业的出现就吸纳了大量文化水平较低的社会劳动力，在一定程度上缓解了社会就业压力。

第二章 服务创新的条件、模式与创新扩散

第一节 服务创新的条件

一 服务创新的环境因素

1. 内部环境因素

服务创新主要是由内部推动的。首先是企业内的战略制定和管理层，其次是一线员工。

1）企业的战略和管理

战略是企业针对竞争对手制订的有关自身未来发展的中长期规划，是指导企业各项活动的根本准则。具有创新意识的企业会将服务创新作为战略规划的重要组成部分，以此作为形成良好企业形象、占领市场和获取竞争优势的根本手段。管理是推动服务创新的另一种关键因素，主要指企业高层管理和营销部门的管理活动。服务创新经常是由市场驱动的，而营销部门是与顾客直接接触并拥有丰富市场知识的职能部门，它会根据市场及顾客需求的变化及时作出适当反应，并激发某种形式的服务创新。高层管理活动不仅可以针对市场需求作出反应，还通过对组织的变革、新市场的开发、运作和传递过程的改进而促使服务创新的发生。战略和管理是服务创新活动的两种重要驱动力，企业要积极运用这两种驱动力激发服务创新活动的出现。

2）一线员工

服务创新过程是企业中一线员工和顾客间一系列的交互作用过程，员工因此成为一种有价值的内部驱动力。员工在服务创新过程中具有独特的作用，他们不仅为企业提供创新思想，而且经常在工作实践中推动服务创新的出现和发展。

2. 外部环境因素

1）轨道

轨道是在社会系统（如一个国家、一个国际产业网络、一个地区性的专业网络等）中传播的概念和逻辑。虽然单个企业的服务创新活动会对给定轨道产生影响，但作为重要的外部创新驱动力，轨道会对企业施加更大的作用，并使企业在

轨道约束的范围内进行创新。

企业的服务创新活动主要受五种轨道的制约。第一种轨道是服务专业轨道，它是指存在于不同服务专业（如律师、医疗、金融、交通）中的一般性知识、基本方法和行为准则。这种轨道由特定服务部门自身的性质所决定，创新活动的发生和发展都必须以此为基础，在轨道约束的范围内进行。第二种轨道是管理轨道，是指针对组织形式的一般性管理概念和方法，如激励机制、服务管理系统等。服务专业轨道和管理轨道对知识密集型商业服务业而言会高度重叠，两者经常是同一轨道。第三种轨道是创新经济学意义上的技术轨道，即服务生产和传递过程必须遵循的有关技术使用和发展的逻辑，如信息和通信技术、网络技术等。第四种是制度化轨道，它描述了服务企业外部制度环境的一般演变规律和趋势，包括政治环境、管制规则等的变化。制度化轨道对服务企业创新活动的影响比对制造业企业的影响更大，制度环境的变化会促进大量创新的出现，也可能抑制创新活动的发生。第五种轨道是社会轨道，是指社会一般规则和惯例，如生态和环境保护意识的加强会对企业的服务创新活动产生重大影响。这些轨道不是相互孤立的，它们在很多情况下可能相互作用，并共同对服务企业的创新活动产生影响。

2）技术环境

服务业是应用 IT 技术的重要行业。网络、电信业的发达，使过去许多不可能的服务成为可能，如网络购物。IT 是服务创新的关键驱动力，基于数据处理和移动通信，IT 使得新服务如远程诊断、远程监控等得以运行。新 IT 创造了完善的劳动分工和新型的部门间价值链构造，分布式的知识开发又创造了对知识密集型整合服务的需求。突出表现为知识密集型服务在一些重要的领域，如信息和通信技术（ICT）、生物技术、智力资本管理等方面的运用不断增加。供应链管理和 IT 咨询就代表了这种知识密集型整合服务不断增长的市场需求。

3）制度环境

制度环境包括市场结构和现有的法律法规。制度环境既可以推动服务创新，也可能阻碍服务创新，所以服务创新要密切关注制度环境的变化。比如，证券公司的客户总是有证券承销、代理买卖交易、委托投资等众多的投资需求，希望能在一个金融网点办妥所需要的各项金融业务，但是在中国现有的金融业务实行分业管理，任何机构和网点都不可能经营全部的金融业务，所以只能在不违背分业经营的原则下，探索金融机构相互代理的运行机制，以满足客户的要求，达到服务创新，促进金融业务的全面发展。

4）顾客、竞争者和政府等行为者

顾客是信息及创新思想的重要来源，而且还通过参与企业的服务创新活动对创新的成功施加重要影响。服务提供者和客户间的界面可以被认为是一个“实验室”，创新在这里被“合作生产”出来。因此，顾客是推动服务企业进行创新的重要外部驱动力。

企业可以通过模仿竞争者的服务创新行为而在其内部产生创新，企业通常不采取进攻性的服务创新战略，因而竞争对手首先行动的示范效应经常是企业开始一项创新活动的前提条件。供应商也是创新思想的重要来源和创新活动的推动者，它们可以为服务企业提供大量的创新思想，并帮助企业开展具体的创新活动。技术供应商（包括软件供应商）在创新过程中也是重要的合作者，很多软件是在服务企业和技术供应商之间合作开发的。

公共部门对企业的服务创新活动也会产生一定的影响。公共部门可以为企业提供服务创新所需要的知识和管理经验，开展专门针对服务创新的研究。因此，公共部门间接推动了创新活动在服务业中的出现。但公共部门在服务创新过程中很少是一个直接行为者。此外，公共部门还会对服务企业施加一定的管制，这可能会引发很多创新。

二 技术进步与服务创新

很多研究都对技术与服务间的关系进行了探讨，但只考虑技术对服务的单向影响，在解释服务创新的过程和机制方面能力有限。信息和通信技术在服务业中引发了大量创新活动出现，这也使得技术创新和服务创新之间不再是相互对立的关系，而呈现出相互融合、相互促进的趋势。

1. 技术与服务的关系

技术和服务之间是相互影响与相互作用的，这种相互作用对两者的形成和发展具有关键性影响。对技术和服务间关系的分析首先要明确两者之间的作用方式和渠道。J.Hauknes（1996）针对该问题提供了一组存在于技术和服务间交互作用的渠道。在每个渠道中都存在技术和服务间的相互作用。

1）替代

替代关系是一种最简单的服务与技术关系，它表示顾客运用技术设备替代以前由服务人员提供的服务。在这种关系中，技术设备所提供的自动化服务将以前顾客和服务提供者间的相互作用变成了顾客与技术间的交互作用。这种“替代”关系改变了服务被传递的方式，这种替代关系不只局限于服务提供者对外部顾客的服务提供关系中，它同样存在于企业内部的服务提供之中，如企业后台和前台功能间技术对服务的替代。虽然这种替代关系相当简单，但是它的长期效果可能相当巨大，如 ATM 在银行中的引入就对银行业及其今后的发展产生了较大影响。

2）定义

技术与服务间的关系是指，当某种新的技术机会出现时，它就为那些以新技术为基础或由新技术创造的服务提供了出现和发展的可能性。换言之，新技术"定义"了新服务，因此可以将技术和服务看作是本质上相同的事物。在更严格的意义上可以认为技术和服务所产生的效果是一样的。同时，由新技术定义的服务在实际提供给顾客时，还需要提供相应的互补性服务。典型的例子是，电话和广播技术的出现使得提供通信服务和广播服务成为可能。其中，电话和广播技术是提供最终服务的"硬件"，而广播的内容和电话交谈服务则是服务提供的"软件"，它们是服务的核心内容。

3）决定

技术与服务间的"决定"关系是指，技术创新对新服务的出现或对现有服务功能的改变具有决定性作用。虽然两者之间并不具有必然的互补性（某一服务的出现是以新技术的出现为条件的），但仍存在很强的关联性。例如，IT 的出现和发展带动了密切相关的专业性服务和支持性服务的发展，包括软件开发、系统设计、培训、IT 咨询服务等，它们占据了全球 IT 市场相当大的份额。

4）传播

技术与服务间相互作用的第四个渠道是服务对技术及其创新的传播与扩散。服务在技术创新和组织创新的传播和扩散中扮演着相当重要的角色，最明显的一个例子是以 IT 为基础的服务扮演的角色，但服务在创新传播中扮演的角色要比这个更为广泛（Bessant 和 Rush，1995）。目前知识密集型商业服务业在技术和创新的传播过程中扮演着越来越重要的角色。

5）生产

技术与服务间相互作用的第五种渠道是服务企业自己进行技术的开发，或者在客户企业中激发技术创新的出现。此外，作为特定技术的用户和推动者，服务企业对技术供应商的技术发展也有相当大的影响，例如，航空公司和飞机制造商之间也存在明显的整合关系，两者共同进行新式喷气式飞机的开发，并因此对相关技术的形成和发展产生很大影响。服务业并不是技术的消极采纳者，而是扮演着积极的角色，它对某些技术（如 IT）的运用甚至超过了制造业。同时，服务和技术之间不只存在单向关系，两者之间是相互作用和相互影响的。

2. ICT 在服务业中的应用

在服务创新的早期研究中，技术特别是 ICT 被看作是引发服务创新最重要的因素。虽然服务业的技术密集度不如制造业高，但很多服务业，尤其是知识密集型服务业，如咨询、会计、培训服务等，正越来越多地以 ICT 为基础，而 ICT 也的确改变了很多服务的基本运作模式。ICT 和国际 ICT 网络的发展不仅使以 ICT 为基础的创新成为可能，而且作为交流网络它还可以促进顾客的想法和信息需求流动，并成为一种重要的营销渠道（如信息服务产品的发布或提供）。ICT 在服务业中扮演着关键性角色，具体包括以下几种。

（1）ICT 在大部分服务部门中正在成为非常重要的创新工具和手段，很多新服务都是由 ICT 引起并通过 ICT 开发的。

（2）ICT 改变了现有服务的提供和运作模式，并使得这些服务越来越以 ICT 为基础。

（3）ICT 在服务创新网络的形成和演化中发挥着重要作用，并因此在知识传播中扮演了关键性角色。

以 ICT 为基础的服务部门包含了大量创新，如通信服务业、金融服务业、零售业和保健服务业等。不同行业对 ICT 的需求不同，ICT 所起的作用也有差异。此外，ICT 以外的技术及非技术要素也是产生服务创新的重要原因。丹麦的一项有关金融业的研究表明，全部创新中有 16%是技术型的，30%是非技术型的。该研究还表明，大型服务企业更多运用技术作为创新手段，而中小型服务企业则较少使用。但是，小型企业可以模仿大企业已有的创新并进行传播，ICT 因此也间接地发挥了作用。

3. 服务创新与技术创新的关系

随着服务创新活动的大量涌现及对服务创新研究的深入，技术创新与服务创新之间的相互融合也越来越紧密。

由于产品交易中服务的重要性日益突出，技术创新的领域也在不断拓展，并逐渐向用户导向型发展。现在的技术创新不仅关注传统的产品研发和基本工艺流程，以及标准化的大规模生产，同时还充分考虑到企业的客户服务和相关支持系统的建立。制造企业更加注重与客户建立密切的关系，了解客户需求和相关领域的专业知识，并以此作为创新的基本出发点，产品生产中顾客定制化趋势越来越明显。

借助 IT，企业轻易地实现了服务运作和实施上的灵活性，从而改变了服务组织和服务交易的形式。因此，服务创新融入了更多技术创新的因素，技术创新为服务创新提供了重要的实现手段。同时，技术还提供了一种重要的管理手段，帮助企业改变服务的管理控制系统，如通过网络对企业周围的环境进行迅速监测和评估。服务业尤其是信息服务业是 IT 应用的主要领域。电信和金融等服务部门利用新技术降低人工成本，并提供改进的新服务，因此这些部门的产值增长远高于劳动力成本的增长。自动出纳机、智能卡、新的电话电传设备和局域广播等的发展都是 IT 创新在服务中运用的典型例子。

技术创新和服务创新间的融合也促进了制造业和服务业间的融合与发展。也许在不久的将来，人们将不再把制造业和服务业及其创新活动区别看待，而将它们视作不可分割的一个整体。

第二节 服务创新的模式

一 服务创新的典型模式

1. 传统的 R&D 模式

在传统的 R&D 模式中，创新的驱动力来自技术轨道。采用这种模式的企业具有专门从事 R&D 和创新的部门，且这一部门同其他部门之间是一种简单的线性关系，不存在任何反馈。顾客在这种模式中只是一个被动的接受者，并不参与实际的创新过程。

这是一种传统的工业创新模式，目前在制造业中已不太常见，在服务业中也比较少见。只有个别服务行业采用这种模式，主要是提供处理材料和信息等标准化服务的一些公司，如电信公司和大的软件公司，如图 2-1 所示。

图 2-1 传统的 R&D 模式

2. 服务专业模式

服务专业模式是一种利用专家和相关技术为某个专业领域（如咨询、建筑设计）内的问题提供解决方案的模式。采用这种模式的企业一般都是中等规模的知识密集型服务企业。

在服务专业模式中，服务创新的主要驱动力来自服务专业轨道、员工和顾客，创新过程通常是集体性活动，所有的专业人员都会参与其中。企业与顾客的交互界面是创新的一个重要来源。在这种模式中，顾客在创新过程中发挥着最为积极的作用。服务专业模式的优点是较为灵活，能够及时搜集和融合所有员工的创新思想，对市场动态迅速作出反应。

这种模式过度依赖员工，缺乏企业宏观上的计划和控制，容易导致整个创新过程出现一定程度的混乱和低效率。此外，虽然专业人员富有创造性，但往往会被某种特定的方法和模式所束缚，因此突破性创新较为少见，如图 2-2 所示。

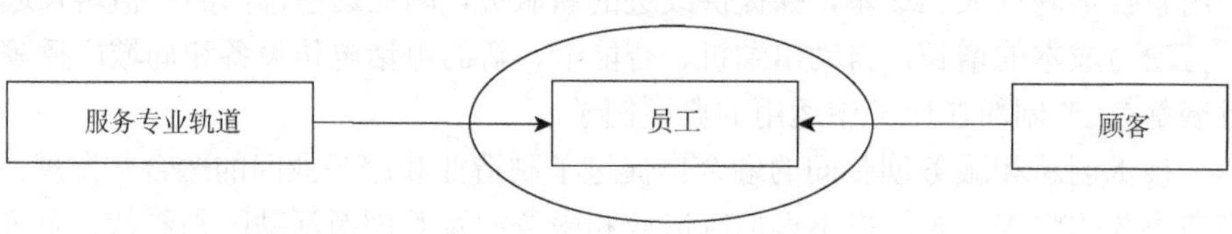

图 2-2 服务专业模式

3. 新工业创新模式

新工业创新模式是介于传统的 R&D 模式与服务专业模式之间的一种模式，其外部驱动力是技术轨道、服务专业轨道和顾客。在这种模式中，创新过程不再是一个线性的模型，而是一个交互作用的复杂模型。该模式中的服务创新是一种顾客导向型创新，主要是为满足顾客的未来需求。在这种模式中，跨功能项目团队更容易获得创新的成功。这种模式常见于健康服务和大型工程咨询服务中，见图 2-3。

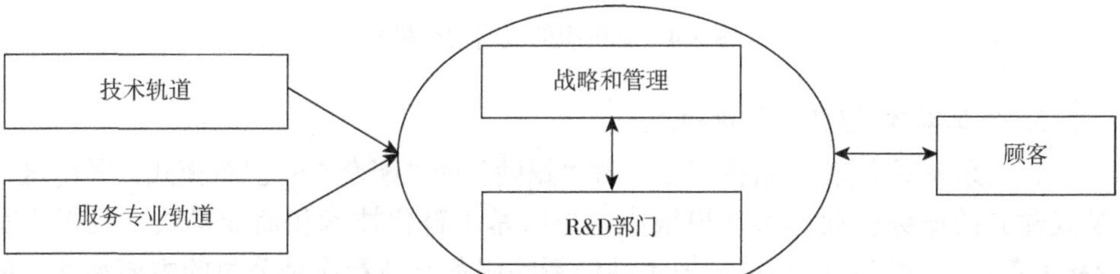

图 2-3　新工业创新模式

4. 有组织的战略创新模式

有组织的战略创新模式是服务企业中最常见的一种创新模式，其创新过程是在企业战略和高层管理的指导下完成的，且比较分散。创新项目的开发由专业的跨功能项目团队来完成，通常需要较长的时间，同时这种模式下开发的新产品具有很大的可复制性。由于企业具有明确的促进创新的战略，所以所有的轨道和行为者都有可能成为创新的外部动力。这种模式常见于专业化管理的大型服务企业中，如航空公司和零售企业。

该模式中，创新活动的发生既可以是自上而下的，也可以是自下而上的。自上而下的创新过程是指企业管理层提出一项战略并使所有员工都参与到该战略活动中。战略是创新活动的指导框架，它为员工指明了企业的发展方向，激发了员工的创新灵感，同时为管理层的科学决策提供了决策框架。自下而上的创新过程则是指具有创新思想的员工充分发挥企业家的特征来开发创新。创新过程成为一个和谐的企业家精神创新过程，管理层负责协调创新过程。这种模式的创新过程具有较强的系统性，通常由三个不同的阶段构成。第一阶段是扮演企业家角色的员工的创意阶段；第二阶段是基于项目团队的开发阶段；第三阶段是营销部门和生产部门扮演着重要角色的新服务的测试和市场投放阶段（图 2-4）。

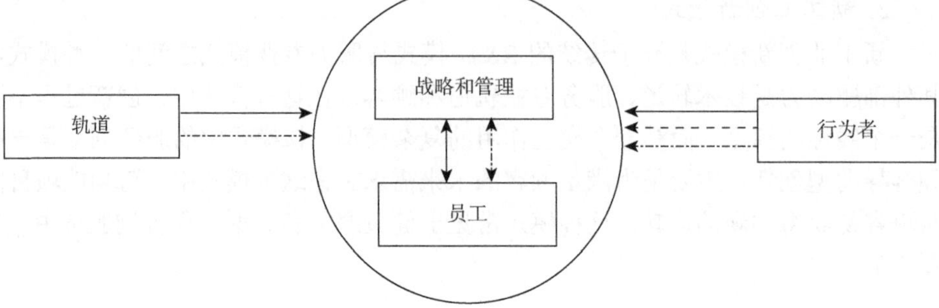

图 2-4　有组织的战略创新模式

5. 企业家模式/配套创新模式

企业家模式/配套创新模式是一种“跟随”或“配套”的创新模式。采用这种模式建立的服务企业通常规模很小，一般基于替代技术和商业模式，且很少有 R&D 部门，并把生产和销售根本性创新的服务产品看作是公司的主要活动，创新过程一般集中在对初始创新的改进上，同时管理部门在创新过程中起主导作用。由于配套创新模式是以根本创新为基础的，所以包含了所有的轨道和行为者。常见于网络公司、IT 服务和汽车修理服务企业中。

6.“工匠”模式

“工匠”模式描述的是以运作为主的许多小规模服务企业的创新特点。这些企业通常没有成熟的创新战略，也没有 R&D 部门或 IT 部门，它们通常不进行创新，即使进行创新也都是通过改进和学习而产生的不可复制的小规模创新（即并非真正意义上的创新）。

由于这些企业较为保守，只在既定的方向内发展而很少发生变化，所以外部创新驱动力只包括行为者，而不包括轨道。这些特性与传统工匠的运作模式较为相近，故称为“工匠”模式。

7. 网络模式

网络模式是一种由很多个服务企业联合形成一个共同的基于网络的创新模式，实质上它是一种专业化的创新组织，其目的是代表网络中的成员企业开展创新活动，或者在这些企业中诱发创新活动。

在该模式中，服务企业将创新活动及其行为者和轨道的关系置于专业化创新组织（如制造业和建筑业中的工业研究协会），即网络企业中。企业的服务创新活动发生在网络企业中，与轨道和行为者产生相互作用的也是网络企业，成员企业不参与其中。网络企业原则上有自己的 R&D 部门，但只与成员企业发生相互作用，与顾客或供应商没有直接联系，因为它并不以顾客或供应商为导向，成员企业是其客户。因此，在影响网络企业创新的外部驱动力中，除各种轨道外，行为者中只有竞争者和公共部门发挥作用，如图 2-5 所示。

该模式常见于（多为政府支持的）旅游业和某些金融服务业中，特许经营就是该模式中的一个创新。

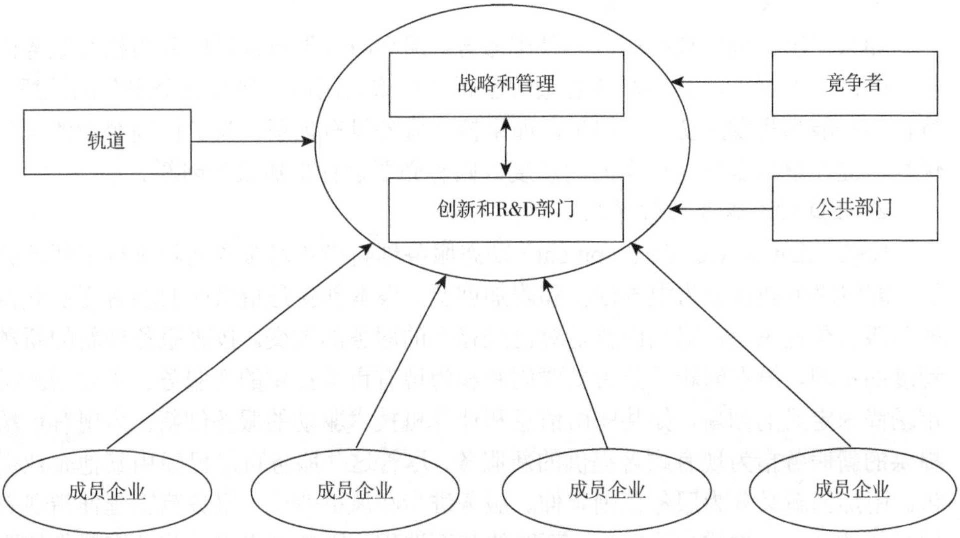

图 2-5　网络模式

二　服务创新的其他模式

1. 核心和外围服务创新模式

一个产品或一种服务可以分为核心部分和外围部分。核心服务相当于整体产品概念中的核心部分，它代表的是顾客的核心利益，即必须要具备基本的技能和资源才能满足顾客最低限度的期望；外围服务则相当于整体产品概念中的附加部分，它代表的是顾客的进一步利益或追加利益。C.H.Lovelock（1999）进一步把外围服务分为八类：信息服务、订单服务、保管服务、开账单、咨询服务、招待服务、例外服务和付款。也有学者把外围服务称为附加服务，认为这样更能体现扩大核心服务和提供一种竞争优势的含义。

这样就存在两个问题。一是如何清楚地界定核心服务与外围服务。如果顾客认为某些外围服务也是必须要满足的，不满足则将低于顾客的最低期望，那么这些外围服务是否已经成为核心服务的一部分。二是外围服务与核心服务的内在联系是什么。一些研究认为，针对一项特定的核心服务，外围服务使“产品”差异化成为可能；某些外围服务是顾客享用核心服务所必须具备的要素（如酒店接待台），而另外某些外围服务是用来加强核心服务吸引力的要素（如酒店里的酒吧和电话服务）。核心服务与外围服务对顾客满意度的影响是不同的，如果核心服务不能满足顾客的需要，即使再增加外围服务也难以增加顾客的满意；提高外围服务的质量有可能会直接提高核心服务的质量，也可能与核心服务没有任何关系，但会为整体服务作出贡献。

如果把服务分成核心服务与外围服务，那么服务创新也可以分为核心服务创新与外围服务创新，如果对核心服务创新进行重大创新，那么整个服务的性质、特征和功能都将发生变化。但是，如果核心服务没有创新，为了提高企业的竞争优势，提高整体服务对顾客的满意度，则有必要进行附加服务创新。

2. NSD 动态服务创新模式

NSD（new service development）动态服务创新模式对服务创新进行了新的分类，即将服务创新分为根本创新和附加创新。根本创新是指以前的顾客无法获得的新服务传递系统；附加创新是对已经存在的服务的改变。按照服务创新的新颖程度的不同，根本创新又分为主要创新和为现有市场提供的新服务。主要创新指市场尚未定义的创新，如某些由信息和计算机技术驱动的服务创新；为现有市场提供的新服务指为现有顾客提供的新服务，尽管这些服务可能已经由其他企业提供。附加创新又分为服务范围延伸、服务进步和风格变化。服务范围延伸指现有服务线的增加，如增加菜单项、新路线和新课程；服务进步指目前正在提供的服务的改进；风格变化指一种新的服务形式，是对顾客感知、情感和态度的可视化的适度变化，风格变化并未彻底改变服务，只是改变了它的表现形式。

在 NSD 动态服务创新模式中，根本服务创新被认为来自两种“力”的合成驱动，一种是服务的标准化倾向，一种是自助服务的技术化倾向。但这种服务创新模式并没有解释为什么市场细分就会导致附加服务创新向标准化的方向移动，以及为什么会以某种技术来作为服务创新的手段。

3. 定制差异化服务创新模式

定制是一种服务提供者和服务消费者之间相互作用、共同生产的过程。根据服务行为中的定制化程度，服务创新可以划分为五种模式，如表 2-1 所示。

表 2-1　定制差异化服务创新模式

创新模式	定制化特征	服务提供者
裁缝制作创新	服务产品是裁缝根据特定顾客的需求制作的	小公司运作
定制创新	服务产品需要和顾客一起合作生产，并根据不同顾客的特定内容而调整	知识密集型服务供应商
新组合或体系结构创新	通过标准化服务要素的分离或重新组合而得到新产品	金融服务 运作服务
差异化或附件创新	通过增加新的或改进的外围服务而得到新服务产品	餐饮业 贸易
交付或规则创新	保持服务产品的基本功能和特性，但同时与顾客之间的交付或相互作用模式发生了变化	运作服务 金融服务

由于每个顾客的需求特点不同，为了更好地满足顾客的需求，就需要实行定制化的服务。在不同的服务创新模式中，定制化程度是不同的。在标准化和定制化之间通常存在一个战略的连续集，包括：①完全标准化；②细分标准化；③定制标准化；④剪裁定制化；⑤完全定制化。裁缝制作创新和定制创新类似于完全定制化，这时顾客的需求渗透进产品的设计当中，产品完全按照顾客的需要定制，二者的差别在于前者的创新所形成的隐性知识只能存在于创新者的头脑中，无法转移，所以只能是作坊式的生产，不能实现大规模的生产；而后者却可以通过规范化得到扩展，即创新形成的隐性知识通过一定的方式转化为显性知识，从而使该创新成果应用到新的顾客。新组合或体系结构创新、差异化或附件创新类似于定制标准化或剪裁定制化，而交付或规则创新则类似于细分标准化。定制化程度越高的服务创新就越能够更好地满足顾客的需求。

近几年，为了降低成本，实现规模经济，服务业呈现出较强的工业化趋势，即高度的劳动分工、规模经济、服务的标准化。对于服务企业来说，服务的标准化和服务的定制化始终是一个两难的选择。

4. 功能性服务创新模式

服务创新研究的一个重要趋势是将服务和产品视为具有共同功能和性质的对象进行“整合”分析，并因此出现了所谓的“整合方法”。产品和服务被定义为一组服务特性、技术特性和过程特性的混合体，服务创新就是其中某一特性或多种特性的变化。一项服务产品可以表示为不同特性的集合体，不同服务间的差异就反映在它们特性的不同上，对服务的分析就是对其特性的分析。

Belleflamme（1986）认为，创新中有生产、客户化和生产要素组合三个维度，前两个维度的相对重要性决定了创新的类型。不同维度中其作用的要素也不一样。根据向量中创新作用的不同要素可以将创新分成四种类型：①引入新服务的创新；②引入新制造流程的创新或对原有流程进行改进的创新；③引入新的客户化过程或对原有服务的改进，包括某种技术系统（如电脑），当它被定位于后台时，属于生产流程的一部分；当被定位于前台时，属于客户化过程；④对前三种的任意组合创新。

Barcet 等（1987）根据创新是否与功能、专有性或生产流程相关将服务创新分为三类：①功能性创新，即生产新的、非差异化的抽象功能；②专门化创新，即根据不同类型的客户和相对简单的适用领域，设计出与竞争对手不同的产品和服务；③生产性创新，这是一种致力于成本缩减的创新，主要应用于“大批量服务”，如银行、保险公司、社会服务等。

由于服务本身的特性，很难对“产品”和“流程”进行严格的区分，“专门化”的分类具有很大的主观性，“功能”的外延也难以被界定，所以功能性创新和专门化创新常常混淆在一起。事实上，功能性创新和专门化创新并不是完全对立的两类创新，功能性创新可能包含着专门化创新，而专门化创新也可能伴随着功能性创新。到底是属于哪种类型的创新，要视满足顾客需求的情况来确定。

第三节　服务创新的扩散

一　关于服务创新扩散的研究

国内外学者关于服务创新扩散的研究有很多，概括起来主要有以下几种观点。

Rogers（1995）认为，扩散是创新在一定时间内，通过某种渠道，在社会系统成员中进行传播的过程。技术创新扩散是创新的推广、辐射与接纳相统一的过程，是各种技术之间、专门技术与其他技术之间发生的渗透、时空传播的过程。

Mansfield（1968）认为，技术扩散本质上是一个学习过程。扩散的早期阶段，新工艺或新产品的改善几乎与新思想本身一样重要，常常有严重的技术问题需要花时间去克服，有时需要大量的 R&D。当新产品的设计稳定后，根据“学习曲线”，生产成本随之下降。

熊彼特（1990）认为，技术创新扩散实质上是一种模仿行为。他指出，当某项可以大幅度提高效率、大幅度降低成本或旨在生产出一种前所未有的新产品的技术创新在少数企业里率先实施后，由于其良好的示范作用，众多的企业出于对超额利润的追求，将纷纷加入模仿者的行列。大规模的模仿活动及其所带动的相关产业的进步，将有力地促进经济走向繁荣。然而，随着模仿高潮的结束，技术创新的扩散过程趋于饱和，经济又重新归于平静并开始走下坡路。

约翰·福斯特和 J. 斯坦利·梅特卡夫（2005）则认为技术创新扩散是一种选择过程：既包括企业对各种不同层次的技术的选择——其结果总是使企业倾向于接受效率更高、成本更低或更新颖的先进技术——同时也是顾客对企业的选择过程，其结果总是那些优先采用创新技术的企业生产出品质高、价格低的产品，才能获得顾客的青睐，而迟迟拒绝采用创新的企业，则无法逃避被淘汰的厄运。正是通过这些互相作用的选择过程，技术创新成果才得以在市场中得到广泛传播，即技术创新一步步地实现其扩散过程。

综上所述，创新扩散就是对创新的一种“模仿”和“学习”行为。

二　创新扩散的影响因素

创新扩散过程的基本元素包括扩散的创新、潜在使用者的数量及其决策过程、创新制造者与采用者关于创新及其实施的信息流量。在扩散过程中还存在着供给与需求两方面因素的影响，需求的影响来自从一项创新的潜在用户那里得到的关于创新及其实施的信息，以及由此而产生的模仿采用行为；而供给则取决于一项创新的获利能力。综合来看，创新扩散过程受到四方面因素的影响，即创新、采用者、创新信息和环境。进一步深入分析这四方面因素，则有助于理解扩散过程，见图 2-6。

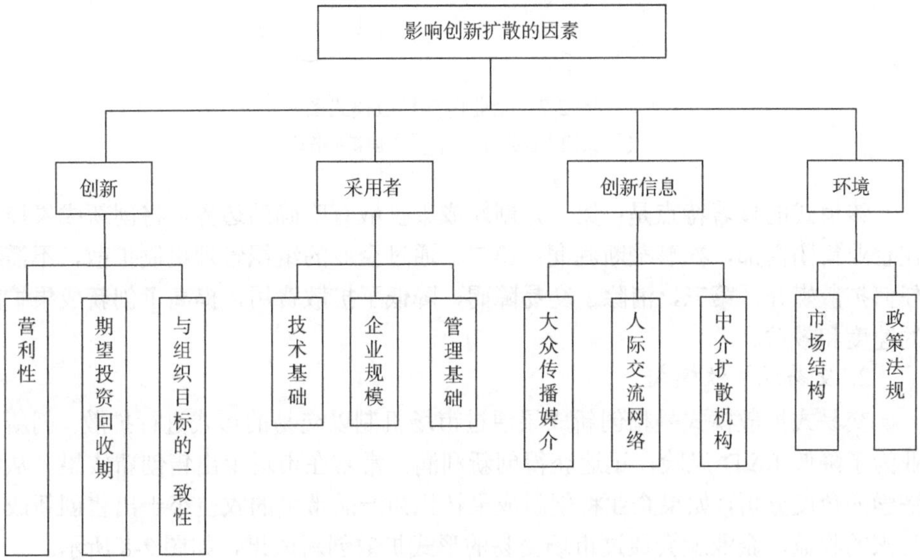

图 2-6　影响创新扩散的因素

三　创新扩散的模式

根据创新扩散的方向和方式的不同，可将创新扩散模式分为：企业内部扩散模式、交易式扩散模式和合作式扩散模式。

1. 企业内部扩散模式

大型的企业集团或跨国公司具有资本、规模、人才优势，R&D 投入大，R&D 能力强，企业可以在内部转移创新成果。这种扩散模式往往以产权为纽带，可以消除交易障碍，各分公司或子公司可以通过“搭便车”获得创新成果带来的收益，扩大创新的价值。它的传播渠道如图 2-7 所示。

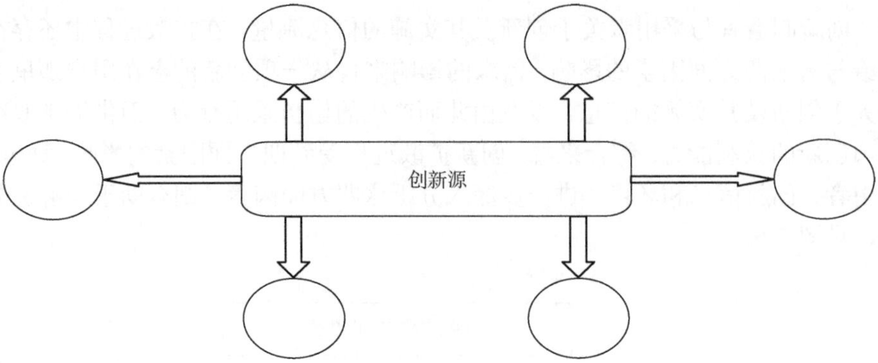

图 2-7　企业内部扩散模式图

○ 集团内各公司　▭ 创新扩散边界

该模式的显著特点是：第一，创新成果扩散有明确的边界，将创新成果控制在企业集团内部，独享垄断利润；第二，通过企业的组织管理机制扩散，不需要任何扩散媒介；第三，消除了交易障碍，降低了扩散费用，提高了创新成果扩散的速度和效益。

2. 交易式扩散模式

交易式扩散模式是指创新成果通过市场机制以交易的形式进行扩散。创新企业为了降低 R&D 风险，迅速获得创新利润，常常在市场上出售创新成果。从经济学的角度分析，如果企业将创新成果转化为产品带来的收益小于出售创新成果带来的收益，企业就会通过市场交易的形式扩散创新成果，如图 2-8 所示。

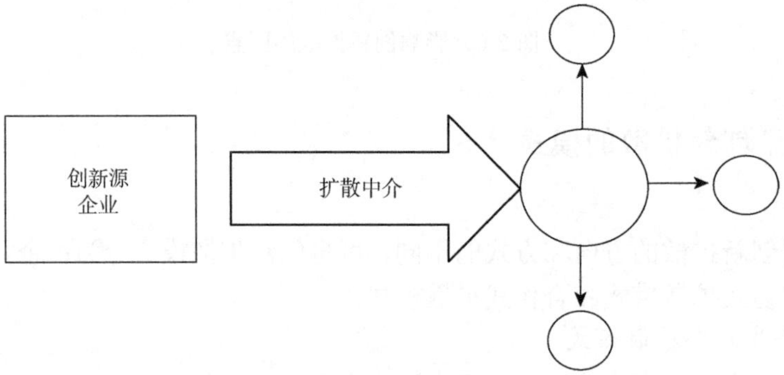

图 2-8　交易式扩散模式图

○ 潜在采用者

这种扩散模式的特点是：第一，可以迅速获得创新利润，降低创新风险；第二，必须有一个扩散中介，对市场环境要求较高，需要信息对称、竞争有序的技术交易市场；第三，创新成果一经扩散，就不再受企业控制，因而不利于创新成果的保密。

3. 合作式扩散模式

这种模式是指通过企业间建立合作关系进行创新扩散。相对于企业内部扩散模式，合作扩散空间更广泛；但与交易式扩散模式通过市场机制进行扩散比较，合作式扩散又受合作契约的制约，如图 2-9 所示。

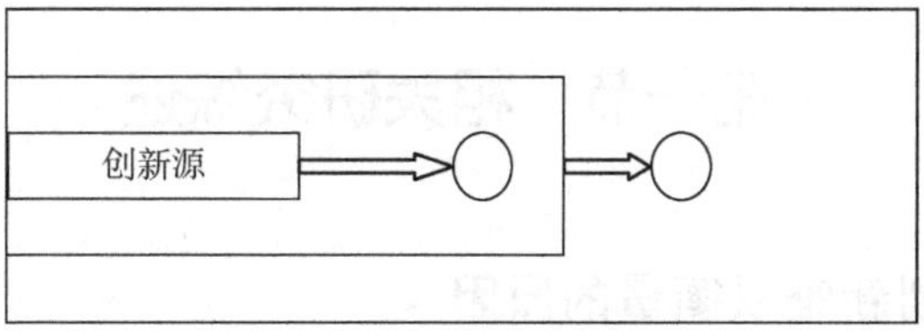

图 2-9　合作式扩散模式图

⟹合作方式　○ 创新成果使用者

采用这种方式一般是为了分散独家经营的风险，或者因受资源和条件限制无法独立地进行开发利用，而采取合作式创新扩散，与其他公司共享创新成果。可以与一家企业合作，也可以是同时与多家企业合作。该模式的特点主要有：第一，可以在很长一段时间内享受收益，分散投资风险，但收益需与合作方分享；第二，如果合作契约履行不严，会导致创新成果外泄；第三，可以克服创新企业自身条件的限制，提高创新带来的效益；第四，采用合作式扩散创新成果时，要考虑采用者是否具备相应的能力和资源条件。

第三章 服务创新的衡量

第一节　相关研究综述

一　服务创新难以衡量的原因

对服务创新的现有研究主要集中于服务创新的内涵、性质、特点、类型和模式等问题的定性分析与描述上，而对于服务创新的定量分析和实证研究，如服务创新的投入产出分析，以及企业服务创新能力和绩效的衡量，仍处于落后状态。有研究成果表明，国内外学者已经开始尝试从各种视角探究衡量服务创新的理论与方法，但局限于从定性的角度提出一些衡量的指标，这些指标大部分属于新建指标，难以与企业的财务指标建立直接的联系，尤其是其中的部分指标属于感性指标，难以量化，很难得到反映服务创新投入产出的数据。

现有的相关研究认为，服务创新具有无形性、多样性和顾客导向性等特点，创新模式以渐进性创新为主，创新过程受到无形因素和隐性知识的驱动，很难用一种单一的模型或范例来描述。服务创新衡量指标选择上的困难是导致服务创新难以衡量的主要原因。目前，衡量创新时所使用的指标大多来自针对制造业技术创新提出的衡量指标。服务创新更多地体现为概念创新、过程创新和组织创新等非技术创新形式，关于这些创新形式的衡量指标尚没有统一认识。与衡量指标类似，现有衡量创新的方法也是针对制造业技术创新提出的，如果将其应用于服务创新的衡量，需要将方法中的理论假设、约束条件和推演机理根据服务创新的特性进行部分或完全的修正。可用数据的缺乏是衡量服务创新时面临的另一难题。服务创新本身是一个复杂的交互过程，服务部门在进行创新时会与其他经济部门产生交互作用，此外，制造业和服务业的界限变得越来越模糊，研究者很难明确界定某一创新过程隶属于哪一行业或哪一部门，创新的投入产出数据很难统计。

二　衡量服务创新的投入指标

制造业创新的衡量指标之所以不能完全应用于服务创新，是因为这两类创新的性质存在显著差异：制造业技术创新是一个能力积累的过程，而服务创新对能力的依赖性则较小。在制造业领域，一项新技术的推出不仅需要投入大量的人力、物力和财力，而且往往需要借助企业外部的科学技术知识，如高校和科研机构的研究成果等，经过长时间的开发才能获得。相对而言，服务创新的引入则不需要经过这一复杂的过程，服务业企业可以很容易地通过模仿进行创新，创新投入更多的是无形要素。目前，国外学者关于服务创新投入的论述虽然角度不同，但观点基本一致，可将服务创新的投入分为四类：资金投入、知识投入、人力资本投入和 ICT 投入。

1. 资金投入

资金投入指标是衡量创新投入的一项传统指标，在服务创新的衡量中，它依然可用，但涵盖的范围较制造业创新扩大了很多，包括企业内部 R&D 经费支出、获取外部知识的费用支出、ICT 费用支出和其他创新费用支出。

Djellal 和 Gallouj（2001）的研究结果显示，虽然服务创新更多的是非技术维度的，但技术创新在某些服务部门当中仍然占有重要地位，如 IT 业。因此，他们将企业内部的 R&D 经费支出作为服务创新的一项投入指标来衡量服务创新的投入水平。服务企业获取外部知识的费用支出，即购买使用企业外部的专利、非专利创新产品、专业知识和软件，以及注册商标和获得特许经营权所支出的费用，其平均水平显著高于制造业。

ICT 费用支出包括购买和租赁办公用计算机、数据处理设备、数据通信设备，以及相关的软件和电信服务时所支付的费用。在知识经济时代，ICT 无处不在，这些信息通信设备有助于知识的扩散和共享，诱发创新。因此，Drejer（2004）将 ICT 费用支出也作为衡量服务企业创新投入强度的一项指标。

此外，部分学者将服务企业用于培训、新产品的市场引入和其他与创新直接相关的活动的开支也作为一项指标衡量服务创新的资金投入。OECD 的调查结果表明，目前，服务创新的费用支出逐渐集中于获取新技术、员工培训和无形资产的投资等方面（诸如企业形象设计、市场拓展和组织结构的变革），而不是传统的 R&D 经费支出。

2. 知识投入

不同的知识资源在服务创新中所发挥的作用是不同的，所有的知识资源，除了个体层面的隐性知识，对服务创新都会起到积极的促进作用。然而，关于服务创新中知识的主要来源，国外学者各执己见。

Council on Competitiveness 通过分析 2005 年美国创新调查（National Innovation Survey）的结果发现，服务创新的知识投入主要来自顾客和供应商，78%的被调查企业的反馈结果显示，它们的创新思想来自与顾客和供应商的沟通与交流过程。

Leiponen（2005）认为，服务创新的知识来源主要是顾客和竞争者，而作为制造业技术创新主要知识来源的知识密集型商业服务业、高校和企业外部的各种科研机构在服务创新中所起到的作用并不明显。Gallouj（2002）则认为，服务创新的知识来源并不依赖于企业的 R&D 行为，而是主要来自企业员工的经验积累和专业技能。

Rosa（2004）认为，服务企业的 R&D 行为对创新知识的投入至关重要，只不过较制造企业的 R&D 行为而言，服务企业的 R&D 行为需要更浓厚的社会科学基础。Djellal 和 Gallouj（2001）在研究中强调了顾客的重要作用，他们认为顾客活动的多样性和企业与顾客的交互机制决定了企业在创新过程中知识资源的投入。

综上所述，服务创新的知识来源与制造业创新有所不同，服务创新所用知识主要来自顾客、竞争者、供应商和企业员工，而不像制造业那样对专业的研发机构（如大学）存在较高的依赖性。

3. 人力资本投入

企业的人力资本是创新知识的重要资源，在制造业和服务业中都是决定创新的关键因素。与制造业创新相比，人力资本在服务创新中的地位更加重要。

衡量服务创新的人力资本投入指标与制造业大同小异，如选择受过高等教育的员工比例、有员工培训的公司比例、员工技能、专业人员的缺乏程度等作为衡量指标。

4. ICT 投入

虽然人们一直认为服务创新并不是技术驱动的，ICT 对于服务创新并不重要，但是，ICT 至少在某些服务部门的创新过程当中占有重要地位，如金融服务业。很多服务部门生产率的提高是由 ICT 的应用引起的，服务创新在扩散过程中需要借助 ICT 来实现价值网络的协作。

三 衡量服务创新的产出指标

衡量服务创新的产出存在诸多困难。Hipp 和 Grupp（2005）指出，创新的无形性及产品创新和过程创新的密切联系为衡量服务创新产出制造了极大的困难。国外学者在衡量服务创新产出时方法各异，大体可归纳为对比法、分类法和战略定位法。

1. 对比法

部分学者在衡量服务创新的产出时，主要参考制造业技术创新的衡量指标，并结合服务创新的特性提出一些新的替代指标，如表 3-1 所示。

表 3-1　新旧指标对照表

序号	旧指标	新指标
1	专利数量	商标数量
2	创新产品市场占有率	市场灵活性
3	创新产品销售额	风险资本吸收额
4	时间和成本的缩减	非技术变革

1）商标数量

衡量制造业技术创新的产出时经常使用专利数量这一指标。相关研究发现，服务企业不能像制造企业那样通过申请专利保护自己的创新成果，而商标是它们主要的方法。商标注册数目可以作为专利数的替代指标或补充指标。商标指标优于专利指标的地方在于，商标可以更准确地反映市场引入新服务产品的情况，尤其对于中小型服务企业来说，商标比专利能更准确地反映企业的创新情况。此外，商标比专利更容易商业化，可以反映和涵盖更宽泛的创新行为。

但是，使用商标作为衡量创新产出的指标也存在缺陷：第一，单一的商标数量并不能反映实际的创新情况，因为一个品牌可以有多个商标，而一个商标可以申请为各种不同的商标类型；第二，商标分类系统并不一定完全适用于服务业，尤其对于各服务部门来说，它的涵盖范围也不够广；第三，由于各国在商标注册政策和经济体制上的差异，在使用商标这一衡量指标进行国际比较时存在诸多困难。

2）市场灵活性

服务产品生产与消费的不可分离性等特性导致服务创新产品的市场占有率很难计算。相关研究提出将市场灵活性指标作为衡量服务创新产出的一项指标，该指标衡量由服务创新活动引发的特定市场空间内市场灵活性的变化程度和竞争企业市场份额的变化情况决定。

3）风险资本吸收额

创新产品的销售份额可以作为衡量服务创新产出的指标，但是目前服务企业仍未被要求披露此项数据。由于服务产品本身的特性，数据的统计计算也存在困难。服务部门的创新活动具有高风险、高收益的特点，可以吸引大量的风险资本，尤其对于高技术企业来说，这种类型的企业一般没有实物服务产品，因此，风险资本吸收额在一定程度上可以衡量服务创新产品的产出。

4）非技术变革

服务创新有多种创新形式，尤其是过程创新、组织创新等形式会诱发企业内部的各种非技术变革。服务创新可以引发企业的发展战略变革、组织结构变革、市场定位变革和管理方式变革，服务企业由服务创新引发的这四种非技术变革通常比制造企业多。因此，非技术变革可以作为衡量服务创新产出的一项指标。

2. 分类法

IBM 在衡量企业服务创新产出时，按照创新的类型将服务创新分为服务产品创新、商业模式创新和操作过程创新，根据不同的类型分别选取衡量创新产出的指标。

衡量服务产品创新产出的指标有：顾客满意度、新服务产品的销售利润、新服务产品的销售额、新服务产品的纳税额、新服务产品打入市场的时间、新服务产品盈利的时间、核心顾客购买份额的增长率、顾客数量的增长率、新服务产品的投资回报率、达到预期商业目标的新服务产品的比率。

衡量商业模式创新产出的指标有：订货周期，准时交付率，顾客保持率，成本缩减程度，顾客对订货和时序的安排，产品交付过程的满意度，员工生产率，存货周转率，销售成本占收入的比率，担保费用占收入的比率。

衡量操作过程创新产出的指标有：销售收入增长率、利润增长率、销售渠道的利用数量、开发的新的销售渠道的数量、合作者的数量、由战略伙伴引发的利润增长、商业成分或过程的外包程度、合资数量。

3. 战略定位法

根据企业创新战略目标的不同，服务创新的产出可分为短期产出、长期产出和间接产出。短期创新产出是指创新企业在短期内获得的收益，主要表现为财务指标的变化，包括顾客数量的增加、销售额的增加、开拓新的市场等；长期创新产出是指在创新执行一段时间以后才体现出来的创新价值，如企业竞争能力的增强、商业价值的增值、企业形象的改善、劳动生产率的提高、顾客满意度和顾客忠诚度的提升；间接产出是指通过创新增强的能力和满意度，如技术知识的丰富、员工满意度的提升和新的创新机会的出现。在衡量服务创新产出时，不能将所有的产出指标都考虑在内，需要结合创新的目标来综合考虑。

此外，还有学者指出，服务创新是一个“反复试验”的过程，具有自组织和自适应的特性，所以，可以将服务创新效率的提升看作是服务创新产出的一部分，用来衡量服务创新效率的指标有成本、效率、发展速度、创新参与者的学习效率和服务创新质量。

四 服务创新的衡量方法

国内外尚没有专门用于衡量服务创新的方法，现有方法都是经过对制造业技术创新衡量方法进行改造应用于服务创新领域的，可以分为直接衡量方法和间接衡量方法两种。

1. 直接衡量方法

直接衡量方法是直接对企业、产业和国家的服务创新绩效和服务创新能力进行评价的方法，有统计分析法、平衡记分卡法和重新标定值法。

统计分析法主要应用于国外几次针对服务创新的调查结果的分析中。依托调查所得数据，国外学者应用统计分析法对服务创新活动的引入和基本特征进行了系统描述，具体包括：服务创新的创新动力、创新结果、服务企业内部 R&D 活动的形式、R&D 活动频率分布、创新费用结构分布、服务创新专利申请分布、创新度分布、创新类型分布、创新人员分布、创新组织结构、不同服务部门创新活动的异质性等。

舒伯阳（2005）以服务创新的四个维度为基础，通过引入平衡记分卡（BSC）测评工具，建立起一个涵盖财务、客户、内部流程与组织学习等方面的服务创新成长绩效的综合评估框架和模型，该评估模型突破了传统财务指标的局限，将服务创新引发的企业形象和顾客关系的改善、开拓新市场等方面的综合利益纳入模型中。该方法以企业盈利成长为中心，将 BSC 的四项综合评估与服务创新的四个维度相结合，构建了服务创新成长绩效的 BSC 综合评估矩阵，并借助价值树模型将企业盈利成长的战略目标转换成对应的关键绩效指标（key performance indicator，KPI），以及这些指标背后的关键驱动流程及下一级对应的指标，分析了滞后型结果指标与领先型驱动指标之间的因果关系，从而为改进服务创新绩效指明了控制关键。

Minna 等（2006）在编制 2006 年欧盟创新发展报告中，从人力资源、创新需求、技术知识、非技术变革、知识的来源与扩散、商业化和知识产权 7 个维度选取了 24 个指标构建了服务创新评价指标体系。使用最小最大化方法将原始数据都转化成 re-scaled values，对各国和主要服务部门的创新绩效进行了评价。re-scaled values 转换公式如下

$$x_{cij}^{r}=\frac{(x_{cij}-\min(\underset{c}{\forall}\underset{j}{\forall}x_{ij}))}{(\max(\underset{c}{\forall}\underset{j}{\forall}x_{ij})-\min(\underset{c}{\forall}\underset{j}{\forall}x_{ij}))}$$

经过转化，所有数值均被转化为 0～1，其中，最大值被转化为 1，最小值被转化为 0。使用这种方法的前提条件是，所有变量均符合正态分布。对于不符合正态分布的变量要使用平方根进行代换。

指标体系中各维度的 re-scaled values 综合得分取该维度内各指标 re-scaled values 的算术平均数，但前提条件是可用数据要超过最小限制。人力资源、创新需求、技术知识和商业化四个维度的最小可用指标数是 1，知识产权维度的最小可用指标数是 3，非技术变革和来源于扩散的知识两个维度的最小可用指标数是 4。

各服务部门的创新指标由取各维度综合得分的算术平均数计算得出，前提条件是至少有 5 个维度的综合得分可以计算出，而且所有指标数据中至少有 75%可用。

2. 间接衡量方法

间接衡量方法通过判定服务创新对企业经营管理效率和服务业劳动生产率等方面的影响来衡量服务创新的绩效。

以移动通信服务业为例，通过计算企业经营绩效的托宾 q 值，并将该值对企业服务创新产品进入市场的时机进行了回归，考察服务创新对企业经营绩效的影响，从而衡量了服务创新绩效。具体计算公式如下

$$q_i = \alpha + \beta^{\mathrm{GSM}} X_i^{\mathrm{GSM}} + \beta^{\mathrm{GPRS}} X_i^{\mathrm{GPRS}} + \beta^{\mathrm{MMS}} X_i^{\mathrm{MMS}} + \gamma^{\mathrm{MMS}} Y_i^{\mathrm{GSM}} + \delta^{\mathrm{ARPU}} Z_i^{\mathrm{ARPU}} + \delta^{\mathrm{CHURN}} Z_i^{\mathrm{CHURN}} + \delta^{\mathrm{MS}} Z_i^{\mathrm{MS}} + \delta^{\mathrm{OPREV}} Z_i^{\mathrm{OPREV}} + \delta^{\mathrm{EMPL}} Z_i^{\mathrm{EMPL}} + \delta^{\mathrm{GDP}} Z_i^{\mathrm{GDP}} + \delta^{\mathrm{MIGR}} Z_i^{\mathrm{MIGR}} + \varepsilon_i$$

其中，q_i 表示企业 i 的托宾 q 值；α 为常数；GSM、GPRS、MMS 为企业的几种服务产品；ARPU 为用户平均收入；CHURN 为用户流失率；MS 为市场份额；OPREV 为经营收入；EMPL 为员工数量；GDP 为国内生产总值；MIGR 为虚拟变量；X_i 表示企业 i 的 GSM、GPRS 和 MMS 服务产品进入本土市场的时机；Y_i^{GSM} 表示企业 i 的 GSM 产品参与国际竞争的时机；Z_i 为控制变量；β、γ、δ 为变量系数；ε_i 为随机误差项。

Gainelli 等（2006）从服务创新的投入、服务创新的产出和服务业劳动生产率三个角度建立了联立方程，验证了服务创新的投入产出对服务业劳动生产率的促进作用。

$$\begin{cases} \begin{cases} S_i = 1 & \text{if} \quad S_i^* \equiv X_{1i}\beta_1 + \mu_{1i} > 0 \\ S_i = 0 & \text{其他} \end{cases} \\ \begin{cases} \mathrm{inser}_i = 1 & \text{if} \quad \mathrm{inser}_i^* = X_{3i}\beta_3 + \mu_{3i} > 0 \\ \mathrm{inser}_i = 0 & \text{其他} \end{cases} \\ \mathrm{prod}_i = X_{4i}\beta_4 + \mu_{4i} \end{cases}$$

第二节　服务创新的“四维度”及价值贡献

一　服务创新“四维度”的含义

在对服务创新的分类研究中，学术界普遍接受的观点是服务创新具有“四个维度”。P.D.Hertog（2000）提出了一个有关服务创新的集成概念模型，其中包含了四个关键维度，因此被称为“四维度模型”。

1. 服务概念维度

服务概念维度是指在服务组织中形成的新理念和新观点。这种服务概念的创

新通常是无形的，尽管某些服务本身具有许多有形要素。服务概念创新源于市场的推动，其创新过程是创新者观察市场行为，或者从其他市场行为中获得启示，从而提出新的服务理念，形成新的服务概念。

2. 交互界面维度

交互界面维度是指服务企业与顾客之间的服务传递方式和人际交往方式。界面设计是许多服务创新的焦点，尤其是在服务生产中。ATM 虽然表现为一种技术创新，但它同时又是银行与顾客在服务交付中接触方式的创新。顾客交互界面创新将导致整个创新过程的再造。

3. 组织/流程维度

组织/流程维度是指生产和交付新服务产品的组织。新的服务需要新的组织形式、新的员工能力/技能。服务交付系统维度和顾客界面维度之间存在紧密联系。例如，电子商务带来了商业流程的全面重组，它不仅改变了商业交易方式，而且改变了交易前后的过程。

4. 技术选择维度

服务业中的许多创新是由下游服务部门所推动的，并大多由顾客主导。虽然服务企业的某些技术来自供应商，但是使用者在新服务的发展和推广中起着至关重要的作用。在交通服务业中，将全球定位系统（GPS）用于车辆移动定位和调度等，这些都是 IT 技术运用于服务创新的成功案例。

二 服务创新“四维度”的价值贡献

1. 服务概念创新的价值

服务概念创新是所有服务创新活动的先导。通过将新的服务概念引入市场，服务企业可以形成新的战略业务单位（SBU）和新的利润中心，实现企业盈利的快速成长。服务概念创新还可以促使其他创新活动的开展，如“人工服务”向“自我服务”发展的新服务理念，促使许多航空公司主动地进行“自动售票机”的开发和“网上订票”业务的拓展。因此，服务概念创新是服务企业非常重要的创新前提。另外，有些直观可见的服务概念创新并不仅仅是物理层面上的创新，还包含着解决新问题和提出新思想的创新。例如，以前旅客抱怨运输部门只能提供从始发地到目的地的服务，而现在门对门的运输服务思想已被运输企业广泛接受。有些航空公司还推出了送票、机场接送、行李到达、租车、预订宾馆和旅游咨询等一条龙的出行服务。

服务概念创新除了产品概念的创新外，还包括市场概念的创新。例如，航空公司挖掘现有航线潜力，通过对现有航线运力的重新安排，同样可以扩大市场份额，实现盈利成长。但是，服务概念的创新并不具有专利性，难以得到法律的保护，它可以被竞争对手模仿。因此，由服务概念所带来的利润只具有短期性，对企业远期盈利成长的贡献有限。

2. 交互界面创新的价值

大多数企业提供服务的基本特征是服务提供者和顾客之间存在服务接触，这种可以感知的服务接触过程和方式就是服务交互界面。

1）服务接触与交互界面

服务接触时刻是顾客产生对服务质量评价的关键时刻，因此，服务交互界面就成了顾客评价服务质量的关键载体。服务接触可以看成是顾客、服务组织及接触顾客的人员三者之间相互作用形成的三角区。在服务接触过程中，每一方参与者都力图通过对服务接触的控制，影响服务的进程。

服务交互界面对企业服务质量、顾客关系及盈利成长具有直接或潜在的影响。在实践中，并不存在完美的服务交互界面，只有与顾客建立互动学习关系，才有可能不断改进服务界面的接触效果。服务业的特点之一是顾客参与服务过程，顾客主动地参与有助于服务提供者与顾客之间的双向沟通，从而建立起有效的反馈系统，不断修正服务，使服务能够更好地满足顾客的需求。

2）交互界面中的互动学习

企业与顾客的互动交流手段包括电子邮件、在线服务、电话和互联网等。由此，企业可以迅速了解现有顾客和潜在顾客的需求。将大规模生产与一对一的服务相结合，就形成了学习关系，这种学习关系随时间的推移不断得到深化。

通过建立量身定制的学习关系，顾客向企业反馈的信息越多，他们就越能更好地得到满足自身需要的恰当商品和服务。而企业通过与顾客之间的互动学习，能逐步深入地了解“客户价值”的精髓，实现最大的顾客满意，与顾客建立起结构化的忠诚关系，从而加大顾客更换服务者的转移成本，提高服务竞争者的进入门槛，企业的远期盈利能力得以不断提升。

3. 流程/组织创新的价值

流程/组织创新的一种主要手段是业务流程再造。业务流程再造是对企业的业务流程进行根本性的再思考和彻底性的再设计，从而使企业在诸如成本、质量、服务和速度等影响因素方面获得显著性改进。服务流程创新的最直接结果就是建立起新的管理方式和服务方式。如果这种创新能够取得成功的话，它将充分集成企业资源，全面提高服务效率和顾客满意度，直接提升企业近期和远期的综合盈利能力。

4. 技术选择创新的价值

服务业本身并没有太多的原创新技术，但服务企业通过从外部选择、借鉴和引入新的技术手段，可以直接推出新的服务产品。例如，银行业通过引入现代IT，推出了 ATM 和信用卡业务。ICT 被认为是服务创新中的革命性技术，它直接提升了服务企业的协同能力和服务反应速度。另外，新技术在服务业中的应用还可以对原有的组织管理方式产生革命性的改变，例如，航空业通过采用网络 IT，推出了电子机票等一系列新的服务方式，并由此改变了传统的机票代理销售模式。服务业通过成功地引入新技术，可以快速形成新的利润中心，提高服务生产效率、提升顾客的满意度和忠诚度，使企业的远期盈利能力加强。

上述四类创新活动对企业盈利成长的贡献各有侧重，它们交织在一起共同推动了服务企业的近期与远期盈利成长。

第三节 典型服务业的服务创新衡量

对服务创新“四维度”价值的准确衡量比较困难。如果将服务创新分成技术性创新和非技术性创新，技术性服务创新的价值可以通过研发经费、专利等进行衡量，而非技术性服务创新的价值则可以借助社会创新调查和企业创新调查，通过其商业化程度来衡量。由于创新活动是技能、技术及组织形式相互之间共同作用完成的，服务创新的衡量误差主要来自技术与实际创新活动间的扩散和集成。

下面，我们将从服务创新“四维度”表现最为突出的金融服务创新及系统集成服务创新入手，讨论服务创新的衡量问题。

一 金融服务创新的衡量

在过去的 10 年中，IT 在金融服务中的使用影响了金融服务部门中的创新活动。日益加剧的竞争促使金融服务企业不得不进行金融服务创新。金融服务企业之间的竞争，以及对金融服务需求的持续上升使得金融服务行业中的企业增加了研发投入，开发新型服务产品，并为其他服务业提供更加高效的、低成本的金融中介服务。

电子货币的引入，智能卡、电子支票、电子基金转账及改进的加密系统是 21 世纪金融服务的一些创新成果。随着制造业将服务的“定义”融入其产品当中，越来越多的制造企业直接与消费者打交道，金融服务有了“非中介化”的趋势。

1. 金融服务部门的创新

在发达国家，金融服务部门是一个包含许多细分产业的部门。例如，在北美地区，金融服务部门的企业包括存托凭证机构，非存托凭证机构，证券及商品经纪人，保险承运人，实际资产营运人，控股机构及其他投资机构。

（1）存托凭证机构包括存券银行、托管银行及存券信托公司。

（2）非存托凭证机构包括债务形式的信托公司，但不包括存券银行、托管银行及存券信托公司。

（3）证券及商品经纪人包括参与承保、购买、销售及认购券商的证券或者其他金融合同的企业。

（4）保险承运人，包括各种类型保险的承运人。

（5）实际资产营运人，包括实际资产的营运人、所有者，以及实际资产的出租人、购买者、出售者、开发商、机构和经纪人。

（6）控股机构及其他投资机构，包括投资信托基金、投资公司、控股公司等。

2. 典型的金融服务创新企业

美国信用评级公司标准普尔的 COMPUSTAT 数据库中，提供了一些公司在金融服务创新上的研发支出和金融服务创新活动。

（1）投资技术集团公司（Investment Technology Group）是一家服务贸易公司，通过使用新技术提高了工作效率，降低了交易成本。公司研发的服务创新产品包括：电子股票交易系统（POSIT）；基于 Unix 的决策辅助、交易管理及订单路线系统（QuantEX）；基于服务器的交易策略执行系统（SmartServers），为客户提供及时有效的流动资金数据的电子交易服务台（electronic trading desk）；基于电脑的订货路线及交易管理系统（ITG 平台）；一种事前和事后衡量了交易成本的交易工具（ITG ACE）；基于计算机的股票组合选择系统（ITG/Opt）；基于浏览器的订货路线供给系统（ITG WebAccess）。

（2）A B 沃特利集团公司（A B Watley Group）是纽约一家注册的经纪人公司，直接参与证券交易，同时也在三级市场中组织证券交易。公司提供专用的技术，即垂直交易直接通道（DAVE），组织交易活动，其客户可以通过该通道进行证券交易和银行业务。DAVE 包括一个代码工厂、进入密码、交易过程及数据传输引擎。

（3）Lending Tree 是一家外汇贷款公司，其主要业务就是吸引消费者进行贷款，而贷款流程涉及多家银行。Lending Tree 研发的技术平台 LEND-X（支持客户的网上外汇贷款）授权给其客户进行网上交易。

3. 金融服务创新活动的特征

金融服务业中的企业注重开发数据仓库及数据挖掘、消费者服务，以及支持软件、客户关系管理工具等技术，其目标是为单独的或者合伙的投资者提供一种简单可靠的方式，帮助他们获得实时市场的投资信息，并帮助投资管理者进行投资决策。

下面的例子描述了典型金融服务公司进行的不同类型的研发活动。

摩根·斯坦利公司基于市场数据开发了国际对冲基金及股票指数，通过路透社和彭博社（Reuters and Bloomberg）资讯系统实现。该公司可以为证券机构提供不同国家或地区的实时股票指数。这种指数提供一种全球股票市场盘中运行的视角，保证客户能够在任何时间对他们投资组合的表现进行评价。2002 年 10 月，该公司的服务产品研发部门成立了一个与投资者相关的战略联盟，该联盟合作的目标就是发展一种整体的研究和标度工具，帮助机构投资者对其投资项目的相关表现进行分析，从而获得最大的回报。

金融服务技术财团（FSTC）是由北美顶级金融企业组成的一个成员会组织。FSTC 致力于协同技术的研究和发展，其财团公开的技术标准满足了产业的核心竞争力需求。FSTC 是金融转账新体系的原型，反映了金融产业新的特点。从 1994 年开始，FSTC 就在一些地区实施消费者认证、分支结构的自动化、支票截断、网络服务、无线网络银行及生物识别技术等计划。通过会员的共同努力，开发出了这些服务创新产品，技术的发展保证了开放式架构和互操作性。

下面是不同类型项目的例子：①普世价值交换（UVX），这是定义了内部结构、接口、金融机构现存支付系统网关的一系列议定书。UVX 支持支付流程，如纸张支票处理流程、有限转移服务及信用卡处理流程。随着两家甚至更多家银行采用 UVX，它被设计用来进行跨机构转账，采用最先进的安全科技及最新的互联网协议。②ANS X9.85 计划，它用于测试原型检查验证程序的表现，通过设计系统使用 ANS X9.85 标准，即“规格自动化识别防伪特征”。这一计划的目的是检查处理系统的安全性、评价可扩展性及与现有系统的集成性，区分实施过程中技术和运行壁垒的难度。

4. 金融服务创新的衡量

研发密集度或研发对销售的比例是衡量制造业企业创新活动的重要标准，然而，这类标准对金融服务部门中的企业并非十分有效。没有哪一家金融服务企业敢说最大化研发投入一定能够提高生产率。在传统范式当中，生产率的提高表现为降低成本或者提高产量。事实上，制造业的创新通常是降低成本的，而金融服务企业并不将其称作研发。对金融服务部门来说，一个更加贴切的衡量方式就是维护现有技术上的投资规模，而不是推动或者购买新技术的投资规模。在大型的零售银行机构当中，70%的投资用来维护现状，30%的投资用来起推动作用。如果一个企业用接近 80%的投资维持现状，20%的投资进行创新，或者比例为 4∶1，那么将不能将其视作为了争夺消费者而进行竞争的企业。小的零售银行并不使用这种衡量方式，因为它们依赖于预先打包好的软件及现取现做的解决方案。

30%投资在创新上，则在内部研发与外部 IC 之间做了最优配置，这一规则被看作是金融服务企业最优化创新的比例。

在投资服务中，企业可以用其收入中的技术支出比率来衡量技术创新。技术的支出可以代表从企业外部及企业内部的研发活动中购买知识产权的总量。企业的目标是在保证服务质量保持不变的前提下，尽可能降低与服务相关的总技术支出。

二 系统集成服务创新的衡量

1. 系统集成服务创新的典型企业

软件产业被定义为计算机和数据处理服务。在计算机和数据处理中，有计算机服务（IBM）、计算机设计服务（Complete Business Solutions Group）、压缩软件（Microsoft）、计算机集成设计（Unisys Corporation）、数据处理服务（Automatic Data Processing）、信息修复服务、计算机简便管理、计算机收租（Comdisco Inc.）、计算机维护和修理，以及相关的计算机服务。

IBM 是软件产业最大的研发生产者之一，主要进行软件和硬件系统的设计及应用。微软是软件产业另一家最大的研发生产企业，主要在多重计算机设计中研究发展软件应用。微软的产品包括适合服务器的操作系统，针对企业想要解决的问题的应用软件\软件升级工具\服务应用软件\个人计算机，以及其他不同类别的产品。

自 1992 年以来，系统集成成为计算机产业中增长最快的部分。系统集成服务推动了硬件/软件及实用产业的知识的发展，为 IT 系统提供了基础。系统集成是应用程序的合成，包括数据库、处理系统、结构、网络，以及连接工具和安全方式。

2. 系统集成服务描述

系统集成服务的市场规模不断扩大，其需求主要来自大型跨地区公司内部不同子公司或业务部门之间的信息沟通，以及处在同一产业链不同环节上的企业之间的交流。由于产业链最终会越来越趋近于垂直一体化，公司需要的管理数据的准确性和质量都在呈指数增长趋势。随着时间的推移，系统集成服务已经从简单的“写作”任务或多个系统的结合发展为信息在不同公司、不同部门和协议书之间的有效利用。

20 世纪 90 年代以来，几乎所有的系统一体化活动都涉及电脑编程劳动服务。为软件程序算法翻译和其他中间程序提供服务，需要把落后的信息设施和更现代化的商业软件应用结合起来。现在的系统集成公司不再仅仅依靠一系列的传统软件操作来实施一个项目，而是更多地发展能提高公司竞争力的资本和智力资产。系统集成服务的发展越来越“商品化”。建立客户系统的高额费用激励着软件行业识别大量客户的共性需求，以便通过相对较小的额外努力就能满足不同公司的需求。

3. 系统集成服务的研发活动

许多系统集成公司发现，内部的创新活动多发生在软件用户化活动或故障诊断系统问题中。不过，不同公司的研发费用的支出不尽相同。提供单项服务的公司很少开展系统集成的研发活动。相反，像IBM和Hewlett Packard这类多样化公司的R&D水平要明显高于只提供单项服务的公司。IBM旨在确保其软硬件的产品研究将会把传统和现代的竞争系统结合起来，然后再把这些研究作为使其系统集成服务市场化的策略的一部分，从而提高了其软硬件科技的技能专业化水平。相反，较小的、只提供服务的系统集成公司更倾向于通过现场对软件项目进行修改，或者通过相关工作的开展来解决它们的问题。它们没有研发人员，也没有进行任何有关提供集成服务的集成研究项目。而且，它们的客户化集成服务可能很少被重新利用。

大公司遵循这样一种创新模式。首先是概念创新阶段，提出潜在的市场化解决方法；然后是概念论证阶段，即按照市场能力来衡量风险；最后是项目实施阶段，在投入生产之前仍要继续评估风险。小公司则更倾向于把已经存在的服务集成手段完整化，包括一种商品服务集成方法的设计和发展，但是最低限度的活动都与能否找到创新的集成方法有关。

Unisys、Electronic Data Systems、IBM、Computer Science等大公司都宣称在进行基础研究，而小公司的基础研究项目几乎为零。大公司的决策者认为适用性研究是他们应该花大量时间做的事，然而，小公司的决策者则把很少部分的精力投入到这些研究中来。“发展”活动被大公司认为是系统集成中应该放在第二位的，而小公司则认为应该放在第一位。与基础研究有关的活动包括写密码、建立基础设施和把各系统结合起来。

4. 多样化系统集成服务商的研发活动

多样化集成者不仅通过集成项目的经验进入到累积的集成电路中，而且已经进入到公司的设计和制造部分的科技研发活动阶段。IBM全球服务称他们与公司的科技专家合作，这些专家设计处理设备使得现有的设备或者服务能力能够融合新的服务要求。一个IBM设备技术创新集成服务的例子就是WebFountain为全球服务作出新贡献。这一新的服务为顾客提供搜寻给定的主题的在线信息。传统上，这类调查非常昂贵，而且调查的时间需要几年。WebFountain降低了商品设计的成本，缩短了将一种产品投放市场所需要的时间，从而提高了收益。

商业运作设置中的系统集成要求对信息在商业当中所扮演的角色有所理解。IBM全球服务将这一定义进一步发展，使我们可以在不同产业之间更好地理解工作的本质。IBM拥有人类学家，他们主要研究不同产业的专家使用信息保障大型企业运作系统运行的方法，目的是提供一个集成服务的平台。

第四章 服务创新的分类比较

第一节 服务创新的跨行业比较

按照不同的标准，服务业的行业分类可以有多种方式。比如，以服务的对象为标准，服务业可以被划分为生产者服务和消费者服务；以行业内的知识含量为标准，服务业可以被划分为知识密集型服务业和一般性服务业等。为了便于将服务业各行业的创新情况进行对比，本书按照服务业的行业形态将服务业分为以下三类：

（1）“纯”服务行业：以咨询业、中介服务业为代表。

（2）有形服务行业：具有明显有形维度的服务部门，以物流业、交通运输业、零售业为代表。

（3）中间服务行业：介于以上两者之间的行业，以金融保险业为代表。

由于行业性质的限制，这三种类型的服务业在创新模式上存在很大的差异。

一 “纯”服务行业

“纯”服务行业以“解决问题”为目的，在内容上具有高度的“灰质性”。在传统意义上，很多学者认为这类行业中没有或只有很少的创新发生，即使存在创新也是在采用技术系统时才会出现。但是，也有学者认为这类行业中存在大量创新，无需技术系统的参与也会出现，他们认为行业中每个服务交易都是创新，都是新颖的和独创的。对这类服务部门的创新活动进行识别的困难在于这种活动本身具有的无形性和交互作用性，这些特性使得对产品创新和过程创新的区分出现了困难。事实上，创新的确存在于这类行业之中，但具有不同的表现形式和内涵。主要有三种创新类型：专门化创新、新的专业领域创新和形式化创新。

1. 专门化创新

专门化创新是针对特定客户出现的问题提供创新解决办法的一种创新形式，它可以是针对客户的组织、战略、法律、财务、社会或人力资源等多个领域问题的解决办法，对顾客通常是一种全新创新。专门化创新的针对性很强，很难复制并用来解决其他顾客问题。为了增强专门化创新的可复制性，服务提供者有必要在创新的初始阶段就进行“形式化”工作，即对服务的某些要素进行解码以便能在其他创新中得到运用。

在专门化创新中，顾客参与是一个必要因素，服务提供者和顾客间的界面在整个创新过程中发挥关键性作用。专门化创新发生的可能性及创新的质量都依赖于该界面的性质和质量。“服务提供者—顾客”界面的质量包括三方面内容：服务提供者的自身素质、客户企业的专家质量和问题质量。下面对界面中的顾客质量和问题质量进行简单分析。

1）顾客质量

顾客质量是指客户企业中专家的素质和质量。这些专家对客户企业需求的形成及“真实需求”的识别有相当大的影响。正是通过客户组织中的这些专家，服务提供者才能准确获知客户的特定要求。如果这些专家不能正确识别和表达客户的真实需求，那么创新很可能无法顺利进行。此外，客户企业专家对创新概念的理解、吸收和适应能力对最终创新的效果也有显著影响。

2）问题质量

问题质量是指客户所提问题的独特性或专有性。独特性和专有性越强，问题质量越高，创新性就越强，专门化创新发生和成功的可能性就越大。在服务企业中，战略问题比日常运作问题更可能成为创新思想的来源。

专门化创新是服务提供者和客户间一系列的交互作用过程，因此学习质量成为专门化创新能否顺利进行的重要条件。服务提供者和客户规模的扩大使两者的界面扩大，这为两者间的相互学习提供了更多机会。因此，专门化创新发生的可能性随着服务提供者和客户规模的扩大而增大。

专门化创新的独特性质还引发了有关创新保护和专有性的问题。“专门化创新”源于“服务提供者—顾客”界面，它是一个相互学习的过程，同时具有强烈的暗默性，因此很难指定创新的发明者或所有者，也就难以进行有效保护。

2. 新的专业领域创新

新的专业领域创新也称为功能创新（新功能的出现）。这种创新可以源于服务企业与客户的直接交流或客户需求的表达而获得的创新概念，但更多来自企业通过对经营环境中各种需求的产生和扩散进行检测而获得的创新概念。企业经营环境中的需求通常来自技术、经济、社会或组织中的变化，它们错综复杂，很难分清各自对需求的影响。服务企业通过对经营环境和顾客需求的持续“观察”，形成一定的“预期需求”概念，并搜集和积累与预期需求相关的新的专业知识和技能。新的专业知识领域可以被看作知识密集型服务中的“产品创新”。然而，在服务企业与顾客间的界面建立起来之前，这种创新可能仍处于潜在阶段。因此，新的专业领域创新需要通过某种触发机制才能产生，如通过出版物或会议使新的专业知识获得关注和认可，并促使相关创新活动蓬勃开展。

作为一个新的专业知识领域，这种创新很难得到有效保护。在某些情况下，这种创新的专有性可以通过推动形式化创新得到保护。

3. 形式化创新

形式化创新是指服务功能的“有序化”或“规程化”，这种“有序化”是通过赋予服务功能一定的形式得以实现的，但这并不意味着它必须是有形的。形式化创新的要素可以是有形的（如后台或界面技术系统、软件等），也可以是无形的（如工具和方法等）。在服务创新活动中，服务特性和功能的“有序化（规程化）”经常是“结构化创新”或“组合创新”实施的先决条件。结构化创新或组合创新经常通过合并现有服务要素或分离现有服务要素而产生。

实践中，上述三类创新可能单独出现，也可以组合起来并发生相互作用。新的专业领域创新是这种交互作用系统的中心要素，专门化创新或形式化创新通常在新的专业领域创新之后发生。新的专业领域创新和形式化创新可能会相互重叠；专门化创新也可能成为改善形式化创新和发现新的专业领域创新的思想来源。

二 有形服务行业

有形服务行业的服务生产和提供过程更多地涉及实物产品，所以这种类型的服务行业的创新在很大程度上是以提供产品或服务的过程为基础的，其创新模式主要有以下三种。

1. 新的技术应用

技术和服务创新存在广泛的关系，对于有形服务行业来说，更是如此。有形服务行业的创新显然离不开新技术的应用，虽然其本身并没有太多的原创新技术，但通过从外部选择、借鉴和引入新的技术手段，就可以直接推出新的服务产品，或者是原有服务变得更加高效。多种技术特别是 ICT 为行业的发展提供了巨大机会，引发大量创新的出现。例如，航空业通过采用 IT，推出了电子机票等一系列新的服务方式，由此改变了传统的机票代理销售模式；物流业通过引进仓储管理系统（WMS）和全面订单管理系统（TMOS）可以优化工作流程，不仅在仓库管理方面实现了作业的正确、规范、高效、快速及自动化的全程指引、全面记录，提高了库位管理水平及仓库利用率，还在客户订单管理方面实现了订单业务的高效管理和高效运作，最大限度地提高了客户的满意度。

有形服务行业通过成功地引入新技术，可以对原有的服务产生全面的创新效果。它可以快速地形成新的利润中心，提高服务生产效率、提升顾客满意度，并可以与顾客之间形成牢固的结构化关系，大大提升顾客的忠诚度。新的技术应用在该类行业的服务创新中逐渐成为一种维度，在企业的服务创新中扮演着“技术智力”的作用。

2. 客户服务界面的创新

服务行业创新的第二个维度是客户界面设计上的创新，包括提供给客户服务的方式，以及与客户交流、合作的方式。服务企业的基本特征就是服务提供者和顾客之间存在服务接触，这种可以感知的服务接触过程就是服务交互界面。顾客对服务的综合感知与评估就发生在这种短暂的服务接触的一瞬间，通过服务交互界面，顾客就形成了对服务质量好坏的评价。

目前，客户在很大程度上已成为服务生产不可缺少的一部分，服务提供者与客户间的交流和相互作用已经成为创新的一个主要来源。企业提供产品和服务越来越以客户为导向，客户越来越多地参与到服务的生产和传递过程中。顾客主动参与服务过程有助于服务提供者与顾客之间的双向沟通，从而有助于建立起有效的反馈系统，不断修正服务，保证服务的质量，实现高度的顾客满意，客户界面因此变得越来越重要，并形成企业“市场智力”。

在有形服务业中，企业与客户间的关系已经发生了根本性的转变，从传统的短期交易到长期的双赢合作，从完成客户指令到与客户协同工作，从买卖关系到合作关系，企业与客户已经处于一套共生系统中，二者的利益休戚相关。

3. 服务传递系统的创新

服务传递系统维度的核心是强调现有组织结构和员工能力必须适应新服务开发的需要，即通过合适的组织安排、管理和协调，确保员工有效地完成工作，并开发和提供创新服务产品。新的服务概念的实现要求重新设计组织结构和形式，通过培训提高员工的个人素质和能力，为组织创新寻求一个不同于传统方式的解决方案。其中，加强企业和员工的学习能力建设，形成学习型组织是一个重要的发展方向。企业对内部组织结构的变革和对员工能力的培训使企业形成了市场开拓的“组织智力”。

服务传递系统维度和客户界面维度间有着密切的关联，内部组织和传递方式（服务传递系统维度）与员工和客户间相互作用的方式（客户界面维度）不能分离，两者相互交织并相互支持。

三　中间服务业

中间服务业的创新是以产品/服务为基础的，所有创新形式都是围绕产品/服务的开发、传递过程展开的，主要包括四种创新类型，分别是：产品/服务创新；结构创新；改进型创新；过程和组织创新。每类创新中又包含多种具体形式。

1. 产品/服务创新

产品/服务创新是指行业中的一项全新服务，一种新的服务公式（规则），一个新的概念，一项新的行业政策等，可称之为服务产品。这种产品的新颖性必须从顾客的角度进行评价。因此，如果客户获得了企业提供的相同结果、担保、利益，即使过程不同，也应将其看作同样的产品/服务创新。

产品/服务创新还要求企业改变现有的管理系统以适应创新的需要，有时甚至是根本性的变化。因此，产品/服务创新经常伴随着支持性创新的出现。

产品/服务创新只包括服务产品本身的创新，而不包括诸如销售渠道等的创新。产品/服务创新可以细分为绝对创新、相对创新和特制创新。绝对创新是对整个市场而言的全新变化，相对创新是对服务企业而言的变化。服务企业层面上的创新显然比市场层面上的创新更为频繁地出现。

产品/服务创新可以是特制的，这种特制创新用来满足特定种类的客户的风险规避需求。在特制创新中，还包括三种不同的类型：适应性特制创新、完全特制创新和特殊风险政策。

2. 结构创新

结构创新在中间服务行业中经常出现，其核心是创新的“重组模型”，它可以按以下标准定义：

（1）保持产品的所有已有特性；

（2）重组产品的各种不同属性；

（3）对产品要素系统化地重新利用；

（4）在产品中增加某种轻微的差异。

由上述定义可以发现，重组模型、根本创新模型（绝对独创原则占主导）和渐进创新模型（首次改进原则占主导，既保持产品的主要特色，又用某些新特性替代某些次要特性）形成了鲜明对照。按照不同的构成方式，“结构创新”可以划分为以下两种类型：

（1）将现有服务或服务要素打包或整合而产生的创新；

（2）将整合服务分解为单独的服务或一组子服务，这些服务作为创新产品单独提供给顾客。

3. 改进型创新

从顾客的角度看，产品/服务的核心内容在改进型创新中并没有变化，服务产品的名称也保持不变，但其他方面却明显出现了在原有产品/服务基础上的“变化”或“修改”。该创新与特制创新的区别在于：以“改进”为基础的创新是供应驱动型创新，而特制型创新是需求驱动型创新。

4. 过程和组织创新

这类创新可以划分为四类子创新。

1）伴随产品/服务创新引入的支持性创新

不论产品/服务创新是根本性的，还是建立在对现有产品/服务改进的基础之上的，当它们发生时，几乎都要求过程和组织发生相应的变化。对照 Barras 的理论，可以发现新产品的出现导致过程创新的出现，而不是过程创新最终导致产品创新的出现。

2）渐进性过程创新

渐进性过程创新属于后台创新，这是一种产品/服务的规格、特性及传递模式都不发生变化，但过程和组织形式发生变化的创新。这种创新提高了现有服务的效率而不影响其质量（如减少了服务提供的成本）。在该创新过程中存在一种非常显著的（非渐进性）变化（如新技术、新的工作组织的引入），但服务的最终特性保持不变。

3）服务过程特征的创新

在这种创新中，服务过程特性（如技术、工作组织等）会发生显著变化而最终产品特性不变，同时产品质量有所改善。这种创新会对服务组织的前台，即传递模式、感知质量和营销活动产生显著影响，并改善与客户的关系，如减少顾客等候时间、缩短企业支付和反应时间等。

4）正式化的管理创新

该创新包括与行业相关联的所有外围领域的创新，如资产负债模型的创新、风险分析方法的创新（特别是有关产业范围内技术风险的分析）、保险业中的法律创新和人力资源管理中的激励机制创新等。该创新还包括另外一种被称为“非正式化管理”的创新，它通过非正式属性而与以上创新形式相区别。

中间服务行业中的各种创新系统经常是相互关联的，这主要体现在创新产生的方式和创新效果上，很多过程创新和产品创新经常成为同一现象的两个方面，而过程创新和组织创新之间更是紧密相连。此外，不同创新对企业的影响效果不能独立分析，而必须系统性地理解。

第二节　服务创新行业差异的成因

造成服务业各行业之间创新差异的原因是多方面的，主要是服务生产方式、创新驱动力和竞争优势的落脚点不同。

一　创新驱动力不同

在技术创新领域的研究中，比较重要的驱动力包括技术推动力、需求拉动力、政府行为推动力等，然而，通常只强调某一种驱动力的作用。在服务创新的研究中，人们发现，基于不同的驱动原因，企业的服务创新可能会出现不同的走向。目前，服务创新主要存在以下六种驱动原因。

（1）顾客驱动，即服务消费过程中的顾客需求直接主导服务创新活动。这是目前服务创新中一个最基本的导向。顾客是最重要的行为者，他们可能是创新思想的来源，也可能参与整个创新过程。顾客驱动下的服务创新应该以顾客为中心来组织创新活动，同时也应注意与自身资源、能力相协调。

（2）知识驱动，即现存于服务业中的一般性知识、基本方法和行为准则来主导服务创新活动。这种驱动力在知识密集型服务业中经常出现，是对服务创新活动产生普遍作用的最明显的基本规则。在知识密集型服务业中，符合本行业的基本知识规则的服务创新易于扩散，而突破知识规则的创新具有领先意义。

（3）管理驱动，即服务管理中的激励机制、组织系统等主导服务创新活动。具有创新意识的服务企业会将创新作为战略目标纳入企业的管理过程当中，并在企业内部自上而下形成一种创新氛围。从一定意义上说，创新与管理机制结合有利于创新的成功实施。

（4）技术驱动，即服务生产和传递过程中的新技术（如 ICT）主导服务创新活动。新技术的引进会影响服务产品和服务生产过程。例如，ICT 已成为现代服务创新的重要参照依据和方向指标。企业应在创新中充分应用通行的成熟技术，同时积极探索引进其他新技术，提升服务效率和顾客交互效果，确立自身在行业中的领先地位。

（5）制度驱动，即服务企业外部制度环境的一般演变规律和趋势，包括政治环境、管制规则等变化主导服务创新活动。制度环境主要以外显规则的方式把创新限定在一个特定的范围内，它可以压制创新，也可以诱发创新活动的产生。企业创新活动应符合制度的约束，但通过创新又可以推动制度的环境革新，为创新拓展新的空间。

（6）社会驱动，即一般性的社会规范和惯例的演进主导服务创新活动。社会规范主要以隐性方式对技术的引入产生约束，使技术驱动的创新产生转向。例如，生态和环境意识的日益增强促进了相关服务的创新。创新活动应尽可能与社会制度环境相协调，但在特定情况下创新可以成为新型社会规则的制定者和教育传播者。

“纯”服务行业的创新主要是顾客驱动和知识驱动。这类行业大多属于知识密集型行业，知识决定行业的发展，所以服务创新过程实际上就是新知识对旧知识的替代过程。另外，这类行业没有固定的产品，没有固定的服务生产/提供模式，完全属于顾客导向，根据顾客的需求提供服务，所以其创新随着顾客需求的变化而变化，创新完全融合于服务的提供过程。

有形服务行业的创新主要是技术驱动和管理驱动。虽然这类服务行业也是以顾客为导向的，但是它们所提供的产品有一定的范畴限制，产品或服务的变化也只能在这个范围之内。所以，该类行业创新的主要目标是提高效率。在这一过程中，先进的技术和高效的管理机制将起到主要作用。

中间服务行业从行业性质和服务形态来说介于“纯”服务行业和有形服务业之间，其创新主要是技术驱动和制度驱动的。各种行业技术在中间服务业中的应用也非常广泛，如网络技术的发展和移动通信技术的进步，使银行、保险、证券等行业可以通过网络和手机进行网上交易，为这些行业的服务创新提供了技术基础。此外，诸如金融业等均涉及国家经济发展和社会稳定，国家和各级地方政府会在制度上对其经营进行限制，这些有时也会诱发服务创新，如欧美国家的金融企业为了回避政府管制而进行了大量创新。

需要指出的是，顾客驱动和社会驱动贯穿于各服务行业的创新过程当中。绝大多数的服务创新都需要顾客参与，这也是服务业与制造业最大的区别。顾客需求的变化会推动各行业的服务创新。而且各行业的创新均不能以牺牲社会利益为代价，所以，各种社会规范的改变也会在一定程度上促进服务创新。

二　服务生产方式不同

服务活动可以从“标准化/定制化”和“劳动密集/技术密集”两个维度进行识别。从第一个维度（标准化程度）来看，当服务的生产和传递实现“标准化”时，服务就能够进行大规模生产；当服务的生产是“顾客定制”时，服务就是针对单个顾客进行的特殊服务。就第二个维度（要素密集度）而言，服务的生产和传递或多或少包含了技术的成分。当技术及技术设备成为生产和传递的关键要素时，服务就是“技术密集型”的；当服务更依赖于劳动力参与时，就成为“劳动密集型”服务。

本章第一节中所提到的三种类型的服务行业，“纯”服务行业属于劳动密集型的定制化服务，它主要依靠企业中专业人员的知识和能力，针对顾客的特定问题提出专门性的解决方案；中间服务行业属于技术密集型的标准化服务，它非常依赖技术设备为顾客提供各种标准化服务；有形服务行业则属于技术密集型的顾客化服务。

由于服务生产方式的不同，企业所进行的创新活动也有所不同。

“纯”服务行业的创新更贴近“定制化”的创新。“定制化”指创新过程是针对单个顾客需求而进行的一种“特定”生产，服务产品是一种“定制化”产品，创新只是为了满足单个顾客的需要，创新过程在步骤和内容方面不具备标准化性质。由于“纯”服务行业的创新需要顾客的全过程积极参与，服务提供者和顾客之间要进行合作生产并互动，所以服务生产就不可能实现“标准化”，而更多是满足特定顾客需求的“定制化”。

中间服务行业的创新属于“标准化”的创新。“标准化”指创新过程的组织正式化，服务生产和产品是标准化的，同时服务企业运用正式的工具保护创新不被竞争者模仿。中间服务行业的产品/服务大部分是标准化的，在创新过程中产品的本质、特性基本上不会有太大的变化（除非开发出新的产品或服务），所以其创新过程已可以被看作是一种“标准化”的创新。

有形服务行业的创新类似“模块化”的创新。“模块化”是介于标准化和定制化之间的一种生产方式。随着信息和通信技术等的运用和生产率的提高及竞争的客观要求，越来越多的服务部门倾向于服务生产和传递的“产业化”，在设计和运作过程中也更多地发展和运用了“模块化”的思路和方法。在这种创新方式中，企业拥有标准模块（标准产品要素）和标准的（后台）生产程序，并可以根据顾客需要将标准产品要素进行组合以提供“特制”服务，传递系统也更加针对顾客需求而提供创新性的解决办法。

可以说，每种生产方式的良性运转都会促进创新，只不过对创新的促进程度不同。一些学者认为，“标准化”的创新会导致较高的创新度，因为“标准化”导致了大规模生产，它使生产变得趋于“理性”和成本低廉。此外，“标准化”生产的企业会有效地利用创新过程的资源，并通过促使创新过程变得更加系统化、标准化和技术化，提高生产率。但是，由于创新很容易被复制，服务企业同时希望能保持较高程度的定制化。很多学者认为，“定制化”的创新更具创新性，因为企业要满足单个顾客的“感性”要求，就要持续进行创新。

有关不同服务生产方式和创新强度间关系的相关研究发现，当服务生产是定制化时，创新度最强；当服务生产是标准化时，创新度最弱；当服务生产是模块化时，创新度介于二者之间。

三 竞争优势的落脚点不同

创新的主要目的之一是提高企业的竞争优势、巩固其市场地位。不同服务行业的行业特点、结构、面对的顾客群体和市场竞争环境存在很大差异，所以其竞争优势的落脚点也有很大的不同，这在一定程度上会影响行业的创新行为。

“纯”服务行业大部分是知识密集型的服务业，这些行业的自动化程度低、生产效率不显著，其竞争优势体现在两个方面：行业的知识积累和顾客的忠诚度。因此，其创新大多从这两方面入手。首先，知识积累是企业为顾客提供服务的基础，企业根据客户的需要将有关信息输出给外部环境，从而实现为客户服务。知识，尤其是隐性知识是企业提供服务产品的一个潜规则。“纯”服务行业的创新多数都是利用现有知识基础突破现有规则的行为。其次，“纯”服务行业是顾客参与程度最高的行业，顾客的忠诚度决定企业的兴衰成败。但是，客户需求是多变的，可以说任何两个客户的需求都不可能完全相同。所以，“纯”服务行业创新的另外一个目标就是保障企业有足够的知识储备，并在必要时对顾客进行知识转移，为顾客提供全面、灵活、符合特定要求的服务。

有形服务行业有一定的运作规范和运作模式，其产品是非“标准化”的，服务产品提供过程也要求一定程度的顾客参与。因此，有形服务行业的竞争优势主要体现在服务提供的效率和灵活性、企业与顾客的交互时间等方面。为了提高企业的竞争优势，有形服务企业的创新大多以相关技术为载体，发展新的客户界面，改变企业与客户之间的交流方式，开发新的服务传递系统。同时，有形服务行业的创新也兼顾顾客的感知，适时分析现有客户和潜在客户的特征与需求、客户对现有服务和方式的看法，以及希望得到何种服务及其提供方式。同时，有形服务企业积极改善客户关系界面，准确、及时、有效地将新的服务传递给客户。

中间服务行业的服务产品多属于“标准化”产品，其竞争优势的建立也是以产品为中心的。因此，其服务创新大多是围绕产品的业务创新、流程创新、组织创新和市场创新。创新的服务产品或服务要素的优化组合，有较强的市场竞争力，同时也可能引入最新科学技术成果，因而具有一定的综合竞争力，可在一定业务领域获得优势，甚至垄断。而组织结构的创新、内部制度的创新及管理的创新等创新手段，则可以实现管理要素的优化，缩短管理半径，改进管理方式。通过各种创新，服务企业可以提高管理效率，转移经营风险，提高顾客满意度，增强自身的竞争优势。

第三节　服务创新的跨地区比较

世界各国服务业的发展背景、运行环境和支撑平台存在较大差异，政府对服务创新的支持和导向作用也不尽相同，导致各国的服务创新发展不均衡。

但是，服务创新的浪潮已经在全球范围内蔓延，已经形成了欧美日领跑、世界各国激烈追逐的良性发展局面。一些新兴工业化国家和地区，如中国台湾、韩国、新加坡和以色列仍不断投资建立牢固的服务创新基础结构，并取得了相当的成就。

一 创新环境

1. 美国

美国是世界上服务业最发达的国家之一，服务业对经济增长的贡献超过了传统工业和农业的总和，成为促进经济增长和吸纳就业的核心力量。20 世纪 90 年代至 2008 年金融危机爆发，美国经历了持续繁荣的“新经济”时期：持续多年财政盈余，经济在低通胀、低失业中持续稳定增长。这不仅得益于国际政治经济全球化发展的大趋势，更得益于美国持续的服务创新。

随着服务经济时代的到来，服务创新成为竞争的焦点。为了迎接新的挑战，美国将服务创新纳入国家创新体系，每年投入大量的资金并出台相关政策鼓励和刺激服务创新。尤其是美国将经营模式和商业模式创新纳入专利制度后，美国的服务创新专利和知识产权近些年大幅增长，极大地促进了服务创新的发展。

美国服务创新的突出特点是：历史悠久、基础雄厚、种类众多、覆盖面广。目前，服务创新已经深入美国各服务行业，成为各服务行业推出新产品、提高竞争力、吸引消费者的主要手段。

以保险业为例，美国保险业针对个人和家庭的主要险种有：人寿、退休金、健康、汽车和住房。针对团体的主要险种有：火灾、员工工伤、产品责任、员工家庭成员健康、退休金。美国保险业的口号是：只要客户需要，保险公司就承保。因此，为了占有更多的市场份额，美国的保险公司在新险种的设计和营销方面不遗余力、争先恐后。

激烈竞争的结果使保险公司的服务不断创新，顾客从中大受其利。例如，如果被保险人的汽车被盗或受损坏，保险公司会提供给一辆相同型号的汽车，以供急用；如果你丢了住宅钥匙，保险公司会请专门的技术人员来为你开锁，并免费换锁；如果家里的佣人忽然患病，也可以向你的保险公司求助，公司负责为你找一位临时保姆。

2. 欧盟

欧盟也是世界上服务业比较发达的地区，对服务创新的重视程度可以与美国相媲美。OECD 的研究表明，欧盟各国服务业研发费用占商业总研发费用的比重呈现逐年上升的趋势。在澳大利亚、加拿大、丹麦和挪威等国，商业研发中大约 1/3 是服务业研发；在意大利、荷兰、英国和美国，服务研发支出大约占全部商业研发支出的 20%。

早在 20 世纪 90 年代，几乎所有的欧盟国家制造业的研发费用呈下降趋势，而服务部门的研发费用却呈上升趋势，见表 4-1。这说明在欧盟国家，服务业在整个国家创新体系中的地位越来越重要。

表 4-1　20 世纪 90 年代欧盟国家主要部门研发费用的变化　（单位：%）

国家	制造业	服务业	批发和零售	运输和仓储	通信	金融和保险
比利时	–4.6	3.1	–0.1	0.1	0.3	0.5
丹麦	–9.3	9.7	3.7		–1.1	
芬兰	2.2	2.9				
法国	–5.0	3.1		2.6		
德国	–2.6					
爱尔兰	–2.0	4.5		0.0	2.8	
意大利	–4.2	4.2	0.4	0.1	0.3	0.8
荷兰	–14.7	12.2				
西班牙	1.8	–2.1	0.1	–0.1	1.5	0.0
瑞典	–2.5	3.0				
英国	–0.5	2.0	0.0	0.1	0.3	

资料来源：金周英，任林. 2004. 服务创新与社会资源. 北京：中国财政经济出版社

欧盟国家的服务创新模式具有以下主要特点，如表 4-2 所示。

表 4-2　欧盟国家的服务创新模式

创新模式	定制化特性	服务提供者
定制创新（裁缝制作创新）	服务产品是根据特定顾客的需求制作的	小型服务公司
知识化解决方案创新（特定创新）	实现服务产品适应顾客需求的特性。这种“问题解决方案”的服务产品需要和顾客一起合作生产。这些创新通过专家的理论范式而得到扩展，并运用于新的顾客	服务供应商的专家知识密集服务

续表

创新模式	定制化特性	服务提供者
新组合或体系结构创新	通过或多或少的标准化服务要素的分离或重新组合而得到新产品	金融（大批量）服务运营商
差异化或附件创新	通过增加新的或改进的外围服务而得到新的服务产品	餐饮业、贸易
交付或规则创新	保持“服务产品”的基本功能和特性，但同时与顾客之间的交互或相互作用模式发生了变化	运营服务 金融服务

资料来源：Hauknes J. 1998. Services In innovation. STEP Group studies in technology innovation and economic policy. Final Report

但是，欧盟各国的服务创新也存在诸多问题，总的来说，欧盟的服务创新主要存在以下五个问题：

（1）缺乏创新文化；

（2）战略上缺乏核心创新目标；

（3）经常消耗大量的资金，因此不被重视；

（4）缺乏标准的创新程序；

（5）项目管理技术非常有限。

3. 日本

20 世纪 60～80 年代，既是日本企业快速发展的时期，也是企业创新的活跃时期。这一时期，日本不仅依靠持久和富于激情的技术创新成长为技术强国，而且在商业模式（客户至上、全程化服务等）、管理（准时生产、精益制造等）、组织（年功制、终身制等）、文化（学习组织、团队建设等）、体制（国家创新体制、产业政策）等非技术方面也引领着创新的潮流，从而造就了日本企业在这段时期持续的竞争力。可以说，日本企业在 20 世纪 60～80 年代的崛起，就是善于运用技术创新成果与非技术创新成果的集成而获得成功的。

与美国的创新水平相比，日本的技术创新水平比较接近，但服务创新水平存在显著差距。近些年，日本大幅增加服务创新经费已见成效，在国际市场的竞争力有较大提高。美国服务导向研发经费占总研发经费的比例为 37%，日本服务导向研发经费占总研发经费的比例也提升至 15%左右。

4. 中国

发达国家和地区服务业发展的成功实践表明，服务创新能大幅提升国家、产业和企业的竞争力，是加快转变经济发展方式的重要方法之一。中国许多领域的创新已进入或接近世界先进水平，但由于公共知识服务和知识共享机制落后，服务创新仍处于起步阶段。

服务业在中国的迅速发展使服务业的竞争日趋激烈，同时服务的全球化也要求服务企业具备相当强的国际适应能力和竞争能力，这一切都促使服务企业及整个服务行业加强创新活动以提高竞争力、提升绩效。纵观中国服务业的创新现状，存在以下主要问题。

1. 政策管制过严

中国较为严格的政策环境和管制措施对服务企业的创新活动起了一定的抑制作用。目前政府对服务业的管制较严格，市场准入的限制较大，特别是一些发展潜力较大的金融保险、邮电通信等行业，一直由国家实行垄断经营，因而不能充分调动服务企业的创新积极性，无法迅速提升创新能力，最终导致中国很多服务企业的竞争能力低下。

服务创新的开展和扩散在中国各服务行业、各地区间的分布不平衡；某些服务行业创新活动频繁，是创新的“领先者”，某些服务行业很少有创新活动，是创新的“落后者”。创新在传统服务业和新兴服务业间的分布也不平衡；地区分布也存在一定差异，发达地区较不发达地区服务行业的创新范围更广、创新程度更高。

2. 创新激励机制不健全

中国市场化程度较低，竞争格局尚未完全形成，多数服务部门仍以国有企业为主，创新政策的激励机制不健全，因此企业内在的创新动力仍显不足。

目前，中国服务企业的创新只集中于少数几种类型上，没有形成全面和系统的创新体系，丧失了许多创新机会，没有充分挖掘各种不同类型创新的潜力。

3. 创新能力较弱

中国服务部门的创新能力普遍较弱，体现在以下几个方面。首先，在资源投入能力上，中国服务企业，尤其是中小服务企业普遍缺乏足够的资金和设备投入，难以获取合适的技术。其次，创新管理能力较弱，中国企业进行服务创新活动的时间较短，没有足够的创新管理经验，缺乏高素质的管理人员和有效的管理方法，因而创新效率较差，创新成功率也较低。最后，中国服务企业创新的设计、运作和营销能力较差，许多好的创新概念不能形成具有竞争力的创新服务产品，导致创新的整体质量不高。

二 创新文化

创新文化可以为创新营造积极的创新环境。欧美日等国家和地区的市场经济经过长期的发展，在社会和企业中形成了浓厚的创新文化，不仅促进了技术创新，对服务创新也产生了积极的影响。

1. 欧美

在欧美国家和地区，长期的市场经济环境使优胜劣汰的竞争法则深入人心，使企业达成了这样的共识：市场环境瞬息万变，创新才是企业的生命力所在。创新成为企业生存和发展的持久动力，依靠其卓有成效的“创新文化”，欧美国家和地区造就了企业的创新能力和竞争力，推动了经济的持续增长。

欧美的创新文化是企业文化最突出的特征，它具体表现在：以变革与创新为最高价值，尊重个人、重视培训，开放式管理、自由地沟通，鼓励竞争、倡导合作，面向顾客、优质服务，敢冒风险、宽容失败，强烈的忧患意识等方面。

欧美的创新文化以个人主义和英雄主义为基础，主要依靠“少数优等生”的单干，“加数效应”明显。美国的小企业管理局曾收集 20 世纪对美国和世界有过巨大影响的 65 项发明和创新，发现它们基本上都先由个人完成，然后取得专利，办起自己的小企业，生产和销售这种新产品，最后再发展为大公司。杰出的美国公司普遍认为组织中的大部分成员必须是创新者，鼓励个人创新的冒尖精神。

此外，欧美的创新文化更多受冒险精神的驱动。以美国为例，美国企业以锐意创新、富有活力而著称，它们鼓励对别出心裁但仍未得到验证的构思进行大胆尝试，允许失败。发达的美国风险投资业和一大批高科技信息企业的迅速崛起就是这种冒险精神的产物。

2. 日本

日本虽然也积淀了浓厚的创新文化，但却与欧美国家和地区表现出不同的特征，即以集体主义为基础，强调集思广益、团队协作，“系数效应”较为明显。他们认为，脱离集体作用而过分强调个人能力是不道德的。

此外，日本的创新文化更多源于危机感、紧迫感和使命感的驱动。日本自然条件恶劣，生存的压力使日本民族一直有着强烈的危机感。第二次世界大战失败后日本国内经济濒于崩溃的残酷现实，更唤起了日本人重建经济的紧迫感和使命感。因此，他们有迫切的愿望为改变国家和企业的面貌而不断改革创新，实现赶超。结果，不到一代人的时间，就实现了从战后的困境上升为人均国民生产总值（GNP）居世界之首的戏剧性复兴。这其中，创新文化功不可没。

3. 中国

相比之下，中国创新文化的形成起步要晚得多。中国长期实行的计划经济由于排斥竞争，导致企业没有市场主体意识，因而缺少创新的动力。中国同日本一样，有着优良的集体主义传统，但其过于偏颇，就会造成对个人思维能力的抑制，束缚个人创造潜能的发挥，而使集体也失去生机和活力。

中国创新文化的构建是随着“科教兴国”战略的推出和国家创新体系的建立

才逐步引起重视的。但是，中国的创新文化在各行业间的渗透并不均衡。目前，制造业领域基本上已经形成了浓厚的创新氛围，尤其是技术创新近几年取得了巨大突破。在服务业领域，创新文化并不浓厚。服务业仍以传统服务业为主，并且经营模式、管理理念都比较陈旧，难以满足广大消费者的需求。

三 创新人才

人才是创新成功与否的关键，尤其对于服务业这样的行业来说，人才在企业发展中的作用更为重要。欧美日等发达国家和地区的服务创新之所以层出不穷，主要是因为其创新人才丰富、创新人才的培养机制健全。

1. 欧美国家与地区

美国拥有世界上最庞大的高科技人才队伍，这确保了其经济、科技方面的领先地位，并使美国成为富有创新精神的国家。美国的人才战略包括本土人才的培养和国外优秀人才的吸纳两大部分。为了培养出具有创新精神和创新能力的优秀人才，美国国会曾通过了《美国 2000 年教育目标》方案。该方案明确提出：在大学教育方面，使各学科的大学生成为能力强、适应知识经济要求的人才。目前，美国的高等院校重点培养的是面向高科技产业和现代服务业的人才。美国大学始终坚持“一个中心，三个结合”的原则，即“以学生为中心，课内与课外相结合，科学与人文相结合”，教学与研究相结合，逐渐形成了独具特色的创新人才培养模式。

大量吸引国外优秀人才是美国人才战略的另一个重要部分。美国一流的科学家和工程师中，外裔人员占了一半左右。除了优越的物质待遇和科研环境外，民主、宽容、开放的良好学术环境，以及学术自由与学术责任相结合的有效机制，也使得那些创新人才能够耐得住寂寞，经过长期的研究取得创新成果。同时，市场引导下的合理的人才资源配置、成熟的创新人才服务机构也使得人才能够合理流动，这也是美国吸引人才的重要因素。

2. 日本

日本的创新人才培养主要以高校为载体，主要做法有四点：一是把“危机意识”“竞争意识”和“成功意识”作为高校培养创新型人才宗旨的精神动力和思想基础；二是大学低年级教育强化启发式教学和实践性教学；三是大学高年级教育注重学生探索能力、实践能力和创新能力的培养，力图使他们有基础成为与国际科技水平接近或持平的创新型人才；四是大学高年级教育强化专业外语教学，使学生熟知本专业领域在国际上最新、最高水准的科学技术，力图使他们有条件成为参与国际竞争与合作的创新型人才。

3. 中国

中国的创新人才培养途径比较单一，主要通过高校培养的方式来培养人才。改革开放以来，中国高等教育取得了令人瞩目的成就，但和世界上的优秀大学相比，在创新能力方面还存在很大差距。受中国传统文化和升学制度的影响，中国高校教育过分注重知识的灌输，忽视了科学精神及创新能力的培养。

此外，中国的人才录用机制与培养机制脱轨，在一定程度上限制了创新人才的发展。在中国，人尽其用的程度较低，最明显的一个例子就是：中国高校目前研究生的就业情况不如本科生好。这一问题说明，中国的人力资源配置方式存在很大的问题。

第五章 服务业升级：动因与途径

第一节　现代服务业升级发展的动因

进入 21 世纪，世界各主要发达国家的产业结构均呈现出由“工业型经济”向“服务型经济”的转变。服务业增加值在国内生产总值（GDP）中所占的比重越来越大，知识密集型服务业呈现出蓬勃发展的态势。在这些国家中，服务业对国家 GDP 的贡献超过了 70%，成为价值创造能力最强、最具发展潜力的产业。服务业的快速发展改变了经济中的就业结构，吸引了大量劳动力转移到服务业中就业。20 世纪初，美国服务业的就业人数约占总就业人数的 30%，绝大部分就业人员集中在制造业；今天，服务业就业所占比重达到了 80%，美国的经济已成为服务业主导发展的经济。

与发达国家的现代服务业发展水平相比，中国服务业的发展还有较大的差距。整个服务业发展迟缓，服务业内部结构失衡、升级缓慢，国际竞争力较弱。中国现代服务业发展相对滞后，不只是居民生活消费服务发展滞后，更重要的是经济与产业、社会与文化所需要的现代服务产业发展滞后，金融、信息、物流、会计与审计、法律、咨询、研发、科技中介等在中国还有巨大的发展空间。随着 IT 业的迅速发展，服务业的科技含量越来越高，现代服务业对经济发展方式转变和产业升级起着日益重要的作用。正确认识现代服务业发展的动因和演进规律，对促进中国产业结构优化和现代服务业升级发展具有重要的现实意义。

一　消费结构变化推动现代服务业升级发展

随着社会经济的发展和收入水平的提高，一国经济的主导产业由农业转变到工业再转变到服务业，是社会经济发展的必然趋势。根据恩格尔定律，随着收入水平的提高，人们用在食品上的开支比例会越来越小，导致对食品尤其是农产品的消费相对减少。这种消费结构的变化，使农业产品的消费支出在人们的消费总支出中所占比重不断下降，导致了农业在 GDP 中的比重不断下降。在人们的吃饭问题解决之后，消费的重点便转移到穿和用上，这是工业化首先从轻工业，尤其是纺织工业起步的原因。历史上的第一次工业革命发端于纺织业，不仅有科技创新的作用，更与消费结构的变化有关。随着经济的进一步发展和居民收入水平的进一步提高，人们的消费倾向将转向以享受工业品为主的阶段，从而促进了工业化的快速发展。在居民收入水平更进一步提高的基础上，人们的消费倾向呈现出多样性、可变性和追求生活质量的特点，而服务业恰恰是能够适应消费结构的这种变化的产业。可以说，一个国家的现代服务业发展水平代表着它的经济发展水平。

服务业通常被统称为第三产业，是指那些为物质生产和生活提供无形财富生产的服务性产业。在中国，人们理解的传统服务业主要集中在商业零售、餐饮、住宿、文化娱乐、旅游等领域。随着社会经济的发展，人们的收入水平不断提高，对服务产品的需求不断发生变化，由此导致服务业的内部结构也在悄然发生变化，传统服务业逐渐发展出新兴的服务产业，即现代服务业。

现代服务业具有价值创造潜力大、知识密集程度高、技术扩散速度快和要素流动范围广等行业特征。与传统服务业相比，现代服务业不仅采用了大量新技术，而且形成了许多新的业态和新的服务方式。现代服务业的兴起和发展与IT 和知识经济的发展密不可分，它既是服务业本身内部结构变化的反映，也是经济结构演化的结果。消费结构变化推动现代服务业升级发展可以从以下三个层次理解。

1. 对服务产品需求的多元化促使现代服务业分工细化

随着经济的发展和收入水平的提高，人们的需求增长并呈现出多元化发展趋势。这使得服务业的分工细化发展有了市场基础。服务业的这种细化发展在生产性服务业和消费性服务业中明显体现出来。

生产性服务，也称生产者服务，是由制造业生产环节的服务外包而发展起来的，为满足生产者现代物流、金融保险、技术转移、信息和咨询等需求而提供的各类服务。生产性服务是一种中间投入要素，并不直接面对最终消费者，而是作为一种中间需求要素进入生产过程，并注入产品中，形成产品的无形价值供消费者消费。生产性服务具有一般服务产品的特性，即不可储存性、非实物性、生产和消费在时空上的高度一致性。根据国际标准产业分类，完全属于生产性服务业的细分行业大致包括运输和仓储，信息和通信，金融和保险，房地产、出租和租赁，专业和科技，行政和支助服务，教育七大类，见表 5-1。其中，原材料流动、资金流动和信息流动是整个产业经济活动中最重要的三个因素。与这三种要素的流动直接相关的服务的质量和效率，对提高产业生产过程的价值创造能力至关重要。因此，物流服务、金融服务和信息服务是生产性服务中的三大基础服务。

表 5-1 生产性服务业行业细分

产业大类	产业细分
运输和仓储	铁路货运 公路货运 管道运输 海洋和沿海水上货运 内陆水上货运 空中货运 贮藏和库存 货物搬运及装卸
信息和通信	有线电信活动 无线电信活动 卫星电信 计算机程序及设计活动 硬件和软件咨询活动 计算机设施管理活动 因特网服务供应商 网络搜寻门户 数据处理托管服务及相关活动
金融和保险	金融媒介，不包括保险和养恤金 保险、再保险和养恤基金，不包括强制性社会保险 其他金融活动
房地产、出租和租赁	房地产活动 出租和租赁
专业和科技	法律活动 会计、簿记和审计活动 金融控股公司的活动 总公司的活动 管理和管理咨询活动 建筑和工程活动及相关技术咨询 技术测试和分析 生物技术的研究和实验开发 自然科学和工程的其他研究与实验开发 社会科学和人文科学的研究与实验开发 广告业 市场研究和民意测验

续表

产业大类	产业细分
行政和支助服务	人力资源的提供及人力资源职能的管理 调查、保卫和防弹车服务 安全系统服务活动 办公室行政支助活动 商业服务活动 其他商业支助活动 讨债公司和信贷局的活动 会展和贸易展览组织者 包装活动
教育	技术和职业中等教育 高等教育

消费性服务，也称消费者服务，是指直接面向最终消费者，为了满足消费者饮食、教育、家政、个人保险等方面的需求所提供的服务。

随着生活节奏的加快，妇女就业率上升，家庭将餐饮、家庭清洁、衣服清洗等烦琐的家政劳务，通过市场交给专业的家政服务公司处理，能达到节约时间、节省资源、提高生活质量的效果。家庭部分劳务的社会化推动了相关服务业的发展。发达国家的家政服务业、快餐业在全球范围内迅速扩张，保险业、房地产业迅猛发展，零售业服务方式不断改进，都证明了这一点。人们需要提高个人素质和工作能力才能获得更好的就业机会。与此相对应，面向提高个人素质和工作能力的专业性服务业，如基础教育、职业教育、外语教育、新闻出版、广播电视等，都获得了迅速发展，以满足人们这方面的需求。随着收入水平提高和闲暇时间增多，人们愿意把更多的可支配收入用在旅游、体育欣赏、娱乐、美容美发等方面的支出上，这拉动了中国旅游业及其相关产业的大幅度增长。

与人们的消费结构变化相适应，消费性服务业主要包含了批发和零售贸易、餐饮业、卫生体育和社会福利业、艺术文化、教育及广播电影电视业、娱乐业、旅游业等。近些年兴起的建材市场、灯具市场及大型购物超市等都属于批发和零售贸易服务业。餐饮业是消费性服务业中最早出现并发展起来的行业，直接为消费者提供饮食服务。近些年来，餐饮业也发生了一些变化，如中西式快餐、自助餐等新式餐饮行业的兴起，丰富了消费者的选择。医疗服务在中国主要由政府提供，但在很多西方发达国家，医疗服务则大部分由市场提供，属于卫生服务业。体育产业近几年得到了长足的发展，很多体育项目进行了市场化经营，为消费者提供体育欣赏服务，例如，足球有欧洲五大联赛，篮球有美国的 NBA，以及赛车的 F1 赛事等。教育文化业，如基础教育、职业教育、外语教育、新闻出版、广播电视等，近几年也得到了大幅度的提升。中国的电影电视业发生了深刻的变化，数字电视的普及将电视节目欣赏变成收费服务，这对电视行业的市场化发展有显著的推动作用。

2. 市场需求快速增长推动服务业规模不断扩大

经济的增长和居民消费水平的提高对服务业产生了巨大的市场需求，从而导致服务业规模日趋扩大，其增加值占 GDP 的比重日益增加。从产业组织发展来看，分散的、小规模的竞争转向集中性、大规模竞争的方向发展，规模经济的利用程度大大提高。

按照世界银行世界发展指标数据库的数据资料，以人均国民收入为指标作为划分标准，世界各国可划分为高收入国家、中等收入国家和低收入国家。各类别国家虽然经济发展水平各异，但都具有一个相同的特征，即服务业逐渐成为国民经济的主导产业。伴随着经济全球化的推进，服务业成为世界各国的主导产业已经成为世界经济发展的重要趋势，同时，服务业增加值比重也在持续上升。伴随着世界经济的不断发展和技术的持续进步，随之而来的是服务业以更加迅捷的脚步快速发展。目前，服务业增加值占 GDP 比重的世界平均水平为 68%，高收入国家服务业产值和就业人数比重均已达到 65%～80%，中低收入国家的平均值也已达到 52%。从世界贸易增长的数据来看，基本上每年服务贸易的增长速度都高于货物贸易。2005 年，全球服务贸易出口排名前 10 位的国家为美国、英国、德国、法国、日本、意大利、西班牙、中国、荷兰、印度，这些国家的服务贸易出口额占全球服务贸易出口总量的 54.2%。同年，服务贸易进口排名前 10 位的国家为美国、德国、英国、日本、法国、意大利、中国、荷兰、爱尔兰、印度，其进口额总和占全球进口的比重为 53.3%。其中，除印度和中国外均为高收入国家。

3. 传统服务业向现代服务业快速升级

现代服务业是在传统商业、服务业创新的基础上发展起来的，是在新兴产业发展中应运而生的，是在高科技、高素质人才、高水平管理支撑下，适应现代社会经济生活的新型服务业态。现代服务业通常产生于工业化高度发展的阶段，是为了适应现代社会发展的特征和要求而为企业生产、政府管理、家庭消费及其他商务活动提供市场化服务的部门。它既包括伴随着 IT 业和知识经济的发展而产生的新兴服务业，又包括利用现代 IT、经营理念、管理模式和服务方式改造提升传统服务业而形成的服务业升级。

从服务对象来看，与以生活性、消费性服务为主的传统服务业相比，现代服务业更强调面向生产和企业的知识密集型“生产性服务”。从产业生产方式来看，在 IT 等新技术革命的推动下，现代服务业具有“以电子信息技术和现代管理理念为支撑”“知识密集度高”等鲜明的特征。

在当今的社会经济发展中，服务业与制造业之间出现了相互融合的趋势。这种融合更多地表现为服务业向制造业的渗透，特别是与生产过程相关的生产性服务业直接作用于制造业的生产流程。一是企业内部的产业融合发展，作业管理从制造领域延伸到了服务领域，一些制造企业的经济活动甚至由以制造为中心转向以服务为中心。二是产业链上制造业与服务业的融合发展，产品真正处于生产制造环节的时间在减少，大部分时间花在研发、采购、储存、运营、销售、售后服务等阶段，产业链条的运转更多依靠生产性服务业，服务业的效率对整个产业链的效率影响很大。三是空间上的融合发展，即制造业和服务业在一个特定地域的集群化发展，金融、保险、物流、教育培训等生产性服务业与制造业紧密结合，构成了产业集群的服务支撑体系，推动了产业集群的健康发展。

二 技术进步推动现代服务业升级发展

1. 产业技术进步的含义

技术进步是指新知识创造、新技术发明在社会生产中得到推广运用，并产生物质财富增值，从而不断提高社会经济效益的全部过程，它通常包括科学研究的新进展、新科技成果的推广应用、管理方法的改进，以及社会生产者本身的知识进展等。狭义的技术进步主要指生产工艺、中间投入品和制造技能等方面的革新和改进，具体表现为对旧设备的改造和采用新设备改进旧工艺、采用新工艺使用新的原材料和能源对原有产品进行改进、研究开发新产品和提高工人的劳动技能等。广义的技术进步是指技术所涵盖的各种形式知识的积累与改进。

从研究对象上划分，技术进步分为三个层次：微观层面的企业技术进步、中观层面的产业技术进步和宏观层面的技术进步。企业技术进步是指企业通过获取新技术和运用新的生产手段，推动物质技术基础变革、新产品开发、劳动生产率提高和生产发展的有组织的活动过程。产业是具有某些共同属性的企业的集合，产业技术进步则是一段时期内某一产业在生产上的改进、革新及发明创造，亦即产业整体技术水平提升的过程。宏观经济是由众多产业组成的经济系统，宏观层面的技术进步一方面体现为高新技术导致的新产业的出现，另一方面则表现为现有产业生产效率的提高，从而推动宏观经济增长。

在开放经济条件下，产业技术进步的途径主要包括技术引进、技术创新和技术扩散，这三条途径分别对应于后发国家技术赶超的三个阶段，在不同阶段起到不同的主导作用。第一阶段，后发国家主要通过国际贸易和引进国外先进技术，加速自身的技术进步，促进产业结构优化升级。第二阶段，技术引进与技术创新并重，实施适度的贸易保护，对资源进行重新配置，通过有选择的产业政策打破发达国家的技术垄断，形成自主的产业技术创新能力。第三阶段，以技术创新为主，重点发展新兴的高技术产业，通过产业政策加强与跨国公司的合作与交流，同时促进产业内和产业间的技术扩散，实现技术水平的全面提升。

2. 创新：产业技术进步的核心环节

技术引进的目的是接触和学习先进技术，通过消化吸收等方式逐渐形成自主研发的能力，而之后的技术创新活动才是产业技术进步的核心内容。所谓技术创新，是指生产技术的创新，包括开发新技术，或者将已有的技术进行应用创新。创新的概念有狭义和广义之分，广义上的创新包括产品创新、流程创新、组织创新、管理创新和市场创新等多方面内容。在服务业中，服务创新是广义的创新。

创新既有利于满足新的市场需求，或者使现有需求在更高的程度上得到满足，又能够提高效率，由此产生的低消耗带来社会资源的大幅度节约。不过，创新需要投入，尤其是技术创新的前期投资巨大、研究开发成本极高，企业面临着创新失败带来的风险。

创新是市场需求和供给双因素共同推动的结果，相应地，关于创新活动的动因研究存在三种思路。一是供给推动的思路，认为创新活动和新产业兴起是由科学知识的发现、技术机会的分布、研发机构的效率、投资的机会成本等供给层面的因素所决定的。二是需求拉动的思路，认为技术创新是一种追求利润的经济行为，需求导向、需求规模与盈利能力的变化是促进企业投入创新活动的最有效的内在激励机制。三是双因素互动影响的思路，认为供给和需求都是创新成功的重要因素，创新成果和市场是创新成功的决定性力量，科技推动与需求拉动既相对独立又相互补充，只是在不同产业中及在创新的不同阶段上，二者的重要性可能会有所区别。

技术进步主要体现在三个方面：一是生产效率的提高，即相同投入生产出更多的产出，或者相同产出所需较少的投入；二是现有产品的质量得到改进；三是生产出全新产品。OECD 1988 年发布的《科技政策概要》将技术进步划分为技术的发明、创新和扩散三个主要要素，技术进步是一个三个环节互相重叠又互相作用的综合过程。第一个要素是发明，即有关新的或改造的技术的设想，发明的重要来源是科学研究；第二个要素是创新，创新是发明第一次被商业应用；第三个要素是扩散，指创新被更多使用者应用。作为技术进步过程的核心环节，创新的本质特征是把发明的潜在的和可能的使用价值在经济生产中加以实现。创新是技术与经济相互作用的界面，技术通过该界面进入经济并发生作用。

综上所述，技术进步比技术创新包含的范围更广，创新是技术进步的一部分活动，技术进步在一定程度上是创新的结果。在产业层面，创新是产业技术进步的核心环节，是促进产业技术进步和产业升级的根本途径。

3. 创新成果扩散：产业技术进步的价值实现

熊彼特把技术创新的大规模“模仿”视为技术创新扩散，认为技术创新会使创新者获得垄断利润，这种垄断利润将吸引许多企业纷纷“模仿”新技术，对创新技术的模仿也能起到推动经济发展的作用。创新成果的扩散是一种选择过程，既包括企业对各种不同层次的技术的选择，同时也是顾客对企业的选择过程。正是通过这些相互作用的选择过程，创新成果才在市场中得到广泛传播，技术创新扩散才得以实现。

技术扩散可理解为一项新技术或创新成果的首次商业化应用，由一定的渠道和途径，在潜在采用者之间进行传播、采用和推广，并通过采用者之间的扩散和采用者内部的扩散，使创新成果得以再应用和多次应用，最终达到促进产业升级的过程。技术扩散具有四个特点：第一，技术扩散的对象必须是已经实现了商业化的技术创新成果，没有被引入商业活动的技术和发明无法进行技术扩散活动；第二，技术扩散要通过某些渠道才能由技术供给者向采用者传递，这些渠道在一定程度上能影响扩散活动；第三，技术扩散的起点是技术作为一种产品的经济属性，特别是其所包含的商品价值和市场效益；第四，创新观点的扩散是技术扩散的前提，技术扩散是创新观点的产物，需求主体只有接受了创新观点后，才可能产生采用技术创新的欲望。

技术扩散与技术溢出是一对比较相近的概念。技术溢出是经济外部性的一种特定情况，它既不是经济活动本身获得的利益，也不是创新产品使用者获得的利益，这种利益对于经济活动本身是外在的。而技术扩散是技术在国家、地区、行业及企业之间，研发与生产之间的传播过程，无论技术的拥有者是否愿意，这种经济行为都会输出技术。广义的技术扩散既包括有意识的技术转移，也包括无意识的技术溢出。因此，可以把“技术拥有方不能直接受益的技术扩散”称为技术溢出，技术溢出是技术扩散的一个组成部分。

在现代服务业的升级发展中，IT 业的进步发挥着关键性作用。传统经济理论认为，服务业是低劳动生产率的部门，但传统服务业向现代服务业演进过程中 IT 的运用，使其生产率呈现加快增长的趋向。IT 推动了传统服务业的提升，扩大了传统服务业的服务半径，在很大程度上打破了服务业地域的限制，对现代服务业的产生发展起到了带动和支撑作用。以 IT 为代表的现代高新技术的扩散正日益成为现代服务业的动力。现代服务业的发展依靠高新技术尤其是 IT 的支持，推动经营管理模式和服务流程的优化，促进服务业的不断升级发展。

三 生产性服务业与制造业的互动发展推动现代服务业的升级发展

生产性服务业是指为保持工业生产过程的连续性、促进工业技术进步、产业升级和提高生产效率提供保障服务同时又具有智力化、资本化、专业化、效率化特点的服务行业。它是与制造业直接相关的配套服务业，是从制造企业的生产服务部门独立发展并分离出来的新兴产业，贯穿于制造业产业链的上游、中游和下游等环节中。

作为现代服务业的重要组成部分，生产性服务业不仅具有服务业的一般属性，也有不同于其他服务业的特殊属性。

（1）生产性服务业具有中间投入特性，即对生产性服务的消费不是最终消费，而是为了创造更大价值而进行的中间性消费。

（2）生产性服务业具有较强的产业关联性，有些生产性服务业就是从制造业中逐步分离出来的，本来就属于制造业生产过程中的一个环节，与制造业存在着千丝万缕的联系，能带动许多部门的发展。

（3）生产性服务业具有“外部化”的趋势。随着企业规模的扩大、国际市场竞争的加剧，企业或公司内部的服务项目正在不断分离出来，形成独立的专业生产性服务业，使得生产性服务业逐步外部化。

鉴于生产性服务业的这些特性，生产性服务业与制造业的互动发展是推动现代服务业升级发展的重要驱动因素之一。

1. 生产性服务业与制造业“点—点”互动：企业对接

在生产性服务业与制造业互动发展的企业对接过程中，生产性服务企业的服务内容体现出明显的专门化特征。首先，服务企业拥有特定的服务主体，专门的服务企业会对专门的制造企业进行服务，如企业孵化器通常是针对初创的小企业提供相应服务。其次，专门的服务企业拥有特定的服务内容，如技术咨询公司专门负责制造企业提出的相关技术问题的咨询，而技术交易市场则专门负责制造企业成果转化阶段的技术交易活动，尽管部分服务企业所涉及的业务会贯穿整个对接过程，但是就其本身而言，需要由具体的部门完成具体的服务任务，即服务企业会分阶段地参与“点—点”对接过程，每个具体阶段都会有专门的服务企业参与进去。

在生产性服务业与制造业互动发展的不同阶段，制造业对生产性服务的需求会发生变化，因而提供生产性服务的企业的服务模式也会有所差别。

1）生产性服务业与制造业互动发展初期的服务对接

制造企业发展的初期，为了节约交易成本，获得其他制造企业的互补资源，创造更多的制造企业之间的组织学习机会，增强自身的竞争力，要对其他制造企业进行分析、评估和选择。然而，制造企业在信息搜寻方面的能力通常较弱，也很难投入足够的精力和资源从事信息搜寻和分析活动，导致制造企业必须面对信息不对称产生的风险。

服务企业的专业化分工，使得它们能够将精力和资源集中于信息搜寻业务，通过认真的分析和评估，为制造企业提供所需要的关键信息，从而降低制造企业的交易成本。因此，服务企业在这一阶段的主要服务模式，就是为制造企业提供信息的搜寻、分析、匹配等服务，帮助其作出正确的决策。同时，制造业升级会涉及大量相关的产权、专利、财务、合同等法律法规问题，这也需要服务企业为制造企业提供相关的法律法规咨询服务。

2）生产性服务业与制造业互动发展成长期的服务对接模式

制造企业在其成长期，主要业务活动是为了扩大市场，进行技术创新和研发，向其他制造企业进行技术转移与扩散。通常情况下，技术创新工作由制造企业独立进行，如果制造企业的创新能力强，制造业的升级速度就会加快。相反，如果制造企业的研发能力一般，或者制造企业的生产成本过高，制造业的整体效率就会受到负面影响。

在制造企业成长时期，服务企业能够利用其专业的服务能力和广泛的资源渠道，帮助制造企业进行招商融资，获得更多的研发人才和研发资金等物质资源。同时，服务企业可以利用自身的技术和信息优势，参与到制造企业的技术研发创新活动中，并为制造企业的技术转移提供中介服务。

3）生产性服务业与制造业互动发展成熟期的服务对接

制造企业的成熟期，主要是指制造企业的成果转化、技术交易等经过成长期达到逐步成熟的过程。制造企业的技术创新成果，一方面，可以通过制造企业的生产活动形成规模化批量生产，并通过市场销售获得有关产品和技术的信息反馈，不断进行技术和产品的改进与升级。另一方面，制造企业所形成的技术成果，也可以通过技术交易平台，以专利的形式与其他制造企业进行技术交易，实现技术转移与扩散。

在这一时期，服务企业的主要服务模式，就是为制造企业搭建技术交易的平台，并且提供与技术交易相关的信息搜寻和分析服务，促进制造企业技术成果的市场转化与技术交易。与之前两个时期相同，在制造企业进行技术成果的市场转化、与其他创新主体进行技术交易的过程中，会涉及大量相关的产权、专利、合同等法律法规问题，因此制造企业需要相关的法律法规咨询服务。

2. 生产性服务业与制造业的“线—线”互动：产业协同

生产性服务企业与制造企业之间存在着资源和能力的依赖。关系从产业层面来看，在分工细化的背景下，生产性服务业与制造业同样存在产业间为生产目的而发生的纵向结构性关联。这种结构性关联主要体现在三个方面：投入产出关系、技术联系和知识联系。

（1）投入产出关系。投入产出关系在企业层面上用生产函数来衡量，在产业层面上用投入产出比来衡量。投入产出关系是纵向产业之间的基本联系，构成产业发展的基本约束。生产性服务业与制造业的纵向关联，如知识、技术和能力的依赖，以及产业间发生的各种协同行为，都以投入产出为前提。投入产出关系也是供求关系，纵向产业之间的相互依赖可用需求和供给弹性来描述。需求弹性反映了制造业对生产性服务业的替代性的可获得程度，供给弹性反映了生产性服务业服务的多功能性。

（2）技术联系。技术联系主要用技术可分性来描述，即生产性服务业与制造业技术上的依赖关系。当制造企业完全可以独立开展生产和研发活动，彼此之间技术的改进不需要协调时，具有完全技术可分性。制造业的技术可分为两类：一是专用技术，技术的改进只会使处于同一产业内的企业获益，不存在直接的外部性或溢出效应；二是共性技术，或者接口技术，技术的改进需要多产业的协作才能实现。就共性技术而言，生产性服务业为制造业提供的技术服务程度，取决于该技术的可分性，而这种可分性由共性技术的技术特征和产权特征来决定。

（3）知识联系。技术是知识的一部分，但知识包含的范围更广。由于制造企业从事的具体生产经营活动存在很大区别，所以知识在生产性服务企业之间的分布是不均等的。知识尤其是隐性知识与知识的主体很难分割，如果没有生产性服务业的存在，制造企业对个人知识的买卖通常必须通过雇佣、解雇员工才能进行。群体和企业拥有的知识大部分很难进行交易，因为它嵌入于群体或企业的工作流程、决策程序、私人关系、经营惯例之中，很难被复制和移植。因此，生产性服务业的存在，拓展了知识交易市场，使隐性知识显性化，降低了收集、传播知识的成本，跨越企业边界的知识获取比较容易，制造企业无需为获取其他企业所拥有的共性知识而较多地介入其生产经营活动，降低企业间的知识依赖。

在一般意义上，加强制造业与生产性服务业的协同与合作，有利于制造企业提高动态创新能力。从长期看，生产性服务业与制造业的互动升级发展，是知识增长与分工深化的协同演进过程的反映。随着市场需求的进一步推动和企业间竞争的加剧，为满足专业化的要求，企业内合作向企业间合作转换。企业为提升核心业务能力，必须把自己并不擅长的生产环节外包给其他企业完成，这一过程推动了产业的升级发展。

3. 生产性服务业与制造业“面一面”互动：集群共生

产业集群是指某一行业中，一群彼此有密切关联的企业在某一地理区域相对集中而构成的一个空间集聚体，集群内各单位通过纵横交错的网络而密切联系，其机制是通过产业集群的区域化优势促进分工和提高效率，以减少交易成本。

生产性服务业集群与制造业集群之间属于差异性产业集群，产业链的内在延续性却并未因此而被割断，反而因专业化的增强提升了生产性服务业集群与制造业集群的依存度。生产性服务业集群与制造业集群之间存在物质循环和能量转移的复杂联系。制造业集群由传统制造业向信息化、软化和外包化方向发展，逐渐改变原来依靠资金、劳动力和自然资源等生产要素的粗放型增长方式，生产过程融入了越来越多的生产性服务作为中间投入要素，从上游的市场挖掘、产品设计、原料采购、风险资本的引入，到中游的质量检测、人事管理、设备租赁、保养与维修，再到下游的广告宣传、运输仓储、售后服务等环节，生产性服务已经成为商品生产体系中不可或缺的一部分，这为生产性服务业集群与制造业集群互动发展创造了基础条件。

生产性服务投入带给制造业商品生产过程的不仅仅是服务产品本身，更主要的是其中所蕴含的人力资本、知识资本和技术资本，为制造业集群的技术变革、产品创新和企业比较优势的建立提供智力支撑。

第二节　现代服务业升级发展的途径

发达国家现代服务业发展的成功经验表明，现代服务业的升级发展有多种途径，其中，大力发展高端服务业、推动现代服务业的集聚化发展和促进现代服务业的全球化发展，是中国现代服务业升级发展值得重点考虑的三个主要途径。

一　高端服务业带动现代服务业升级发展

现代服务业快速发展并取代制造业的主导地位代表了发达国家和众多发展中国家的产业发展趋势，而以 IT 为基础的高端服务业发展既代表着现代服务业的发展水平，更在现代服务业的升级发展中发挥着引领作用。

1. 高端服务业的定义

高端服务业是一个典型的具有中国特色的词汇，它最先出自国内地方政府的文件，但已经引起社会的普遍关注。对于什么是高端服务业，至今还没有一个统一和权威的定义。目前的代表性观点主要有以下两种。

（1）从高端性的表现入手定义高端服务业。高端服务业是现代服务业的核心，具有高的科技含量、高人力资本投入、高附加值、高产业带动力、高开放度、低资源消耗、低环境污染等特征。所以，高端服务业通常指智力化、资本化、专业化、效率化的服务业，具体表现为技术高端、创新高端、品牌高端、价值链高端。

（2）从技术手段和服务内容来定义高端服务业。与低端服务业相对应，高端服务业可定义为：在工业化比较发达阶段产生的，主要依托 IT 和现代管理理念发展起来的，以提供技术性、知识性和公共性服务为主的，处于服务业高端部分的服务业。

上述两类定义虽然视角略有不同，但基本上都是从外延来定义高端服务业的，本质上是将高端服务业作为与低端服务业相对应的一个概念。这种定义方式很类似于前几年对传统服务业和现代服务业的界定。根据国际通用的服务业分类标准，一般认为，传统服务业是指运用传统的生产方式经营，并且在工业化之前就已经存在的服务业，主要包括医疗卫生服务业、餐饮住宿业、修理业、商业等。现代服务业是指其需求主要受工业化进程、社会生产分工的深入影响而加速发展的服务业，以及运用现代科学技术、新型服务业方式及新型经营形态对传统服务业进行改造的服务业。现代服务业分类包括通信、信息等基础服务，金融、物流、批发、电子商务、农业支撑服务及中介和咨询等生产和市场服务，以及公共管理服务、基础教育、公共卫生、医疗、公益性信息服务等公共服务。从外延角度区分现代服务业和传统服务业主要依据产生时间、技术基础和微观管理基础三个维度，可操作性相对较高。但高端服务业和低端服务业的外延特征却没有明确的划分标准。准确地说，在任何一个服务业细分行业的内部，都有高端和低端部分。如果仅用高人力资本投入、高科技含量、高附加值等来定义高端服务业，那么，绝大多数现代服务业都是高端服务业，高端服务业也就相当于现代服务业的另一种叫法，体现不出其作为现代服务业核心的重要意义。

高端服务业的高端不仅指其本身处于服务业产业价值链的高端，更重要的是指其能够向其他行业释放出较强的外溢效应，带动三次产业升级，尤其是服务业和制造业的升级。因此，从功能的角度来看，高端服务业最本质的功能不是提高服务业的增加值，而是通过产业关联效应，推动产业升级，提高经济整体发展质量。高端服务业可以定义为现代服务业中具有较强的外溢效应，能够有效带动服务业和制造业升级，提高经济整体发展质量的服务行业的集合体。

2. 高端服务业与生产性服务业及知识密集型服务业的关系

高端服务业的最本质功能是带动产业升级发展。国内外学者普遍认为，生产性服务业和知识密集型服务业是现代服务业中最具活力和最具发展潜力的产业，对促进经济发展方式转变具有重要意义。与高端服务业不同，生产性服务业和知识密集型服务业的概念均由国外理论界提出，经过多年的研究，已经较为成熟。为了准确界定高端服务业的内涵，需要进一步明确高端服务业与生产性服务业和知识密集型服务业的关系。

生产性服务指那些被其他商品和服务的生产者用作中间投入的服务。对应的，生产性服务业则指生产性服务企业的集合体。相对于直接满足最终需求的消费者服务业来说，生产性服务业的产出是中间服务而非最终服务，能够把大量的人力资本和知识资本引入到商品和服务的生产过程中。

自 20 世纪 90 年代起，随着知识和 IT 的发展，一种以知识为基础的服务业得到迅速发展，而知识密集型服务业的概念也应运而生。知识密集型服务业是指那些显著依赖专门领域的知识，向社会和用户提供以知识为基础的中间产品或服务的企业的集合。美国商务部认为，所谓知识密集型服务业是指企业在提供服务时溶入大量科学、工程、技术等专业性知识的服务。OECD 在 1999 年给出的定义是，知识密集型服务业是技术及人力资本投入密度较高、附加值大的服务行业，并将信息服务业、金融服务业、教育服务业、专业技术服务业、健康保健服务业五大类产业列为知识密集型服务业，又称战略性服务业，是知识经济时代背景下成长性最高的产业。

虽然关于知识密集型服务业的看法并没有达成统一，但普遍认为，知识密集型服务业是指那些知识密度较高、依靠新兴技术和专业知识、具有较明显的客户互动特征的服务企业和组织。知识密集型服务业具有高度的产业关联性和带动性，是其他产业创新发展的重要动力，在国家和区域创新体系中扮演着日益重要的角色。从产业外溢功能的角度来看，知识密集型服务业是最接近高端服务业内涵的一个概念。

知识密集型服务业与生产性服务业是两个存在交叉的概念，前者强调服务活动中的知识含量，后者则强调服务的对象是企业，而不是最终的消费者。知识密集型服务业中的大多数行业都属于生产性服务业，但也包括一部分消费性服务业。比如，在 OECD 认定的五大类知识密集型服务业中，教育服务业和健康保健服务业就属于消费性服务业。而从各国的发展实践来看，生产性服务业中最具发展潜力、对产业升级拉动作用最大的那一部分产业同时也属于知识密集型服务业。

知识密集型服务业的内涵与高端服务业最为接近，发达国家的经验已经表明，这类服务业确实处于整个服务业价值链的高端，对产业升级具有显著的推动作用。不过，生产性服务业和知识密集型服务业的交集包括很多细分行业，并不是对于所有行业中国当前都有发展的基础和必要。因此，如图 5-1 所示，高端服务业在内涵上既不完全等同于生产性服务业，也不完全等同于知识密集型服务业，而是处于二者的交叉地带。

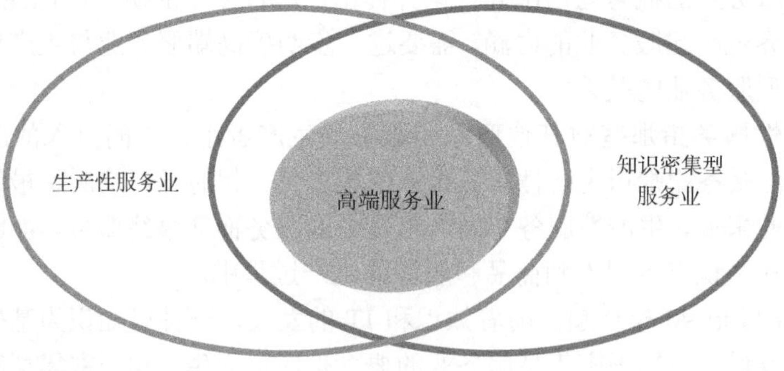

图 5-1　高端服务业与生产性服务业和知识密集型服务业的关系

3. 高端服务业的特征

高端服务业的最基本功能是促进制造业和服务业升级，这决定了其在投入、需求和产业关联方面都具有不同于其他服务业的特征。

1）投入特征

高端服务业的生产过程的特征是知识密集和人力资本密集。服务业生产的主要投入是劳动力，难以运用自动化的生产技术，其生产率通常会远远低于制造业。但对于高端服务业来说，这一规律并不成立。高端服务业是在全球经济进入知识经济时代、制造企业竞争日趋激烈的条件下，为满足企业对战略性要素投入的需求，特别是技术、管理、流程优化等核心价值驱动因素的需求而发展起来的，而提供这种高附加值的服务也决定了高端服务业的知识密集和技术密集特征。高端服务业中的企业自身就是主要的信息与知识来源，知识和高素质的人力资本是高端服务业发展所需的最主要投入要素。

高端服务业与新技术有着内在的联系，高端服务业的知识基础中包含了特殊领域的技术知识，如 IT 技术、工程技术和环境技术等，要么是新技术的积极使用者，如信息服务、认证检测、研发服务等；要么是新技术产生、扩散的代理人，如技术咨询、技术中介等。从这个角度来说，高端服务业是以高新技术为支撑的、技术关联性强、服务手段先进、服务内容新颖、科技含量和附加值高的服务行业。高端服务企业为提供知识服务，自身首先必须不断地进行知识创新，吸纳新技术知识，开发新信息处理和分析方法，创造适合技术和生产发展新要求的知识应用模式。同时，也必须与服务对象一起进行创新，提供解决各种全新问题的知识服务产品。在产业链中，上游产业与下游产业成为高端服务业创新的原动力。通过交互性的发展，高端服务业与产业链上下游产业完成互动创新的过程，在创新过程中得到发展。

2）需求特征

高端服务业的需求主要来自知识密集型的制造业和高端服务业自身。高端服务业是生产性服务业中知识含量最高、技术最为密集的部分，需要这类高端服务的企业通常自身也处于产业价值链的高端。在服务业发展程度较高的国家中，金融、信息和商务服务业通常被认为是高端服务业，因为金融产业是经济发展的重要支撑，而信息产业和商务服务业则是知识和技术密集的、为其他企业提供战略性生产要素的产业。研究结果表明，知识密集型制造业是制造业中使用这三类服务较多的，包括办公与计算机设备、非电子设备、专业器材、工业用化学品和制药、电子设备，以及广播、电视和电信设备等。劳动密集和规模密集型的制造业对这三类服务业的需求则较低。

与传统服务业相比，高端服务业的发展受本国市场规模的限制较少，国际化程度很高。目前，全球服务贸易出口平均增速已经超过货物贸易，旅游服务、建筑服务等传统服务业在世界服务贸易中的比重呈下降趋势，以高知识密集为先导的信息服务、金融服务、商务服务等高端服务业在世界服务贸易中的比重不断上升。高端服务业的需求之所以具有很高的国际化程度，主要有三方面原因。第一，知识型服务产品具有极强的可流通性。在信息经济时代，知识存在形式的数字化、编码化，以及知识活动方式的计算机化和网络化，刷新了知识与产业经济的关系。低成本、高宽带的通信设备，数字化网络与先进的集成软件系统等，正在使原来难以进行的服务成为可交换的对象。第二，随着发达国家高技术产业发展的加快，国际产业转移的重心开始由制造业向服务业转移，其中，金融、保险、商务、信息服务业等资本和技术密集型服务业则是产业国际转移的重点领域。第三，服务外包等新的贸易方式的兴起，以及全球服务贸易壁垒的削减也为知识密集型服务贸易的快速发展创造了有利条件。

3）产业关联特征

高端服务业是服务业中的新兴产业，具有很高的成长性，这是其发挥自身的产业外溢功能的前提。一个产业的带动力通常用投入产出分析中的影响力系数来衡量。以服务业发达程度较高的美国为例，影响力系数较高的行业有部分交通运输业（管道运输、水运业、卡车运输、航空运输）、信息服务业、金融保险服务业、出版业、电影和录音产业，以及废物管理和修理服务等。除废物管理和修理服务业、卡车运输业外，这些服务业多数属于知识密集型的生产性服务业，即高端服务业。1998～2007 年，在所有服务行业中，影响力系数增长最快的行业是信息服务业，这反映了信息服务业在信息经济时代的影响力越来越大。影响力系数增长较为显著的行业还有航空运输、金融保险服务业、租赁服务业，以及废物管理和修理服务等，这些行业影响力增长较快的行业绝大多数也属于知识密集型的生产性服务业。可见，在美国服务业中，知识密集型的生产性服务业不仅影响力系数普遍较高、增长较快，还具有很强的产业带动力，对经济增长具有显著的推动作用。

4. 高端服务业快速发展的动因

（1）国民经济的高速增长。高端服务业具有极高的价值创造能力，在国民经济中发挥着举足轻重的作用。发达国家的经济积累在第二次世界大战之后就已完成，在进入 21 世纪后，传统的第一产业和第二产业已经不再是国家经济发展的支柱力量。在信息化与科技化发展迅速的当代社会，伴随着国际化的节能减排倡议与环境保护的政策要求，以美国为代表的发达国家已经逐渐将农业作为保障性产业，将一般工业作为淘汰性产业，而将高端制造业与高端服务业作为支撑国民经济发展的主动力，并在软硬件设施上都有相当规模的投资与扶持力度。

（2）高端制造业的兴起。服务业的发展伴随着实体经济，尤其是生产制造业的发展。服务业的对象就是以第一产业和第二产业的生产过程为主，因此，作为工业革命动力的制造业的发展必然要求服务业具备相应的适应性发展。对于发达国家来说，制造业的基础实力相当雄厚，已经逐步完成了由基础制造业向高端制造业的过渡，而制造业所要求的配套服务业随之有了内容及质量上的进一步要求，而这正是高端服务业首先在发达国家兴起并迅速发展的重要动力。

（3）低端服务业的饱和。服务业的发展经历也必然是一个从低级到高级的发展过程。在资本主义初期，服务业主要集中在低端，即基础的服务内容。随着工业化进程的加快，从市场结构的角度来说，服务业市场上不断有新的经营者进入，而由于基础服务的门槛较低、技术要求不高，所以新进入的企业除个别具有较强的技术实力之外，多数集中在基础服务类，这就造成了低端服务市场的市场饱和状态。即便作为服务业对象的制造业不断发展，服务业由低端向高端的演变仍具有一定的滞后性，而发达国家作为早期服务业和制造业革新的集中地，必定率先实行服务业由低端向高端的转变。

（4）国家政策指引下的战略定位。发达国家多基于自身战略发展考虑，将本国经济定位于国际产业链的顶端。基于此，发达国家在政策制定、产业布局等方面会有一定的倾向性，技术密集型产业是产业结构调整的重要组成部分，而劳动密集型产业将会逐步转移到国外的发展中国家，甚至被淘汰出本国的产业整体结构。在发展战略既定的基础上，国家的投资方向及项目的审批都具有明确的导向，而高端服务业作为技术高度密集的行业，同时又是高端制造业的配套产业，自然成为国家发展战略的重要组成部分，因而在审批、税收及融资等方面都会得到不同程度的政策扶持，这也成为高端服务业在发达国家迅速发展的重要保障因素。

二 集聚化发展推动现代服务业升级发展

1. 产业集聚的概念、特征及其分类

1）产业集聚的概念

产业集聚，是指产业在空间上的集中分布现象，是以特定产业为中心，由产业汇聚而形成的特殊区域产业组织形式，集聚在一起的企业在某一共同空间发展，共享基础设施，带来规模经济收益。

产业集聚被公认为是利用现代企业集约生产以提高生产效率的基本方式，只有当经济发展方式从粗放式转向集约式时产业集聚现象才会发生。时至今日，产业集聚现象在全球快速兴起。在美国，高科技公司集聚在硅谷，广告业集聚在纽约麦迪逊大道，橡胶制品业集聚在缅因州，娱乐业集聚在加利福尼亚州等。英国有剑桥到伦敦一带的高保真音响器材集聚。日本东京都有大田地区的金属制品业集聚。法国有六大红酒生产地。意大利东北部和中部则有以传统劳动密集型工业为特色的中小型企业集群等。

在中国，产业集聚的案例也是数不胜数，尤其是长江三角洲、珠江三角洲和环渤海地区。广东顺德是家电企业、家具企业和花卉企业的集聚地，IT产品零部件与整机生产企业在东莞形成集聚。浙江诸暨大唐集聚了织袜业，福建晋江集聚了制鞋业，山东临沂集聚了化肥业等。

2）产业集聚的特征

产业集聚区是一种建立在地方网络基础上的产业体系。这种网络结构不仅包括区内企业与企业之间的关系，而且还包括企业与地方政府部门之间、企业与各种类型的中介服务组织之间，以及企业员工与员工之间的多种交叉复杂的关系。因此，单靠相互独立的企业在某一空间上的集群还是不能创造出共同受益的网络化的产业体系的。

产业集聚区内网络化的产业体系是由企业之间各种正式和非正式的协作形式所组成的，例如，通过正式的合同或契约形式，建立区内企业之间长期稳定的原材料供给、零部件加工或产供销一条龙的生产贸易协作体系。区内不同企业员工之间通过各种非正式的聚会，交流技术、产品、市场、营销、管理等方面的信息。

3）产业集聚的分类

如果从不同的角度或以不同的标准来衡量，产业集聚可以被划分为不同的类型。从区内企业密集化使用的投入要素的特征来划分，可分为劳动密集型、资本密集型和技术密集型产业集聚区。如果从企业生产或经营产品的特征来划分，可分为农业、工业、商贸、旅游等产业集聚区。

从企业之间的市场关系或投入产出关系的角度，产业集聚区大致分为同产业集聚区（生产经营同类产品或处于相同生产阶段的企业在特定地理区域内的集聚）、中卫型（或称椎型）产业集聚区（具有直接上下游产业链关系，并以某个大企业或核心企业为中心的企业群在某一特定地理区域内的集聚），以及具有紧密关系的相关产业集聚区（既有生产同类产品或处于相同生产阶段的同产业企业和具有直接产业链上下游关系的企业，又有生产互补品或配套品产业，以及具有专业化服务性质的辅助产业的企业）。

2. 服务业集聚的效应及成因

产业集聚现象广泛分布于中国的三大产业之中，其中第二产业的产业集聚现象最为普遍，而且绝大多数为劳动密集型的制造业集聚。2001年，中国加入WTO后，中国与世界经济的融合度越来越高，大量外商在中国东部沿海经济带的直接投资给中国企业带来了参与全球产业分工的机遇。经过近20年的发展，东部地区的产业集聚日趋成熟并开始出现分化。高技术产业集聚区域增多，服务业集聚现象突显，部分传统的资源依赖型产业则逐步转向中西部地区集聚。

产业集聚效应，即产业经济活动集聚所产生的经济效应，也被称为集聚经济。

产业集聚效应主要体现在产业集聚的两种外部性上：一是地方化经济外部性，也叫专业化经济外部性；二是城市化经济外部性，又被称为多样化经济外部性。由此，产业集聚可以分为专业化产业集聚和多样化产业集聚。

1）专业化服务业集聚

专业化服务业集聚是指某一区域中同一服务业内不同企业的集聚所形成的空间结构，可以视为本地化经济结构。专业化服务业集聚突出合作性和统一性。集聚的每个企业都会享受到降低的生产成本、资源共享等专业化集聚效应带来的好处。从静态角度看，专业化服务业集聚效应是指企业从本地区同一产业其他企业的经济活动中直接受益。从动态角度看，专业化服务业集聚效应是指由于地域性的知识扩散，企业从其他企业的经济活动中获得动态收益，如就业率的上升和劳动生产率的提高。专业化服务业集聚效应之所以出现，原因可以归纳为以下三个方面。

（1）范围经济与专业化分工。当一个地区集中了某个产业所需的物力、财力、人力及相关的配套服务，使得这一地区具有比其他地区发展该产业更大的比较优势时，范围经济就能促使专业化产业集聚效应的出现。该地区的这一产业通过扩大经营范围，增加产品种类获得更高的收益。像 IT 产业、金融行业都具有范围经济的特性，同时越来越多地表现为集聚发展。

（2）产品差异导致专业化分工。专业化分工可以提高劳动者的熟练程度和工作效率，他们的工作集中在生产活动的固定环节，变换操作方式的时间减少，从而提高了效率。专业化分工可以提高资金使用效率，由于分工的不同，生产的重要环节得以明确，投资人及管理者会将资金投入到回报率高的生产环节。专业化分工还有助于技术不断创新，随着生产与服务的不断分离，研发职能的独立性逐步显现，技术创新能力不断提高。专业化分工越深化，地区专业化产业集聚程度也越高。

（3）规模经济与集聚的外部性。对于一个产业来说，规模经济是指由于生产专业化水平的提高，产业的单位生产成本降低，长期平均成本随产量的增加而递减。专业化服务业集聚的企业由于地域上的接近，通过共享上游的供应商、下游客户和经销商，使集聚区域内的企业具有价格谈判优势。集聚的外部性增加了中间投入品的可获得性，并使得区域内企业的成本都能有所降低。产业集聚扩大了劳动力市场的规模，熟练劳动力在区域内可以自由流动，劳动力流动速度的加快要求劳动者提高自身素质，因此集聚区域内劳动力供给的数量和质量均有所提高。产业集聚区域共同的文化背景创造了一种协同创新的氛围，企业之间可以共享知识和信息，形成技术外部性。

2）多样化服务业集聚

多样化产业集聚是指某一区域中不同产业厂商的集聚所形成的空间结构，称为城市化经济结构。多样化产业集聚突出分工和互补的功能。由于生产经营中的互补性及产业结构的合理划分，集聚的每个企业乃至整个产业或部门都会获得多样化集聚带来的正外部性，对于集聚所在的区域或城市来说，则是内在的利益。

多样化服务业集聚效应，是指某区域中不同服务企业的集中所带来的收益。从静态角度看，多样化服务业集聚效应是由生产经营中具有互补性的不同行业的企业的集中而形成的集聚利益。从动态角度看，多样化服务业集聚效应是指由于地域性的知识扩散，企业从其他企业的经济活动中获得一种动态收益，如就业率的上升和劳动生产率的提高。

多样化服务业集聚效应出现的原因，与专业化服务业集聚效应产生的原因基本相同，只是源于城市整体经济规模而不是单一产业的规模。此外，不同产业之间的联系也是多样化产业集聚效应产生的原因。服务业聚集区域内不同产业之间可以有三种联系：纵向联系、横向联系和互补联系。其中，纵向联系和互补联系能促进不同服务业的集聚，横向联系则更易造成不同服务业间的排斥。纵向联系又分为两类，即前向联系和后向联系。前向联系是指上游产业对下游产业的影响，上游产业的选址会影响到下游产业的投入价格和供求状况，因此会向上游产业集聚。后向联系是指下游产业对上游产业的吸引，下游产业的区位会影响到上游产业的产品需求和收入状况，因此会向下游产业集聚。在消费者服务业的集聚中，后向联系极其常见，一般与居民有关的服务业的区位选择都与后向联系有关。由互补联系导致的服务业集聚也有两种情况：一是互补产品供应商之间的集聚，另一种是使用连带生产投入品的用户之间的集聚。很多服务业集群式集聚就是由互补联系发展而来的。

3. 服务业集聚与服务业升级发展

服务业集聚对服务业升级发展的有利影响体现在以下三个方面。

1）服务业集聚促进区域产业结构优化

区域产业结构是指区域内各产业的组成状态和发展水平，以及产业间的生产联系和数量比例关系。服务业集聚对优化区域产业结构的影响主要表现为整合区域产业资源，促进新兴产业发展和推动产业结构调整。

（1）整合区域产业资源。产业集聚的柔性化特点使得产业价值链跨区域分布，根据比较优势原理，产业价值链上的不同环节有规律地聚集于不同的区域。产业价值链的变化影响到集群内企业的生产组织方式，它们不断将本属于企业内部的功能和生产环节外包给专业化的企业，从而专注于自己擅长的部分。因此，区域产业资源便实现了优化配置。从企业层面看，将有限的资源集中在企业更擅长的核心功能或价值链环节上，可以强化核心业务的竞争力。同时，企业组织管理的复杂性降低，管理效率随之提高。从产业组织的角度看，产业链的分解过程给企业提供了更为灵活的进入与退出产业的机制，专业化企业可以通过公共性业务融合方式柔性嵌入到多个产业的生产链条中，提高资产利用效率。

服务业集聚对区域产业资源的整合作用还表现为以市场手段强化经济资源向优势产业的集中。在经济体系中，资源短缺的一个重要原因是资源处于离散状态。在市场经济条件下，离散的资源是无法采用行政手段强行整合的，只能依赖市场配置，即通过民间自发创业和主动参与，使资源化零为整。产业集群的形成和发展本身就是资源持续整合过程，其集聚机制所具有的开放性和灵活性为新企业的创立和投资者的进入提供了便利。

（2）促进新兴产业发展。新兴产业是指具有一定规模和影响力，代表着社会发展对经济系统的新要求及科学技术产业化新水平的，正处于产业自身生命周期形成阶段的产业。20 世纪 70 年代以来，出现了一批诸如计算机、通信、生物工程等新兴产业。传统产业或因社会分工格局变化，或因与某些高新技术相结合，也出现了升级发展的趋势。服务业集聚可以有效促进产业分工的深入和细化，从而有利于区域新兴产业的产生和发展。在服务业集聚过程中，新的产业相继从原有的产业经济体系中分离出来，独立地承担起专业生产或专业服务的职能。由此产生的“垂直解体分工”和“网络化协作”的产业组织模式使企业倾向于将生产资源集中于最擅长的业务或生产环节，将不具有优势的业务或环节外包出去，并通过网络合作形式获得专业化产品服务和技术支持。经过专业化整合的业务或生产环节成为独立的新产业，并承担新的专业化分工职能。服务业集聚还可以有效推动产业融合，通过将高新技术尤其是 IT 植入工业化进程，对原有技术和产业进行全面再造，其本质是先进技术对传统产业技术的系统整合，从而导致新的产业衍生或原有产业的升级发展。

（3）推动产业结构调整。服务业集聚对产业结构调整的影响是明显的，尤其是生产性服务业的大量集聚会以增加市场需求的方式引致其他与之有关的产业的形成和发展。这些产业可以分为纵向联系和横向联系产业。前者是指与核心产业处于同一产业价值链的上下游产业，后者是指对核心产业具有辅助性功能的产业。正是通过众多具有纵向联系、横向联系和互补性的大量相关产业的集聚，促使集群内企业获得明显的规模经济和范围经济，形成特色产业集群，优化集聚区域的产业结构。

2）服务业集聚可以提升区域产业竞争力

区域产业竞争力决定了区域内企业的竞争力及其群体竞争优势，并主要体现在降低交易成本、获得外部经济和推动技术创新三方面。

（1）降低交易成本。服务业集聚可以降低企业交易的不确定性，由于集聚区域内的企业地理位置相近，企业之间、员工之间容易建立较为密切的关系，交易违规被发现的可能性大。产业集聚使交易比其他地方更容易达成，而且一旦某一方失去信用，其失信的消息将迅速在集聚区内传播，从而造成失信企业在集群内的孤立，失信成本十分高昂。所以，企业通过多次交易、重复交易，形成一种竞争合作关系，提高了交易效率。而且，服务业集聚可以有效抑制与资产专用性有关的机会主义倾向。当一种资产只能用于特定的用途而不能或者很难转作他用时，这种资产就具有资产的专用性。在服务业集群内，存在一个共享资源市场，企业共享使资产专用性降低，减少了资产专用性产生的垄断，从而节约交易费用。

（2）获得外部经济。集聚在一起的企业通过共同使用公共设施减少分散布局所要增加的额外投资，产业关联度较高的企业因地理位置接近而节省相互间物质和信息的转移费用，从而降低生产成本。通过产业的空间集聚，可以实现特定区域内相同产业的中小企业数量增加，整体规模增大，进而使无法获得规模经济的单个企业实现合作基础上的外部规模经济。而且，企业在生产与交易过程中的密切合作，可以获得外部范围经济。在理论上，外部经济具有正反馈机制，一旦产业集聚在某些地区，外部经济就会成为新的企业选择这一区位的推动力，从而促进集聚体的进一步发展，产生更大的外部经济。在产业集群内，大量专业化的中小企业集聚一地，使得区内通过分工与协作，实现规模生产。相应地，对分工更细、专业化更强的产品和服务的潜在需求量增加，亦即这些产品和服务的潜在市场需求量大，这就为专业化生产商提供了大量的生存机会。

（3）促进技术创新。产业集聚在较小的区域内汇集了大量的竞争对手，竞争会形成强大的压力，并转而成为多数企业的强烈创新动力，迫使企业加快创新步伐，而创新将会在制度创新、管理创新、技术创新、企业文化创新等方面全方位展开。在产业集聚区的区域创新网络中，大学与研究机构作为知识和技术的源头，不仅可以创造新知识和新技术，还可以通过教育、培训及成果转化等方式，有效地促进产业集群中知识、信息、技术等的扩散，为产业集群实现激进的技术创新提供了有力的支持。企业之间频繁的交流与合作、金融机构的风险参与等，都会使得产业集群内的科技创新较容易发生。产业集群会促使与特定产业相关联的人才、知识技术、信息等要素在一定区域内集聚，这种集聚效应有利于人才在其中相互交流和学习、取长补短，从而优化整体的人才资源。对单个企业而言，创新是一种典型的具有外部经济性的行为，即在创新过程中，企业所得的收益小于整个社会所得的收益。而产业集群内企业存在长期而广泛的交易、合作等互动关系，会使单个企业创新的外部经济尽可能地为集群内部所享有，而且会形成一种以互信为基础的集群创新文化，使得集群内企业不仅可以以契约的形式开展交易，而且能在一种相互信赖的气氛中交流和分享技术，形成良好的创新文化氛围。

3）服务业集聚促进生产率提高

（1）专业化集聚的劳动生产率效应。作为一种特殊的产业组织形式，产业集聚和经济增长是一个相生相伴的过程。专业化集聚是同一产业在某一区域的集中，这同时提高了资本、劳动和技术在该区域该产业的密集程度，范围经济和规模经济优势得以发挥，企业生产经营的单位成本下降，劳动生产率随之提高。专业化产业集聚导致的产业规模扩张，属于生产同一类型企业的横向规模扩张。由于市场需求的扩大，集聚的厂商会细化分工，增加生产环节，使用专门技术，降低生产成本。专业化产业集聚从两个方面影响创新。一是集聚区域内企业创新活动的增多，二是企业间知识溢出的加快。首先，专业化产业分工为集聚区域内的企业提供了创新激励，由于集聚区域内企业交易费用的降低和市场需求的扩大，企业可以加大创新的投入，增加创新活动。其次，同类企业的集聚更容易吸引投资者的注意，随着创新能力对企业发展重要性的逐步体现，投资者对企业的创新投入也随之加大。最后，专业化集聚的企业可以共享劳动力、中间投入品等市场，从而减少对这些共享资源的投入，专注于增强企业核心竞争力的业务，也就带来创新投入的增加和创新活动的增多。专业化集聚促进企业间知识溢出的加快，则可以从以下两个方面理解。首先，产业集聚增加了企业间的频繁互动，为知识溢出提供了社会环境。其次，劳动力市场共享机制，以及企业员工之间的正式和非正式交流，为知识的快速传播提供了便捷的途径。正式交流是指企业组织的培训、学习和交流机会。非正式交流，则是指在此之外的所有形式的交流。知识溢出需要共同的实践基础，专业化集聚是具有相同实践基础的企业的集聚，因而其知识溢出的速度和效率更高。

（2）多样化集聚的劳动生产率效应。多样化产业集聚导致的产业规模扩张，属于生产不同类型商品和服务的企业纵向规模的扩张，纵向规模扩张可能会带来规模不经济，集聚企业多通过扩张横向规模、收缩纵向规模获取规模经济效应。因此，多样化集聚是否能对劳动生产率的变化产生影响，取决于多样化集聚的规模。只有适当规模和行业的多样化集聚才可能产生劳动生产率效应。多样化集聚对产业创新也有推动作用，体现为集聚区域内企业创新活动的增多和企业间知识溢出的加快两个方面。多样化产业集聚给集聚区域内的企业带来较大的竞争压力，从而使创新显得更为重要。对于集聚区域来说，哪一产业作为重点发展的支柱产业、区域的产业结构应如何布局，都与产业本身的竞争力有很大关系，这就迫使企业增加创新活动，保持创新优势，提高自身的竞争能力。由于多样化产业集聚是企业在区域上纵向联系和互补联系的产物，不同行业的合作关系对知识溢出速度和效率的提高产生了重要作用。无论是纵向联系的企业还是互补联系的企业，它们的密切关系都使得先进的研发技术、生产工艺和管理方法得以快速传播，也就是提高了知识溢出的速度。

服务业已经成为国民经济发展的重点，服务业集聚既是一种值得关注的经济现象，又是各个区域推动服务业发展的主要途径。目前，专业化集聚对中国服务业的升级发展具有显著的正向效应，多样化集聚还不能显著地促进服务业的升级发展。提高服务业的专业化集聚水平，降低服务业多样化集聚程度，就是要调整服务业的内部结构，引导具有竞争力的服务行业主动集聚，通过建立服务业集聚区，吸引优势服务企业。

三 服务全球化推动现代服务业升级发展

1. 什么是服务全球化

服务全球化是一个具有时间和空间维度的动态过程，随着资源供给和产品需求等条件的变化，服务生产要素在全球范围内重新配置，进而实现现代服务业升级发展。服务全球化可以从以下三个方面来理解。

（1）从整体系统上把握服务全球化。在服务全球化模式下，参与服务经济的国家成倍增加，实现全球资源的合理配置。服务资本自由化，在全球范围内以最快的速度进入获利最高的任何一个服务生产部门，提高服务资本的边际产出。劳动力跨国流动，实现全球劳动力的最优配置；服务业发展模式跨国交融，加快了各国先进服务业发展模式的传播，促进了服务经济的发展。

（2）从系统内部各要素之间的作用上理解服务全球化。在全球化的影响下，国与国之间的界限被淡化，由区域性因素所造成的优势和劣势被逐渐消除，全球服务领域所有的生产要素，如资本、技术等被投入到一个平等竞争的环境中，促使不同国家有针对性地实施提高自身服务业发展潜力的政策。

（3）从系统内部各要素的水平上认识服务全球化。服务全球化作为一个发展趋势，任何国家在发展战略的选择上都不得不予以高度重视。服务全球化有利于本国利用国际国内的资源进行公平竞争。服务全球化既有利于发达国家进一步扩展其服务业的发展空间，也有利于发展中国家更好地引进发达国家服务业发展的先进模式和生产力，推动自身升级发展。

2. 服务全球化的表现形式

服务全球化最主要的外在表现就是服务业的跨国转移。与一般工业产品不同，绝大多数服务产品都具有不可存储性、生产和消费时间上的伴随性及空间上的不可分离性。但是，信息和通信技术的广泛运用改变了与信息有关的服务产品的储存和传输方式，使服务业的跨国转移成为现实。

服务业的跨国转移有狭义和广义之分。狭义的服务业跨国转移指高成本的发达国家向低成本的发展中国家转移部分服务，如物流管理、客户服务、呼叫中心、产品设计、金融分析、会计、计算机编程、数据处理等，一般通过外商直接投资在东道国设立分支机构，然后再以贸易出口的方式服务于本国企业和国际市场，表现为投资国与东道国服务产业的替代关系。广义的现代服务业跨国转移还包括市场准入条件的放宽，以及东道国市场需求的增加造成服务业外资进入，即对外直接投资，主要表现为跨国服务企业的市场扩展，以及东道国服务业比重的上升。

具体说来，服务全球化主要有以下三种表现形式。

（1）项目外包，即企业把非核心辅助性业务委托给国外其他公司。项目外包涉及的领域非常广泛，有会计处理、程序设计、人力资源管理、金融、保险等业务。伴随着服务全球化的深入发展，国际项目外包市场近年来迅速扩张，由单个项目逐步发展成为规模巨大的市场。其中，IT 服务项目外包是当今服务业项目外包中的热点，每年仅软件项目外包市场就达到 1300 亿美元。印度作为全球最大的软件项目外包承接国，每年能拿到数百亿美元的外包项目，提供上百万个就业机会。

（2）业务离岸化，即跨国公司将一部分服务业务转移到低成本的新兴发展中国家，如墨西哥、印度、菲律宾和中国。服务业务离岸化是 20 世纪 90 年代末才逐渐发展起来的一种服务业国际转移形式，主要集中在电话客服中心、财务数据处理中心、软件调试中心和后勤保障部门。发达国家的国内成本过高和服务业的可贸易性增强，是推动服务业务离岸化的主要动力。为了增强竞争力，跨国公司倾向于在全球范围内重新组织生产流程，把一些服务业务转移到成本相对低廉并且拥有合格的专业化劳动力的国家或地区，以期在降低生产成本的同时取得这些服务生产的规模经济，并利用国外的专业化劳动力来改善服务质量。

（3）对外直接投资。服务业对外直接投资的发展与国际服务贸易的发展趋势一致。联合国贸易和发展会议所做的一项调查显示，商业服务、旅游、计算机/信息通信技术、零售和批发、建筑、能源服务、银行和保险，以及交通运输领域的对外直接投资量将会大幅上升。20 世纪 70 年代初，服务业只占全球对外直接投资总量的 25%。20 世纪 90 年代以来，跨国投资逐渐成为服务业国际竞争的一种主要形式，投入服务业的对外直接投资在投资总额中所占比重快速增加。2006 年上半年，美国服务业对外直接投资 730 亿美元，占美对外直接投资的 56%，比上年同期增长 2.2 倍。随着发达国家服务业对外直接投资外延的不断拓展，跨国公司海外直接投资与业务离岸化在内容上产生了交叉，投资的目的是更多将非核心业务转移到海外，即实现部分业务的离岸化经营。

3. 服务全球化的特点

1）跨国公司成为推进服务全球化的主体

与制造业全球化发展一样，服务业跨国公司凭借其在资金、技术和信息上的巨大优势，以及其在全球范围内配置资源的经营行为，在全球范围内配置资源，进行全球开发、生产与物流的指挥和协调，其核心竞争力不断提高，成为推动服务全球化的主导力量。

由于新兴服务业的知识化和信息化特征，服务业跨国公司比制造业跨国公司的资本密集度更高，技术优势更强，也更易形成世界市场的垄断局面。全球最大的 500 家公司共涉及 51 个行业，其中 28 个属于服务行业，超过半数，排名全球前 100 家大银行几乎垄断了所有的跨国商业性金融服务。目前，全球以远距离移动资源为基础的投资和贸易，正逐步受限和收缩，跨国投资热点正向现代服务业转移。以物质产品生产为主的跨国公司积极参加服务的生产和出口，而从事专业服务的跨国公司也不断扩大自己的范围，提供日益多样化的服务。

服务业具有非贸易的特征，大多数服务业不可存储，必须在消费国当地生产。所以，服务业跨国发展，将倾向于国际并购重组，以在当地建立运营机构。由于服务业在国民经济发展中的重要作用，服务业跨国公司对东道国尤其是作为发展中国家的东道国的影响更为广泛和深远。

2）服务全球化由制造业追随型向服务业自主扩张型转变

服务业进行跨国经营最初的动机就是为了向已经从事跨国生产经营的顾客提供服务，留住原来的顾客，占住已有的市场份额。许多大型制造业跨国公司为了推动产品在国外的销售，建立了相应的服务业子公司，如汽车制造商建立服务业子公司提供信贷、维修服务等。与此同时，咨询、设计、财务管理、售后服务、技术支持等专业服务公司不断发展壮大，服务业转移也逐步向自主扩张型转变，不仅为原来制造业中的客户服务，还可以为东道国其他公司提供服务，甚至可以向第三国出口服务。

3）服务业的进入壁垒呈现隐蔽化趋势

由于服务业的特殊性，关税保护方式并不适用于对服务业的保护。于是，为了保护本国的服务业，各国纷纷采取非关税壁垒措施，如对国内外单位和个人都限制的服务业管制，制定一些不利于外国竞争者的行业标准，以及职业服务中的许可证、文凭或凭证规定等。政府在安排服务支出的时候，优先考虑本国企业。对本国服务出口实行隐蔽性补贴、减免税等，这些做法都体现了服务进入壁垒的隐蔽化趋势。

4. 中国承接国际服务业转移的机遇和条件

服务业转移对于发展中国家而言是一个机遇，承接现代服务业转移成为发展中国家迅速增强经济实力的重要手段。

1）改变经济增长方式

中国承接国际服务业转移，是抓住历史机遇，加快与世界经济接轨的战略选择。在全球化背景下，中国工业化战略应该从以往的推进产业升级转变为推进产业链条的升级，以提高在国际分工中的地位。中国应该向生产性服务业环节延伸，如运输、物流、仓储等活动，逐步建立全球的营销网络。

中国承接国际服务业转移可以加快经济向服务型经济的转型，通过优化产业结构实现资源的高效配置，减少对自然资源的依赖，减轻对生态环境的损害，促进人与自然的和谐发展。通过全面深化专业分工，扩大要素优化配置的空间范围，降低交易成本，提高经济效率，实现集约型增长。通过发展知识、技术和人才密集的服务业，减轻对资本投入的依赖，促进人力资本积累和人力资源开发。中国如果抓住了国际资本向服务业和高技术产业转移的契机，积极吸引优质高效的服务业跨国转移，形成先进服务业基地、先进制造业基地、研发中心和地区总部的一体化，将有助于中国进入全球产业链的高端，在价值创造、效率提高和创新方面赶上世界水平。

2）改变产业发展模式

承接国际服务业转移，是优化产业结构、加快产业升级的战略途径。通过承接服务业转移，可以大力开拓服务业新领域，不仅有助于构建资源消耗少、附加价值高、吸纳就业多的产业结构体系，增大服务业占 GDP 的比重，也有利于提高生产性服务业在整个服务业中所占的比重，优化服务业结构。通过承接国际服务业转移，企业得以在更加开放的环境中直接参与国际分工，有利于企业在国际化和规模发展的基础上培育创新能力，推进产业升级；承接国际服务业转移，还能增强中国企业知识产权安全保障体系，提升企业的成熟度，有利于加快建立健全与转移行业相关的政策、法律、保险等各个领域的制度，营造国内知识产权保护的大环境。

发达国家凭借先进的现代服务业占据着更大范围利用全球要素和资源、整合全球市场的平台，不仅在国际竞争中获得更多的利益和利润，而且对世界经济和产业、技术发展拥有了更大的支配力、影响力。中国可以通过积极参与服务全球化、承接服务业转移、加快服务业升级，分享服务业全球化的部分成果。服务业全球化的利益分配是不平衡的，要想改变现状，中国只有加快服务业发展和升级步伐。

3）改变技术发展和创新模式

服务业特别是生产性服务业的技术进步与创新是整个产业链技术进步与创新的源泉，其中的科技、研发及营销、设计等环节，对整个产业链的技术进步和创新越来越有关键性的决定作用。承接国际服务业转移有利于服务业的创新发展，引进—消化吸收—再创新，也是中国服务业加快自主创新的重要路径选择。也只有在这种开放的环境下，创新才会取得突破。

发达国家跨国公司利用信息和互联网技术搭建了全球化、网络化平台，形成了全球生产和服务网络，从而形成了以最大化重组与整合利用外部资源、最小化制造与交易成本为导向的效率主导型竞争模式，从根本上有别于工业化时代以大规模、综合化为主要特点的规模优势导向模式。

中国的服务业长期处于落后状态，电信、金融等生产性服务领域一直实行国家垄断经营，市场观念淡薄，服务质量和效率低下。从国外引进服务产品或服务项目后，有利于打破国内市场的垄断格局，强化服务企业之间的竞争，促使服务企业改进经营管理，提高服务质量和服务效率，增强自身的市场竞争能力。

4）中国承接现代服务业转移的基本条件

中国承接现代服务业的跨国转移，发挥服务业在经济增长中的重要作用，应具备如下基本条件。

（1）政策条件。政策软环境对吸引外国服务业非常重要，良好的政策环境不是主要依靠优惠政策的实施来营造的，应遵循市场规律，为市场竞争主体营造公平的竞争环境。因此，首先要提高行政管理的透明性，政府在公开办事程序、接受新闻媒体监督方面多下功夫。其次，要坚持依法行政，减少外资对权力干扰的担忧，减少短期化行为。在咨询、信息服务等现代服务业中，品牌和人的因素占据十分重要的地位，如果缺少一套有效的知识产权保护制度，优秀服务企业的利益就容易受到侵犯，它们在开发和创新方面的投入就无法得到足够的回报。所以，创建一个严格保护知识产权的环境对吸引国际服务业转移非常重要。

（2）需求条件。市场规模是跨国公司进行服务业跨国转移时首先考虑的问题。所以，存在的高端服务的现实缺口和潜在的巨大需求是中国承接服务业国际转移的前提条件。目前，中国服务业发展水平不仅明显低于发达国家，也低于发展中国家的平均水平。从另一个角度来看，中国服务业发展的空间十分广阔、潜力巨大。

（3）供给条件。资源、劳动力、资本与技术等生产要素的拥有状况对服务全球化会产生很大的影响。对于服务业跨国转移而言，那些劳动力资源丰富、资本充足、技术领先的国家和地区对发达国家服务业的转移更具吸引力。在迅速发展的国际服务业转移中，特别是新型服务产业，对从业人员的技能要求越来越高。因此，必须重视教育投入，建立多渠道竞争的人才培养机制，加快培养服务业所需的高层次应用型人才，提高服务行业队伍的专业水平和整体素质，为顺利承接现代服务业的跨国转移打下良好的基础。

第三节　服务业升级的成功经验

一　高端服务业发展的国际经验

1. 美国发展高端服务业的政策

美国的服务业尤其是高端服务业非常发达，在其国民经济中占有极其重要的地位。高端服务业在美国的快速发展得益于市场的自发配置，但也离不开美国政府为其提供良好的基础设施和运营环境。虽然美国是一个典型的市场经济国家，但美国政府在大力发展服务业、推动服务业升级发展的过程中，起了非常重要的作用。

美国政府促进高端服务业发展的政策主要有两条思路：一是通过拟定服务贸

易法规、强化国内基础建设等方式，完善产业发展的环境；二是培育市场竞争，控制垄断力量，借此提升产业的效率与竞争优势。具体的政策措施主要集中在以下四个方面。

1）导向性政策

高端服务业是伴随着 IT 革命和产业全球化趋势而产生的新兴服务业，美国政府制订了一系列具有前瞻性的发展计划，为高端服务业创造完善的基础设施，引导本国的服务业结构由传统服务业向这类新兴产业转变。IT 是高端服务业发展过程中最为重要的“基础设施”。金融业、研发、商务服务、教育、医疗等高端服务业必须在 IT 得到充分运用的环境下才能快速发展。因此，美国政府首先制订了一系列计划，促进信息服务业的发展。1992 年，美国政府推出高性能计算与通信（High performance computing and communications，HPCC）计划，以完善用以开发和利用高性能的计算机系统和超高速网的环境，来应对高级计算机的巨大技术挑战。1999 年，美国提出“21 世纪的 IT 计划”（IT2）。IT2 计划的目标是力求通过制订 IT 领域中长期性研究与开发的发展战略和计划，增加对计算机科学 IT、通信技术中的基础性研究的投入，提高高等院校及其他民用研究机构的信息基础设施整体水平。

在金融领域，1994 年美国国会就要求财政部结合 21 世纪金融市场和金融技术革命的变化，对美国金融体系进行研究，提出未来美国金融服务业的发展战略，并出台了相关的法律法规。

2）竞争政策

作为市场经济国家，美国政府坚信适度的竞争是服务业发展的最好推动力。为此，美国政府采取了双管齐下的政策。一方面，加强立法，规范兼并行为。例如，1996 年颁布了《电信法》，开放 7 家主要地区的贝尔电话公司和其他地方的电话公司，进入长途电话市场。同时，长途电话公司可以抢占目前由地方电话公司掌握的地方电话市场；有线电视公司可以进入地方和长途电话公司的营业领域。因此，美国长途电话公司、市话公司、公用事业、有线服务公司之间可以在关键的通信和信息领域相互竞争。2000 年颁布了《有关竞争者之间进行合作的反托拉斯准则》。通过颁布法令，服务业领域有损竞争的兼并行为得到了阻止。

此外，随着贸易投资自由化的发展，为了保护本国企业，以及保证美国企业在国外市场享受公平竞争待遇，美国竞争政策也呈现出国际化的特点。这一阶段，美国竞争政策的主要特点是关注新经济条件下的创新问题，把对经济效率的理解从单纯的静态效率扩大到动态效率。创新作为市场竞争最重要的一个维度，成为美国竞争政策保护的重点。

3）开放政策

随着全球化的推进，美国的服务业越来越多地卷入了国际贸易当中，为了让服务业保持可持续发展，美国政府为服务贸易创造了一个有利的环境。美国用于促进服务贸易的法律法规主要有两类：一类是综合性的，另一类是行业性法律法规。通过这些法律法规，美国政府保护了本国的服务行业，推动了服务业的出口。

在对外贸易谈判中，美国都把服务业的贸易自由化作为一个重要谈判内容。美国政府通过坚持不懈的双边和多边市场开放谈判，迫使外国政府消除服务贸易壁垒，开放市场，扩大美国高端服务业参加国际贸易的机会。近年来，美国在消除服务贸易壁垒的谈判中取得的最具代表性的三个协议是：北美自由贸易协议、服务贸易总协定和与贸易有关的知识产权协议。通过谈判，美国政府成功实现了绝大多数服务行业自由化。

美国建立了全方位促进服务出口的行政体系。总统出口理事会、联邦贸易促进协调委员会及其服务出口工作组、相关服务行业顾问委员会，共同构成了美国服务贸易咨询、决策与协调体系。除了联邦层面，在各州和各行业协会，也成立促进服务出口的相关组织。

4）税收政策

为促进高端服务业发展，美国还对这些行业给予了税收优惠。美国对金融服务业几乎不收税。在研究服务业，美国是最早对R&D实施税收激励政策的发达国家。从20世纪50年代开始，美国政府先后在《美国税法典》第147条和《国内收入法规》第41条规定了对R&D费用实行减免税的做法。另外，美国的《经济复兴税收法》中规定R&D方面超过3年平均水平的开支增加额可享受25%的税收减免。

在电子商务领域，作为世界上电子商务应用最广、普及率最高的国家，美国政府充分利用税收政策扶持电子商务的发展和壮大。从1996年美国就开始有步骤地推行电子商务国内交易零税收和国际交易零关税方案。1996年，美国财政部发表了《全球电子商务选择性的税收政策》，提出对电子商务征税要做到中性，不对电子商务开征新消费税或增值税。1998年5月，电子商务免税法案在美国参议院获得通过，规定对因特网的接入费免征消费税。2001年，美国总统布什签署了将互联网免税期延长的法案。

2. OECD成员国发展高端服务业的政策

1）OECD成员国发展高端服务业的政策目标

OECD制定的服务业政策的宏观经济目标是促进经济增长、创造服务部门就业、提高服务部门生产率，以及促进服务业创新。尽管OECD内部不同国家对发展高端服务业都有较为具体的政策目标，但各国最终要达成的目标与OECD所提出的总体目标是一致的。高端服务业本身具有低能耗、低污染、可持续的特征，因此高端服务业的政策目标是按照可持续发展的框架进行设计的。一些国家将可持续发展作为服务业的政策目标，如英国服务业创新的目标之一就是发展低碳经济。

（1）促进经济增长。服务业已经成为 OECD 国家最重要的产业部门，对经济增长的贡献持续增长。2002 年，服务业增加值占 OECD 国家总增加值的比重就已经达到约 70%。OECD 成员国之间服务业的发展程度不同，服务业对经济增长的贡献也有所差异。首批发展服务业的国家，如美国、丹麦等，其服务业增加值在 20 世纪 70 年代就已经在 GDP 中占据很高的份额。一些国家发展服务业的起点虽低，但增长强劲，如法国、荷兰、英国等。20 世纪 70 年代以来，澳大利亚、德国、意大利和西班牙等国家的服务业实现了持续增长，服务业的增加值在 GDP 中的比重达到 65%～70%。

（2）创造就业。服务业在 OECD 国家中创造了大量的就业机会，服务业的发展带动了就业增长，成为带动整体经济及社会福利增长的支柱产业。数据表明，OECD 国家服务业对就业的贡献率也已经达到 70%以上，而新增就业岗位多数来自服务业。服务业对就业的巨大贡献与政府的有效政策密不可分，政策制定者也越来越认识到服务业对促进就业的关键作用，因此大力发展服务业以提高就业率。

（3）提高服务业生产率。通过政策促进高端服务业发展的重要目标之一就是提高服务部门的劳动生产率。过去 10 年中，服务业发展的一个显著特征就是越来越多地使用能够提高劳动生产率的技术，发展与此相关的服务部门，如 ICT、软件、商业服务业等。这些商业活力较高的行业对服务业生产率的提高具有巨大的促进作用，它们的发展不仅对本部门至关重要，而且也直接或间接促进了其他部门（如制造业）生产率的提高。OECD 国家中，澳大利亚、美国、日本等的服务业对劳动生产率的贡献（服务业人均增加值增长占总体人均增加值增长的份额）较高。

（4）促进服务业创新。服务业创新是 OECD 国家发展服务业的重要议题，在以高科技含量、高知识密集度、高人力资本投入、高附加值为特征的高端服务业发展过程中尤为重要。因此，在 OECD 国家不断将发展高端服务业作为其产业战略重点的前提下，加快服务业创新成为各国服务业改革的重要目标。OECD 在《提高服务业绩效》的报告中将促进服务业创新列为服务业改革的政策目标之一，而 OECD 各成员国都有专门针对服务业创新的具体目标及政策措施。

（5）发展低碳经济，实现可持续发展。以高能耗、高污染为特征的工业化的发展使得人类的生存环境面临巨大挑战。因此，以低能耗、低污染、低排放为基础的低碳经济逐渐成为新的经济发展模式。高端服务业具有高科技含量、低资源消耗、低环境污染的特征，符合低碳经济的发展理念，它的发展是实现经济可持续发展的重要途径。OECD 国家已经认识到了这一点，充分发挥高端服务业对低碳经济发展的带动作用，提出以服务业创新促进低碳经济发展的政策目标，而英国更是低碳经济的倡议者。2003 年 2 月，时任英国首相布莱尔发表了题为“我们未来的能源：创建低碳经济”的白皮书，计划到2010年二氧化碳排放量在1990年的水平上减少20%，到2050年减少60%，从根本上把英国变成一个低碳经济的国家。

2）OECD成员国发展高端服务业的政策特点

OECD成员国在制定服务业政策时会根据自身条件和发展需要对重点行业进行政策扶持，而不是对所有服务行业制定同样的政策。虽然各国对具体行业的政策侧重点有所不同，但其共性是发展以ICT产业为代表的知识密集型服务业，对ICT产业的创新及研发都制定了单独的政策措施。

3. 亚洲新兴国家（地区）发展高端服务业的政策

从20世纪五六十年代工业经济由发达国家向发展中国家转移，逐渐过渡到20世纪90年代的知识经济转移。继制造业大规模转移后，以软件与信息服务外包为代表的高端服务业转移浪潮正在来临。亚洲新兴国家（地区）为了抓住这一发展机遇，纷纷颁布各种政策以促进本国高端服务业的发展。

1）亚洲新兴国家（地区）发展高端服务业的政策目标

从亚洲新兴国家高端服务业发展的经验来看，政府的政策目标主要包括经济目标和社会目标。

（1）经济目标。亚洲新兴国家（地区）发展高端服务业的主要经济目标是克服资源配置的市场缺陷，加快资源配置优化的进程，尽可能获得较高的经济增长速度，增强高端服务业的整体素质和核心竞争力，从而实现国家经济的可持续发展。1995年，中国台湾行政院经济建设委员会与相关部门制定的《服务业发展纲领及行动方案》的发展目标是创造中国台湾经济奇迹，提高产业附加值。新加坡的远景目标是努力发展成为亚洲提供世界级服务的主要国家。

（2）社会目标。亚洲新兴国家（地区）发展高端服务业的主要社会目标是保证社会的稳定、环境保护、充分就业，从而促进整个经济社会持续、稳定和健康发展。虽然软件与信息服务外包等高端服务业在GDP中的比重十分有限，但对于改善产业结构、提高就业率、促进投资、增强消费具有重要意义，多个国家（地区）把发展该产业提高到国家战略高度。中国台湾和中国香港，以及印度等地区或国家发展高端服务业的目标之一都是为国民创造更多的就业机会，提升生活品质。

2）亚洲新兴国家（地区）发展高端服务业的政策措施

为了发展高端服务业，各国结合本国的资源禀赋，因地制宜采取了不同的政策措施。

（1）财政税收措施。财税措施是亚洲新兴国家（地区）为加快高端服务业的发展而普遍采用的措施。印度政府积极实施财政鼓励措施，放宽外国直接投资的门槛和国外筹集资金的规定，为IT企业提供奖励措施。风险投资一直是软件业主要的资金来源，印度软件企业的风险资本严重短缺。为了缓解这种状况，印度政府设立了国家IT工作队及软件开发部门，以帮助IT企业解决资金来源问题。1991年，印度税法规定，软件及信息服务出口企业在2010年前免征所得税，免征出口关税，对生产软件产品免征流转税。中国台湾行政院经济建设委员会在1995年颁布的《促进服务业发展优惠贷款》中的相关条例规定，由行政院经济建设委员会与承贷银行共同出资，为服务企业提供低息贷款。新加坡规定，服务业可与制造业同样享受新兴产业的各种优惠待遇，凡固定资产投资在200万新元以上的服务企业，或者年营业额在100万新元以上的咨询服务、技术指导服务等企业，所得税可减半，并规定对服务贸易出口收益只征收10%的所得税。

（2）人力资源措施。为了培养高质量的电子商务人力资源，韩国电子商务机构制定了对拥有电子商务计划的学院、拥有产业和学术联合项目的电子商务研究院，以及电子商务人力资源中心的金融支持计划。印度在大约3000所中学推出“中学计算机扫描和学习计划”，在400多所大专院校开设了计算机专业，依靠多家民办、私营机构及软件企业培训人才，为软件与信息服务外包业提供人才储备。

（3）创新研发措施。1995年，中国台湾行政院经济建设委员会与相关部门制定的《服务业发展纲领及行动方案》规定，对包括金融、流通、通信媒体、医疗保健及照顾、人才培训、人力派遣及物业管理、观光及运动休闲、文化创意、设计、信息、研发、环保、工程顾问13类服务业的创新研发进行补助。新加坡规定，在新加坡从事研发的企业（主要是外商投资企业）可享受从国外获得的知识产权使用费或利息免税5年的优惠政策，但至少20%的免税收益应用作进一步研发的投入，且研发所形成的知识产权应归本地企业拥有和管理。

（4）鼓励社会组织参与高端服务业的发展。亚洲新兴国家（地区）为了更好地发展服务业，积极鼓励社会组织参与服务业的发展。具有代表性的组织有印度国家软件与服务公司协会（NASSCOM）、IT产品制造商协会（MAIT）、中国台湾服务业联盟协会等。这些组织与本国政府（地区）的相关部门保持密切联系，为政府提供信息及建议。

（5）引进外资措施。在吸引外资进入高端服务业方面，新加坡政府设立新加坡金融管理局（Monetary Authority of Singapore，MAS），不断调整监管方式，以适应全球金融业的发展。从固定单一的监管向以风险管理为核心转变，为增强新加坡对金融企业的吸引力奠定了基础。政府给外国跨国公司在新加坡设立区域性营运总厂提供优惠，只征收10%的公司所得税，且为期10年，并对这类公司的分配股利免征所得税等。为促进国际金融业务发展，新加坡政府还对在新加坡进行的离岸金融业务的收入免征所得税。

（6）扩大高端服务需求。高端服务业要想长足发展，除了政府为其增加投入要素之外，还必须扩大高端服务业的产出需求。没有需求的产业不会有发展。亚洲新兴国家（地区）一般是通过贸易措施扩大高端服务业的产出需求。中国香港先后于 2003 年与内地签订了内地与香港《关于建立更紧密经贸关系的安排》(CEPA)，该协议进一步加强了香港与内地的联系，并对在内地经营业务的港商提供支援。香港也致力于与内地省（市）合作，签署了泛珠三角区域合作框架协议，举办粤港合作联席会议、京港经济贸易合作会议、沪港经济贸易合作会议等。在这些合作框架下，双方同意以 CEPA 的框架为依托，以现代服务业为重点，加强政府、企业和社会不同层面的交流与合作。

二 现代服务业对外开放的成功经验

随着全球经济的迅速发展，政府管制的取消和放宽，以及私有化进程的加快，服务业成为最受国际直接投资青睐的领域，其中以旅游、电信和 IT 领域最为突出。此外，国际服务贸易结构正在走向高级化。2004 年以来，通信服务、建筑服务、保险服务、金融服务、计算机和信息服务，以及特许权使用和许可等现代服务的贸易已占到整个服务贸易的一半。为了应对服务业全球化的发展趋势，世界各国均采取相应措施加强本国服务业的对外开放，扩大服务业发展空间。目前，现代服务业的对外开放已经成为新一轮全球经济发展的趋势，将为服务业的升级带来巨大的发展机遇。

1. 发达国家的成功经验

发达国家在现代服务业对外开放过程中大多扮演输出国的角色，它们总体上都特别重视服务贸易市场准入问题，力图通过谈判制定具有约束力的双边或多边规则，推行服务贸易自由化，打开他国服务市场，获得更多的经济利益。但是，在开放一些弱势的服务行业时，它们也采取一定的保护措施，保护本国产业的利益。由于各发达国家现代服务业的开放并不平衡，各自具有的优势也不尽相同，其对外开放的策略也有所区别。

(1) 美国。美国是世界上最早也是最大的服务外包输出国，也是服务贸易自由化的积极推行者。美国服务贸易开放的基本模式包括：第一，在开放国内服务业市场的基础上进一步增强国内服务业的竞争优势，为服务贸易竞争打下坚实的基础；第二，通过多方贸易谈判，迫使外国政府消除服务贸易壁垒，扩大美国进入他国服务市场的机会；第三，通过国内立法，把服务贸易、货物贸易、知识产权结合在一起；第四，制定服务业出口战略，成立有关机构，为服务业向外扩张提供服务。不过，美国在积极推行服务贸易自由化的同时，对自己不具有竞争优势的服务行业和敏感性服务行业的市场准入设置了许多障碍，主要通过宣传、立法、设立专门机构、制定行业性法律法规等手段，建立起较为完善的服务贸易法律法规体系和管理体制，为现代服务业的对外开放创造良好的制度环境。

（2）德国。德国服务业的对外开放以法律服务业最为典型。德国法律服务业开放从欧洲共同体到欧盟，历经了 25 年的时间，德国法律服务业原有自己的一套体系，为与欧盟规则相一致，也为适应 WTO 规则的逐步开放的要求，2000 年德国制定了《律师职业法——欧共体规则援用法》，并出台了相应的监管措施，形成了具有德国特色的开放框架结构。德国开放其法律服务业的成功经验包括：第一，法律服务业开放实行渐进开放模式；第二，引入国际竞争机制，促进律师事务所对外交流与合作；第三，改革律师管理体制，形成法院、律师协会、行政机关等综合监管体系。

（3）日本。日本是经济强国，尽管与其商品贸易在国际贸易中的地位相比，日本的服务贸易相对落后，但其服务业的总体竞争实力仍很强，发展潜力很大。20 世纪 90 年代以后，迫于以美国为代表的其他发达国家的压力，为了减少与美、欧国家和地区的贸易摩擦，日本积极推行了服务贸易自由化，将市场开放问题提上了议事日程。由于日本服务贸易长期处于逆差地位，这决定了日本在服务市场开放的过程中采取的态度：一方面承诺开放市场；另一方面坚持逐步开放的原则。日本现代服务业的开放程度是逐步调整并提高的，每年开放度的变化均不超过 1 个百分点。先开放本国竞争力比较强的服务行业，保护本国不具有优势的服务行业。日本在开放现代服务业的过程中，非常注重发挥行业协会的作用，包括赞助技术研究机构、收集并发布产业信息、人才培训与交流、刺激与促进基础设施建设等。值得一提的是，日本以行业协会的力量来拓展海外市场的做法，弥补了中小企业面对世界市场的不足。

2. 发展中国家和新兴工业化国家的经验

近 20 年，发展中国家的现代服务业经过对外开放也得到快速发展，服务贸易在国民经济中的地位不断上升，服务出口占世界服务出口总值的比重不断上升。不同的发展中国家对外开放的重点服务业有所不同，例如，马来西亚和泰国在劳务输出、工程建筑承包、部分旅游服务业等领域占有较大的比较优势；而一些技术、经济实力较强的发展中国家则发展技术层次较高的服务贸易，如印度、印度尼西亚、墨西哥等国正着力推进通信业、信息业的建设。不同发展中国家充分利用其核心竞争优势加快现代服务业对外开放的步伐，积累了宝贵的成功经验。

1）印度

服务业是印度国民经济的战略性产业，印度采用的是一种服务业驱动的发展模式，对外开放现代服务业是印度发展服务业的重要手段。由于良好的英语环境、廉价的专业技术人员和政府的积极推进，印度成为全球第一软件外包服务中心。印度现代服务业对外开放的成功虽也有偶然和不可复制的因素，如语言、地理上的优势，但对发展中国家和地区来说，至少有两方面的启示。第一，现代服务业对外开放是继制造业转移后发展中国家面临的另一机遇。与发展制造业相比，印度式的现代服务业发展模式能够降低经济落后地区面临的资本壁垒。资本积累是提高劳动生产率、实现经济增长的重要条件，服务业的发展可以大量节约基础设施投资，降低资本壁垒。第二，现代服务业对外开放要与制造业有所区别。在选择服务业承接地时，跨国公司考察的主要是东道国服务市场的规模和质量、服务人才的成本和素质、服务业的信息化程度，以及服务企业的流程管理能力，由此决定服务业转移的规模、深度和方式。因此，以发展制造业的思维模式来开放现代服务业是不可取的。此外，印度现代服务业对外开放的成功离不开政府的鼓励和推进，政府给予了一系列十分优惠的税收政策，如生产软件产品免征流转税、对软件出口利润免征所得税等。

印度具有发展中国家的典型特征，即农业人口多，基础设施落后，吸引外资少。印度现代服务业对外开放的经验很值得发展中国家和地区借鉴。

（1）充分利用本国的资源禀赋建立竞争优势。由于印度人的数学和语言禀赋，再加上印度的劳动力价格便宜和诚信水平较高，他们在软件和信息服务业尤其是呼叫中心、结算中心等方面在世界上遥遥领先于除了美国之外的其他国家。现在印度是美国在世界上找到的最大的软件和信息服务业的“外包基地”。

（2）实施宽松的产业政策。印度政府将 IT 产业作为印度经济腾飞的标志加以鼓励。在软件业中，为推动高技术产业化，采纳“自由化+进口”的政策。在涉及信息产业的投资、运营和管理方面，印度政府采取了免除软件出口所得税、取消设备进口的许可制度，建立了一个专门针对 IT 产业的国家风险基金，对软件产品的生产、出售及相关咨询服务不征收流转税，对软件出口获得的利润免征企业所得税，提供电信服务和宽带网服务的企业可享受 5 年免税期的优惠政策等一系列较为灵活和宽松的政策，这些都极大地推动了软件业的发展。在金融业中，外国机构投资者可以比较自由地进出印度的市场，股票市场上有将近一半的资金来自国外机构投资者。

（3）大力培养服务业专业人才。和中国特别重视基础教育不同，印度将教育的侧重点放在职业教育和高等教育上，为服务业的发展提供了大量专业人才。同时，印度很多企业也积极参与人才培养，如 NIIT 公司既是一家大型软件企业，又是印度最大的软件人才培训基地，每年为印度培养 15 万名各类技术人才。

2）新加坡

新加坡是东南亚乃至全球最为著名的总部聚集地之一，在全球贸易和国际金融业务中发挥着举足轻重的作用。现代服务业的增长使新加坡经济发展保持了高度的连续性，同时也构建了新加坡与海外市场相互交流渗透的平台。

尽管新加坡总部经济是在其天然优势基础上由市场力量作用形成的，但作为总部经济发展战略的制定者，新加坡政府在总部经济形成中发挥了重要的作用。

新加坡发展现代服务业积累了丰富的成功经验。

（1）制定科学的服务业发展战略。在新加坡金融和商业服务业发展过程中，政府为其制定出一项较制造业发展战略更为详细的发展战略。该发展战略始于《1972年度预算报告》，在《二十世纪八十年代经济发展规划》（1981年）中有所完善，并且在20世纪80年代后期的《新加坡经济：新方向》（1986年）中得到进一步具体化。到20世纪90年代，新加坡已成为继伦敦、纽约和东京之后的第四大外汇交易市场，世界著名的金融机构也纷纷在新加坡设立区域性总部机构。如果缺乏政府的积极参与，新加坡作为亚太地区金融中心和商贸中心的地位是难以确立的。政府对金融与商业发展所做的贡献之一就是对那些经常会被人们忽视的公共商品，如维持市场的诚实信用、市场环境对跨国公司经营的便利性，以及对新加坡元的币值稳定等提供保护。1971年成立的具有类似中央银行职能的新加坡发展银行与新加坡货币当局，充当了政府实现将新加坡建设成“东方苏黎世”的发展战略的得力机构。政府通过对“特许经营权”的立法，为跨国公司的开办与经营提供便利条件，吸引新的金融机构。

（2）制定差别性优惠政策。为了吸引更多的跨国公司总部入驻，新加坡政府根据不同的企业总部类别采取了各种针对性的亲商政策和优惠措施，具体包括：第一，推出特准国际贸易计划（approved international trade scheme，AITS），吸引更多的跨国公司来新加坡设立办事处，以促进对外贸易及转口贸易的增长；第二，实施商业总部（business head-quarters programme，BHQ）优惠政策，奖励并协助在新加坡注册并能提供商业、技术和专业服务的公司；第三，实施营业总部地位（operational head-quarter status，OHS）计划，这是新加坡政府为吸引跨国企业集团设立以新加坡为“区域营业部”而推出的优惠措施；第四，实施跨国营业总部奖励（regional operational HQS for MUCS）措施，鼓励在新加坡成立和注册的公司将总部设于新加坡，并对其海外附属公司及其有关企业提供管理规划及协调服务。

（3）提高政府效率。新加坡政府的高效行政和廉洁形象是增强跨国公司投资的信任度和信心的重要砝码，为吸引跨国公司总部入驻、发展总部经济提供了优质的制度软环境基础。新加坡政府创造了世界上经济发展的高速度，同时也创造了世界上第一流的行政工作效率。专门负责投资申报、审批手续的新加坡经济发展局，在世界各国共设有13个投资促进办事处，却只有32个工作人员，他们十分干练，一项外国投资项目从申请到批准设厂，只需要10～20天。新加坡政府的高效行政离不开政府的廉政建设，政府建立起廉政公署，清查官员贪污腐化、徇私舞弊的行为，做到执法必严，形成对政府人员强大的监督和制约机制。

3. 中国港澳台地区的经验

中国港澳台地区的经济发展创造了华人世界的经济奇迹，尽管这些地区经济发展的特点各有不同，但相同的是，它们都是在国际产业转移的大趋势下，抓住有利时机振兴地区经济。因此，它们的经验对于中国大陆如何做好现代服务业的升级发展具有很大的启示作用。

1）香港

近年来，香港的服务贸易开放度在逐年提高，已成为一个具有领导地位的全面性的服务中心，令经济增长更趋稳定。香港服务业发展的特色首先在于它的开放性、兼容性和国际化。为了促进服务业的对外开放，香港政府在政策上进行了大力扶持，取得了很多宝贵经验。

（1）推广服务出口，主要措施包括：推销和推广服务贸易，采取成立咨询委员会、聘请顾问公司、扩充数据库、出版简介材料等方式，重点推销金融、通信、贸易、专业服务等主要行业，推广香港作为亚太地区的主要服务中心；开拓服务市场，积极参加 WTO、OECD 等国际经济贸易组织活动，参与服务贸易多边谈判，推动开放服务贸易；提供出口信用保险，推行综合服务保单、中小企业特定保单，以及货运代理、广告等行业的特设保单，筹办研讨会，建立资料库等，由香港出口信用保险局负责。

（2）促进服务业外来投资，主要措施包括：将促进外来投资工作从制造业扩展至服务业，由香港工业署负责，为外商投资于零售、航运、保险、环保、物业、工程、生产服务等行业创造机会；推广香港作为海外公司亚太地区总部的所在地，吸引海外公司设总部于香港。

（3）维持香港国际金融中心的地位，主要措施包括：成立按揭证券公司，实行住宅按揭证券化，发展定息票据，改善金融中介服务；启用可即时支付结算的银行同业支付系统，并与香港金融管理局的无票据形式债券结算系统建立即时联系；使香港金融管理局成为国际清算银行的成员和股东，参与国际货币基金组织的新借贷安排债权人小组。

（4）促进服务业生产力的提高，主要措施包括：由香港生产力促进局负责，香港服务业联盟等机构参与，为服务业提供科技和管理支援，成立专职的服务品质和生产力系统科，筹办服务业生产力奖励活动；重点支持中小型服务企业提高生产力；成立中小型企业委员会，协助服务业和制造业中小企业开发人力资源、融通资金、获得信息、开发科技、开拓市场、加强管理、进行基础建设等；实施服务业支援资助计划，支持提高服务业生产力的项目。

（5）提供基础支援，主要措施包括：不断改善港口、机场、道路、铁路、通信网络等硬件基础建设；加强软件基础建设，促进公平自由竞争，开放固定电讯网络服务市场，管制环境污染，提倡以服务和素质为本的从业精神，简化政府办事程序，增加和提高服务业统计数据的数量和质量。

（6）加强教育和培训，主要措施包括：把旅游、电子学科列入中学课程，协助所有公立及资助中学装置计算机互联网设备，为公立及资助小学提供可以上网的多媒体计算机系统，充实中学计算机课程内容；加强职业训练和培训工作，由香港职业训练局负责，成立银行、酒店、资讯、保险、批发零售和进出口贸易业训练中心，在主要服务行业推行新科技培训计划。

（7）统筹政府对服务业的支援，主要措施包括：由政府推广服务业小组统筹支援工作，小组成员包括财政司、文康广播司、教育统筹司、经济司、财经事务司、规划环境地政司、工商司、运输司、库务司和新闻处10个部门的主要官员；成立营商咨询小组，沟通企业与政府的联系，成员包括商界杰出人士和政府高级官员；成立服务业推广策略小组，把贸易发展局、香港服务业联盟、各商会等推广服务业的机构凝聚起来。

2）澳门

博彩旅游业一直在澳门经济中举足轻重，同时也构成了澳门经济的独特性。澳门博彩业在增加财政收入的同时，还带动了旅游业的发展。在发展以博彩为主要内容的旅游业过程中，澳门的经验主要体现在以下四个方面。

（1）对博彩业实行政府专营。博彩业是政府以专营方式特许经营的一个行业，也是政府财政收入的主要来源之一，长期以来仅博彩税收入一项就占到政府财政收入的一半以上。澳门的一些公共事业，如交通、慈善、文化等的开支有相当一部分来自博彩业。

（2）依靠博彩业带动旅游业发展。在博彩业的推动下，澳门旅游业迅速发展。到澳门的旅客中，约90%与赌博有关。20世纪六七十年代，澳门经济基本上是以旅游业带动的发展模式；20世纪80年代以来，随着出口加工业的异军突起，旅游业暂居第二位，但仍是澳门三大经济支柱之一。

（3）在博彩业中引入竞争机制。长期以来，澳门的博彩业实行高度垄断经营。这种经营体制在特定的历史背景下，对澳门整个经济的发展乃至社会的稳定起到了重要的作用。但它同时也存在着不少问题，如在独家垄断的条件下企业缺乏竞争压力，不注意完善与提高服务质量，不注意进行创新。对政府而言，博彩税占政府财政收入的比例过高，使得政府在经济上高度依赖于一个企业。在这种情况下，如果企业利益与公众利益发生冲突，则政府便处于非常尴尬的境地。因此，澳门博彩业如何引入竞争机制，使其在政府的有效控制下得以开展有限度的竞争经营，已成为澳门政府和一些有识之士积极思考的问题。

（4）加快旅游基础设施建设。随着澳门经济的快速发展，城市基础设施建设步伐大大加快，澳门作为国际都市接纳能力得到空前提高，旅游业也迅速发展起来。在交通通信领域，澳门有“澳门咨询中心”，可双向传播欧洲与澳门周边国家和地区的经济、文化信息。市内建有完善的电报、电话和邮政服务系统，可与200多个国家和地区保持联系。由于基础设施的改善，近年来访澳游客数量稳步增加，为旅游博彩业的进一步发展奠定了坚实的基础。

3）中国台湾

中国台湾现代服务业的对外开放起步较早，其发展经验有以下三点启示。

（1）在现代服务业对外开放的过程中采取稳健而循序渐进的原则。尤其是金融市场的开放，虽然时间最早，但对外资的进入采取了先长期资本开放，后短期资本开放；贸易收支完全开放，资本账定额开放；外资进入股市；证券投资进行比例控制等措施，以保证金融市场不受外资大幅流动的干扰。另外，对各类期货市场加以限制，设立国家安定基金，以及多项金融防火墙，对各类金融风险加以隔断。因此，在现代服务业的对外开放过程中，对金融业的开放始终是控制较紧的。

（2）由政府出面协调内外资利益。在现代服务业对外开放的过程中，对服务业投资与需求的扩张必然涉及当地企业与跨国公司抢夺当地市场产生的利益矛盾，政府适当介入利益的分配以求得平衡十分必要。但是，在这方面，中国台湾既有经验又有教训。在开放初期，一般外资持股比例及进入市场的比例规定的上限较低，随着本地企业的壮大，逐步放开上限的比例，这是积极的一面。但是，由政府部门审查和决定进入开放市场的企业，在透明度不够的情况下，一方面，极容易出现政府难以兼顾利益的平衡和市场的效率，另一方面，政府提高市场进入的门槛容易与固定的大财团结成日益密切的政商关系，使得政府部门即使发现市场出现问题，碍于财团的利益，迟迟不愿或不敢采取补救行动。

（3）加强纪律监管。在服务业进行开放之时，自由化与监管一定要齐头并进，尤其是金融市场的开放，监管必须强化。

三 国际主要城市现代服务业升级发展的成功经验

1. 美国曼哈顿模式

曼哈顿是美国纽约市的中心区，总面积 57.91 平方千米，占纽约市总面积的 7%，人口 150 万人。目前曼哈顿的经济增长量占纽约市总经济增长量的 82%，曼哈顿中央商务区（CBD）形成于 20 世纪 70 年代，主要分布在曼哈顿岛上的老城和中城。老城的华尔街 CBD 金融区，集中了大银行、保险公司、交易所及上百家大公司总部和几十万就业人口，是世界上就业密度最高的地区。中城是豪华居住区，帝国大厦、克莱斯勒大厦、洛克菲勒中心等著名建筑都坐落于此，许多非营利的办公机构（研究部门、专业团体、政府机构等）都集中在中城。相关的专职事务所，以及商务服务业也迅速聚集发展起来。

（1）以金融商务服务业为主导产业的集群发展模式。纽约市服务业的快速发展，有效地提高了服务产品的供给能力，也刺激了面向全球的市场需求，从而诱导了曼哈顿金融商务服务业集群的形成。银行业和证券服务的发展最为显著，曼哈顿 CBD 的金融商务服务业集群就是在纽约产业结构大调整的背景下，逐渐形成发展起来的。从空间的布局看，服务业集聚区分为两大部分：以华尔街为中心的金融贸易集群，是大银行、金融、保险、贸易公司的云集之地；而以第五大道为中心的商业区，云集了世界一流的名店、娱乐厅、酒吧等商业服务业。

（2）金融商务服务业集群的发展源于良好的外部环境和要素支撑。金融服务业在曼哈顿聚集发展受多方面因素的影响。一方面，曼哈顿的中心地位由来已久，经济集聚是曼哈顿不断向前的动力，曼哈顿一直享有投资家优先考虑的地位，巨额的公共投资和私人投资不仅投放于街道、码头等基础设施，而且投放于高级住宅区和办公大楼，这使得曼哈顿一直保持先进和现代的设施，为现代服务业集群创造了良好的外部条件。另一方面，曼哈顿存在着大量提供金融服务和消费金融服务的人群。曼哈顿的居民无论在教育程度还是在收入水平方面，都高于纽约市的其他城区。在曼哈顿的居民中，大多为经理人员和专业技术人员，他们都是受过高等教育的人士，成为金融服务供求的主要客体。曼哈顿的收入水平也保证了金融服务的消费，就业人口向金融服务业及相关产业集中，推动着金融服务业不断发展，从而吸引了更多的金融服务消费企业在曼哈顿集聚。

（3）政府的积极规划和适时调控起着关键性作用。现代服务业产业集群的发展需要构建外在形态，形成有效载体，为企业主体营造良好的环境。在曼哈顿金融服务业集群的发展过程中，纽约市政府进行了积极规划和有力调控。例如，为了解决曼哈顿 CBD 因产业不平衡而产生的矛盾，纽约市政府对格林尼治街和第五大道采取了一些调控手段，改善投资环境，引导其平衡健康发展，加强纽约商务贸易中心功能，增强吸引力。随着城市的发展，在西部建了许多办公楼、住宅楼、展览中心等，修建了穿过市中心区的地铁。随后，政府又颁布了曼哈顿南部规划，在岛南端建成了宽阔的环型高速公路、1.5 万套公寓及办公楼，为金融商务服务业集群发展创造了适宜的环境。

2. 英国伦敦模式

伦敦是全球国际金融中心，金融业和金融区的发展对大伦敦地区和英国经济发展具有重要的牵引作用。伦敦大都市区分为伦敦城、内伦敦和外伦敦地区，伦敦商务区主要集中在伦敦城和内伦敦西区的西敏寺区，办公建筑面积 1400 平方米。伦敦金融服务业的集群发展模式与纽约曼哈顿模式有很大区别，其特点是形成了城市中心、内城区、郊外新兴商务区的多点发展模式，而且伦敦金融区发展不仅突出了现代中心城市对管理决策、金融控制和要素集聚的要求，更强调产业集群功能的可持续发展，即强调综合功能和生态功能。

（1）金融服务业集群发展具有深厚的历史底蕴和良好的外部条件。伦敦是金融服务业非常发达的城市，伦敦早在 17 世纪就已是闻名世界的城市商业中心。尽管早期的金融服务并不完善，服务的种类比较单一，但是它奠定了金融服务业发展的基础。金融业和国际商务活动的活跃最终使伦敦率先成为欧洲的国际金融中心，1870～1914 年，伦敦金融中心达到鼎盛，这使伦敦现代服务业集群发展具有深厚的历史底蕴。与纽约的发展类似，英国产业结构和产业分布的调整为伦敦金融服务业的发展创造了有利的外部条件。英国的制造业从 19 世纪 80 年代开始衰退，就业人口迅速向服务业转移，为服务业发展提供了大量的人才储备。英国金融服务业无论是产值还是就业人数每年都在不断增加，伦敦的变化就更显著了。

（2）伦敦城市规划引导着金融服务业集群的多点式发展。在伦敦城市规划中，突出了金融中心的特点，致力于建设能够集中商贸活动的特别分区。进入 20 世纪后，制造业的就业与居住人口逐渐外流，伦敦的国际商务机构大量增加，并向原有的住宅区方向逐渐扩展，并在西敏寺城区形成了与伦敦城金融中心相对应的以公司总部和专业服务业为主体的商务活动集中区。办公区对居住社区的不断侵蚀，引发了英国社会与政府的广泛争论。在以保证公众利益和公共环境不受高强度和高密度开发破坏的强大社会影响下，伦敦开始采用抑制市场的策略对待商务区的渗透，在伦敦划定了“限制性分区”，将商务活动分区限制在伦敦城和西敏寺区等单纯的 CBD 内，此区域内提供公司总部、专业服务和零售、娱乐等活动场所，而对面广量大的居住社区进行严格保护。为了在保护中心区历史风貌的同时进一步适应商务办公区的扩张需求，20 世纪七八十年代，伦敦形成了以泰晤士河码头区为代表的新城市化中心区，并逐渐成为伦敦第二个中央商务区。伦敦由此形成了城市中心、内城区、郊外新兴商务区的现代服务业集群多点发展的新模式。

（3）金融创新成为推动伦敦金融服务业集群发展的动力。伦敦金融服务业集群的规模是非常大的，众多金融机构的集聚形成了世界上最大的国际保险中心，世界最大的国际外汇市场和世界上最大的欧洲美元市场。作为全球金融中心，伦敦主要是靠金融创新和保险技术创新，以及与金融相关产业的全球标准来维持金融中心地位的。在国际金融体系一体化的发展下，金融服务业的功能被日益扩展，金融业作为工业的金融服务者和信贷提供者的传统角色，已经在一定程度上被市场上的现货贸易或期货贸易所替代。为此，金融创新的发展非常迅猛，新的金融工具、金融市场和金融技术，如金融期货、金融买卖特权和金融交易不断出现。在金融服务工具和技术不断创新的情况下，金融服务业集群发展的内在动力不断得以加强。

3. 日本东京模式

东京是国际大都市中的后起之秀。东京市中心传统上由千代田区、中央区和港区三区构成，千代田的丸之内是东京国际金融公司（International Finance Corporation，IFC）的主体，国际金融机构高度集中，用地达到饱和状态。东京CBD的发展模式采用了老中心区与多个新中心区分层次并进策略，以适应快速城市化的发展需求。CBD除丸之内金融区、新宿商务办公型副中心区和临海商务信息区三个梯次外延的层次外，还在东京大都市圈和东京湾开发区域整体规划中，进一步把东京市外的幕张副中心和横滨纳入了开放规划。由此，东京的商务区便组成网络结构，现代服务业集群也就具有了网络化的发展模式。

（1）城市发展模式为东京现代服务业集群发展提供了广阔的空间。东京城市中心区的发展既不同于以美国纽约为代表的中心区就地膨胀发展模式，也不同于以英国伦敦为代表的中心区抑制发展模式，而是形成了市中心区膨胀化发展和外围地区多点截留双元战略。在历次规划上，东京一直坚持在大都市范围分散城市职能的策略，特别体现在20世纪80年代完善的“多核多圈层”结构，包括市中心区、8个周边副中心区、9个外围特色新城组成的完整体系。但在实施战略上，主要采用引导措施（如财政金融方面的优惠和补助），而不是实行严格的限制措施。城市的不同发展模式影响了现代服务业集群的发展方向。东京的每个区并不是在城市的每个功能上都居于主导地位，它们的主导地位分别集中于某些行业，即金融、批发、信息相关产业和专业服务产业，这些服务行业已经成为东京大都市区城市功能转型和集群的重要特征，从而使东京的现代服务业集群呈现多样化、多层次、网络化的结构特征。

（2）以产品研发和技术创新为特色的生产服务业集群发展。在20世纪80年代以前，东京一直是日本最大的工业中心，伴随着产品竞争和城市环境问题的出现，东京的很多制造企业纷纷迁到国外或横滨一带。因为工业外迁，东京的工业地位有所下降，但仍是日本重要的工业城市。在工业转移的背景下，东京出现了一批创新型的中小企业，如以大田区为中心的产业综合体是重要的技术创新核心区。工业的这一转变改变了原有工业的内涵，更多地表现为向生产服务业延伸，出现与工业有关的研发和技术创新。随着日本经济从“贸易立国”逐步向“技术立国”转换，东京“城市型”工业结构进一步调整，以新产品的试制开发、研究为重点，重点发展知识密集型工业，并将批量生产型工厂改造成为新产品研究开发型工厂，实现工业与生产性服务业的融合，这就是东京现代服务业集群的主要特点。

（3）政府政策支持和专业人才优势是金融服务业集群发展的重要支撑。政府为东京的城市发展制定了框架，将东京定位于全球金融和商务中心，并将东京及其附近地区改造成以知识和信息为基础的产品基地，东京湾地区由原来的出口导向产业带改造成一个商贸中心。政府从政策上强调核心区商业功能聚集的重要性，提倡功能混合，扶持具有高增加值的金融服务业的发展。东京良好的IT基础设施为金融、银行、保险、物流、知识密集型制造业的发展提供了重要条件，从而促进了生产性服务业的迅速发展。而且，东京吸引着大量的科研机构在此聚集，尤其是那些与首都活动和产品研发关系密切的科学、工程研究部门。东京的人才储备为服务业集群的发展提供了智力支持。

纽约、伦敦、东京三个国际大都市CBD内现代服务业集群发展的经验表明，现代服务业集群的形成与发展和制造业集群不完全相同，它对外部环境、制度背景、相关产业发展以至城市政府管理水平的要求更高。现代服务业集群的形成高度依赖于城市经济发展所建立的经济实力、社会结构、产业网络、人才积聚等基础条件。三个大都市现代服务业集群发展的成功经验，在很大程度上源于他们都拥有完善的市场制度、独特的历史文化积淀、专业化的人才储备，以及全球化的服务市场等。现代服务业集群的发展具有其特定的规律性。

第六章 服务创新与服务业的价值创造

第一节 服务业的价值创造

对于服务业的价值创造，2003 年 8 月 5 日的《国际金融报》上曾有这样一个生动的解释：美国通用汽车公司卖掉 1 辆汽车，得到 10 000 美元。其中，3000 美元给韩国装配工人，1500 美元给日本零部件制造商，400 美元给新加坡、日本、中国台湾的配件商，上述部分属于制造业收入；750 美元给德国设计师，250 美元给英国广告公司，剩下的则分给了汽车策划师、律师、说客、保险公司、股东等，这一部分属于服务业收入。这是从生产者角度对汽车制造业中服务业的价值贡献作出的解释，随着产业链条的延伸，服务业的价值创造活动也在延伸。当消费者以 10 000 美元购买了一辆汽车，他在汽油消费上支出 1000 美元，到专业汽车维护服务连锁店给汽车定期做保养，还要在适当的时候为汽车做“美容护理”，如给汽车安装上“定位系统”等新的功能配饰……这些消费支出进一步增加了服务业产值，此外，还有汽车贷款、汽车保险、汽车资讯、汽车广告、汽车娱乐、汽车俱乐部、汽车租赁等。这些完善的售后服务和丰富的售后延伸产品，又进一步完善了汽车产业链、刺激了市场消费。服务业就是这样创造其价值的。

一 服务业价值创造的实现与衡量

服务业价值创造是指服务业内的所有企业通过一系列的增值活动，为下游厂商或最终顾客创造并传递价值，并使利益相关者的收益最大化的过程。从价值创造的角度看，服务业的功能不仅仅是提供某种产品或服务，而是为某类顾客创造和传递价值，顾客价值是产业价值创造在需求方的反映。因此，顾客价值是服务业价值创造的实现途径。从企业角度看，服务业价值创造的最终目的是为服务企业的股东、员工等利益相关者带来更大的收益，产业增加值是产业价值创造在供给方的反映。产业价值创造是一个动态过程，由一系列增值活动构成，形成一个价值链，并且嵌入到更高一级的价值链或价值网络中。

1. 服务业价值创造的实现途径

产业和企业作为国民经济的产出部门，基本功能是提供能满足市场需求的产品与服务。企业创造的价值最终要通过顾客的支付来实现，而顾客不需要向企业承诺任何忠诚和责任，因此，能够向顾客提供一定的利益，是企业向其他所有利益相关者提供合理回报的基础。在竞争市场上，企业不能向顾客提供理想的利益，就不可能从顾客那里得到理想的回报，从而为投资者、员工及整个社会提供利益也就失去了基础。只有当企业的创新行为被顾客所认同和接受，才能从创新中获益。因此，产业价值创造是通过顾客价值实现的。

顾客购买和消费的绝不是产品或服务，而是价值。顾客价值是顾客通过购买商品所得到的收益和顾客花费的代价（购买成本和购后成本）的差额。顾客价值具有以下性质。

（1）主观性和个体性。顾客价值具有强烈的主观性，产品与服务所提供的顾客价值的多少，很大程度上是由顾客主观感知并作出评价的，而不完全取决于产品与服务自身。顾客价值的主观性说明了顾客价值的感知与评价与顾客的个体特征紧密联系，不同的顾客在个人价值观、偏好、经验、背景及资源能力等方面的差异，导致了其对同一产品与服务的不同评价。

（2）层次性。顾客会在购买和使用某一具体产品的时候，考虑产品的具体属性和属性效能，以及这些属性对实现预期结果的能力，顾客满意可分为基于属性的满意、基于结果的满意、基于目标的满意三个层面。顾客价值也可划分为基本的价值、期望的价值、需求的价值和未预期的价值四个层次。

（3）动态性。顾客价值是随着时间的变化而变化的。顾客从消费产品或服务中期望得到的价值不仅仅在顾客之间存在着差异，而且对于同一顾客在不同的时间也存在着差异。顾客价值可以在使用前、使用中和使用后分别进行评估，各个时间段的顾客价值会有所不同。因此，顾客价值是一个动态概念，强调随着时间变化评价标准本身及所占权重发生的变化。

（4）情景依赖性。顾客价值与产品的特定使用情景具有高度的相关性，如果使用情景发生变化，产品属性、结果和目标及其相互之间的联系也会发生相应的改变。顾客价值的情景依赖性除了表现在同一产品或服务发生在不同情境时，也可能出现在顾客连续经历的不同产品或服务的使用与消费的过程中。

2. 顾客价值的驱动因素

对服务企业来说，它所提供的产品或服务既是顾客价值的载体，又是实现价值的途径。在创造和传递顾客价值的过程中，起关键作用的价值驱动因素主要包括产品质量、服务质量和价格等。

分析顾客价值驱动因素的一个角度，是从顾客感知出发将顾客价值驱动因素区分为感知利得和感知利失。前者包括在产品购买和使用中产品的物理属性、服务属性、可获得的技术支持等。后者包括购买者在采购时所面临的全部成本，如购买价格、获得成本、运输、安装、订购、维护修理，以及采购失败或质量不尽如人意的风险。增加顾客感知利得意味着产品或服务能够更好地满足顾客需求。针对顾客需求设计产品和服务是增加顾客感知利得的一种基本方法。通过对顾客需求和偏好进行分析，针对个性化的顾客需求设计和提供定制化的产品或服务，力争实现企业提供物与顾客需求之间的完全吻合，甚至实现顾客可能渴望但从来没有意识到的超越顾客期望的收益，最大化顾客的满足感，都是增加顾客感知利得的有效途径。

3. 服务业产业价值创造的衡量

传统上，衡量服务业价值创造的标准主要是效率基准。在经济学中，完全竞争的市场资源配置达到最优，表现为社会福利（生产者剩余和消费者剩余之和）最高。在完全竞争的市场中，厂商提供完全同质的产品，都是价格接受者；由于没有进入和退出壁垒，只要价格偏离边际成本，就会有企业进入或退出，使市场价格改变，最终等于边际成本，市场均衡，此时社会福利最高。出现不完全竞争时，尤其是存在进入壁垒时，高于边际成本的定价可以长期维持，社会福利将遭受损失。

社会福利难以直接衡量，通常采用产业利润或利润率、勒纳指数、贝恩指数、托宾 q 值等指标反映一个行业的不完全竞争程度，并作出效率判断，其中产业利润或利润率指标最为常见。然而，在实践中，效率基准的应用面临两方面的困难。一是产品差异普遍存在，衡量产品差异情况下的产业绩效，是一个难题。随着社会经济的发展，消费者需求的个性化趋势越来越突出，产品差异导致的绩效评价问题更加突出。二是效率基准是针对单个产业绩效评价提出来的，很难直接应用于整个产业链绩效的评价。例如，双重加价问题，是指上下游厂商在各自的市场上占据完全垄断地位的情况下，独立进行垄断定价的结果。

效率基准用于评价市场对资源的配置，对企业内部的效率评价，产业组织理论用“X-非效率”来衡量。所谓 X-非效率，是指在垄断企业的组织内部存在着资源配置的低效率状态，即在各种产量水平上，实际平均成本超过了可获得的单位平均成本，其原因主要来自代理成本、激励成本、管理成本的增加。X-非效率评价层级组织内部资源配置对绩效的影响，对产业绩效评价形成补充。但 X-非效率理论主要从契约理论的角度展开，对组织能力、学习与创新等影响企业和产业绩效的因素并没有加以考虑。而且 X-非效率的衡量存在困难。

产业价值创造的受益者是包括企业股东在内的所有利益相关者。从这个角度来看，产业增加值是衡量产业价值创造的一个较好的静态指标。服务业的增加值是服务业在一定范围（如国家、地区）和一定时间（一般是一年）内产出价值与直接投入价值的差额，是投入到服务业的所有要素回报之和，即工资、利息、利润、租金、折旧与间接税之和。与产业增加值相对应的是企业增加值，即企业给相关利益主体创造的价值。

产业作为国民经济的产出部门，其基本功能是通过整合生产要素满足社会需求，并为要素所有者提供尽可能高的收入回报。首先，从需求角度看，上下游产业构成一个完整的产业链，处于产业链中不同位置的具体产业发挥的作用并不相同，特定产业的增加值体现了该产业在整个产业链中所起的作用。其次，从供给角度看，产业的功能是为要素所有者提供收入。增加值等于所有要素回报之和，产业增加值越高，越有利于促进就业，提高劳动者报酬特别是人力资本回报，扩大资本和知识利得。

采用产业增加值基准的另一个重要原因是它反映了企业的生产经营状况，更符合当代企业和产业发展的现实。增加值的高低，以及增加值内部不同组成部分的比例，可以反映产业内企业的生产经营活动。在经济发展的早期阶段，资本深化是提高劳动生产率、增加国民收入的主要途径。资本这一最稀缺的要素在产业间的配置决定了劳动、土地等其他要素的流向，资本投入是产业规模的决定性因素，产业利润、利润率等作为资本回报的指标最能直接反映产业的绩效。然而，随着经济的发展，资本边际产出递减，人力资本、技术、知识等具有显著异质性的要素在企业经营和产业发展中的作用更加突出。对一个企业来说，能否吸引和整合各种异质性的要素，形成独特的能力，以便更好地为顾客创造价值，是企业发展的决定性因素，而这些要素的回报并不体现在利润上，因此采用增加值更能反映企业的绩效。相应地，对一个产业或区域来说，产业增加值越高，越有利于吸收各种战略性资源的流入，扩大规模，在全球和区域分工中占据有利地位。

提升服务业价值创造能力是服务业升级发展的根本动力。价值创造能力体现了产业对市场、要素、技术等各种资源的整合。服务业只有具备较强的价值创造能力，才能获得持续发展的动力。

二 服务业价值创造的理论基础

在经济宏观层面上，有关中国服务业创造价值的衡量问题涉及国民经济核算体系。国民经济核算是以社会再生产为对象的宏观核算。在 1991 年之前，中国的国民经济核算基本上采用物质产品平衡表体系（MPS 核算体系）。自 1992 年之后，中国开始施行以国民账户体系（SNA 核算体系）为主体的新国民经济核算体系。这两种核算体系的理论基础和核算范围有显著区别。MPS 核算体系以马克思的劳动价值论为理论基础，主要核算物质产品生产领域新创造的价值。SNA 核算体系以西方经济学为理论基础，核算范围涵盖了物质产品生产领域和非物质产品生产领域。服务业主要集中在非物质产品生产领域，因此，SNA 核算体系可以提供有关服务业增加值的更全面的数据。

1. 基于劳动价值理论的服务业价值创造

按照马克思劳动价值理论的观点，价值就是凝结在商品中的无差别的人类一般劳动，即产品价值。马克思还将价值分为使用价值和交换价值。价值规律认为，商品的价值量取决于社会必要劳动时间，商品按照等价原则互相交换。商品的价格虽然以价值为基础，但还受到多种因素的影响，使其发生变动。因此，价格围绕价值上下波动。

根据新古典主义经济学，物品的价值就是该物品在一个开放和竞争的交易市场中的价格，因此价值主要决定于对于该物品的需求和供给，价值等同于价格，无论该交易市场竞争与否。在相关文献中，价值的另一个相关概念是经济增加值（EVA），等于企业营业净利润减去资本成本，考虑了机会成本，实际上就是经济学中的经济利润。

1978 年之前，中国服务业发展缓慢，在国民经济中所占比重较小，人们对劳动价值理论的理解缺乏全面性，往往认为大多数服务业不属于物质生产领域，因而也就不创造价值。人们的这种认识主要基于两种观点：一是认为只有物质生产活动创造价值，而服务业的生产活动多数属于非物质生产性的，所以是不创造价值的；二是认为只有直接或间接创造物质财富的劳动才能创造价值，而那些没有直接或间接参与物质财富创造的服务业的劳动是不创造价值的。

这两种观点的缺陷在于对劳动价值论的理解存在偏差。实际上，19 世纪下半叶马克思已经注意到了服务业的发展。马克思说："服务这个名词，一般地说，不过是指这种劳动所提供的特殊使用价值，就像其他一切商品也提供自己的特殊使用价值一样；但是，这种劳动的特殊使用价值在这里取得了'服务'这个特殊名称，是因为劳动不是作为物，而是作为活动提供服务的。"当时，运输业是较为发达的服务业。马克思在分析运输业时说："如果我们就商品来考察这个过程，那么这里在劳动过程中，劳动对象，商品，确实发生了某种变化。它的位置改变了，从而它的使用价值也起了变化，因为这个使用价值的位置改变了。商品的交换价值增加了，增加的数量等于使商品的使用价值发生这种变化所需要的劳动量。这个劳动量，一部分决定于不变资本的消耗，即加入商品的物化劳动量，另一部分决定于活劳动量，这同其他一切商品的价值增值过程的情况是一样的。"可见，作为服务业的一个重要的细分行业，运输业的劳动也体现在商品中。在马克思看来，虽然运输业的劳动只是使商品的位置发生了变化，并没有使商品的物质形态发生变化，但商品的使用价值发生了变化，进而商品的交换价值也发生了变化，而这一变化的价值量正是运输业劳动作用的结果。

马克思在《资本论》中对生产劳动进行了抽象的研究，是马克思对服务业特别是对运输业分析的理论基础。因此，劳动价值理论与服务业价值创造问题是内在统一的。尽管现代服务业的发展已经今非昔比，劳动价值理论的基本原理仍适用于当代社会，只是需要通过对现实的分析来发展劳动价值理论。

2. 服务产品价值的一般性与特殊性

在消费品中，除了以有形的物质商品形式存在的消费品以外，还包括以无形的服务形式存在的消费品。服务业的产品具有商品的属性，因此具有使用价值和交换价值。

首先，服务具有使用价值，是具有有用性的商品，可以作为消费资料满足人们的生活需要，或者可以作为生产资料满足生产的需要。服务产品的使用价值具有其特殊的功能。第一，服务具有降低交易费用、提高市场效率的价值，如在交易过程中法律咨询服务可以有效约束交易双方因合同不完全所导致的违约风险，降低交易成本。其次，服务具有降低信息不完全和信息不对称性、调整市场运行偏差的价值，邮电通信行业是实现这一价值的最好例子。最后，服务具有重复传播，从而提高整个社会学习能力的价值。知识生产出来之后就具有了公共产品的性质，要提高知识的社会生产力，需要不间断地对知识进行重复传播，如教育服务就是提高社会学习能力的最有效手段。

无论服务产品是有形的，还是无形的，它们都凝结了一定的劳动量，无论是商业、运输业和仓储业的服务，还是演艺人员、教师、医生、中介的服务和法律服务等，都要耗费一定的体力和脑力，因此，服务产品具有价值和使用价值。在市场经济条件下，服务产品通过市场进行交换，进而表现为一定的交换价值。

不同的服务参与社会再生产过程的范围、程度和方式不同，其价值形成的过程和形式也不同。运输、餐饮等服务业提供服务的使用价值同有形商品的生产直接相连，能够直接追加或转入相关的有形商品的价值中。而教育、金融等服务业提供服务的使用价值与有形商品的生产过程不直接相连，人们很难看到这种服务对社会物质财富的增进作用。从整个国民经济来看，这类服务不仅能创造价值，而且对增进精神财富和培养人才有着十分重要的作用，因此，其所形成的价值，应直接算入整个社会的新价值中去，是一定时期内新创造价值的一部分。

三 细分服务部门的价值创造

商品价值是一个历史范畴，确定某种劳动能否创造价值要看它是不是从事商品生产所耗费的劳动。

1. 流通部门的价值创造

在有关流通部门是否创造价值的问题上，许多学者引用马克思原著中的观点作为依据，认为流通部门是不创造价值的。马克思关于流通部门不形成价值的观点，是在对资本主义生产进行整体轮廓描述时舍弃了局部事实的情况下提出的。在研究流通问题时，他将整个资本循环概括如下：货币流通过程（劳动和生产资料）→生产过程→价值增值了的商品流通过程→增值了的货币（Pm+A→P→

W′→G′)。在这里，流通过程仅被当作商品、货币之间的形式变换。

在研究资本循环的起始，做这样的抽象是完全必要的。首先，在整个物质生产运动中，直接生产物质产品的劳动是全部社会劳动的核心，其他劳动是围绕这种劳动而进行的；其次，如果把流通过程的劳动、流通过程可能发生的价值变动加进来，流通过程和生产过程的界限就会模糊，不利于抓住资本循环过程中最本质的特征。但是我们应该认识到，在现实运动中，价值的实现不是不需要任何劳动就可以完成的。运输、储存等生产性流通所提供的服务被当作商品时，所付出的劳动就会形成价值。由于流通过程总是与实物产品相伴随的，流通活动所创造的价值就会体现在实物商品中，表现为其价值的增加。

2. 面向生产生活服务的价值创造

为生产生活服务的劳动成果是无形的服务性产品，且具有使用价值，它们主要用来满足个人、家庭、企业的物质以外的需求。这类服务同样不是自己使用，而是用来交换的，所消耗的劳动需要得到补偿。在这类劳动中，金融行业的劳动是否创造价值的问题是争论的热点。部分学者认为，金融行业是从属于产品的生产，是由商品生产的社会形式的发展引起的，因此其活动不是生产劳动，不创造价值。本书认为，金融活动之所以能从存贷利差中获利，是因为金融活动所提供的服务是商品。

与一般的服务活动相比，金融活动收取服务费用与利息的收支联系起来。因此，有必要谈一下利息。利息是伴随借贷行为而产生的，是资金所有者因让渡资金使用权所得的报酬。在简单的借贷关系中，借贷双方支付和收取的利息是相等的。而在以银行为中介的借贷关系中，借方支付的利息要高于贷方所获取的利息。其利差为金融机构因提供融资中介服务所收取的费用。对于贷方而言，尽管他让渡资金使用权，但同时把寻找借方及由此带来的风险转嫁给了银行。它应该向银行支付一定的费用。在现实中，借贷双方为金融服务机构支付的服务费用以利差的形式出现，这样可以简化对存贷双方收取服务费用的手续。因此，本书认为金融服务的劳动也是创造价值的。

3. 面向科学文化和居民素质服务的价值创造

为提高科学文化水平和居民素质服务的劳动，包括教、科、文、卫等部门的劳动。这类劳动产品为精神产品。精神产品可分为有形产品和无形产品。像书籍、绘画、音像制品等是有形产品，具有价值和使用价值。至于无形产品，如音乐家唱的歌、教师上的课等，其使用价值当场被消费掉，它们是否创造价值呢？

事实上，教师、医生、音乐家的劳动成果如果进入商品生产阶段，他们的劳动就形成价值，即在形成商品中所付出的劳动需要计量和补偿。以教育服务为例，教育服务是商品的根本原因在于：首先，教育服务具有特殊的使用价值，它可以提高学生的素质，受教育程度越高的劳动者，其使用价值越大；其次，教育服务的价值是教育活动中所有劳动时间的凝结。学生以大体上等于教育服务价值的货币去购买教育服务的使用价值。西方人力资本理论认为，教育投资是收益率极高的生产性投资。人力资本与物质资本相对应，是商品化的劳动能力。人力资本投资对经济发展起着生产性作用，导致人均国民收入的增长。因此，教育服务是商品，教育劳动是创造价值的劳动。

4. 面向社会公共服务的价值创造

为社会公共需求提供服务的部门，包括国家机关、政党机关、警察等，他们的劳动成果是公共服务产品，主要用来维持社会安定、国家安全。但是，这类公共服务产品不是用来交换的，它们是政府提供给社会使用的。因此，提供该类服务的劳动者的报酬是靠政府税收来支付的，而税收本身就是收入再分配的方式之一。对于国家安全、社会安定及经济正常运行来说，它们是必不可少的，只是不用于交换，就不会形成价值。

第二节 服务业的价值链

一 产业价值链的概念及其描述

1. 产业价值链的概念

价值链形成于企业的价值创造活动。企业的价值创造活动可分为基本活动和辅助活动两类，基本活动包括内部物流、生产作业、外部物流、市场和销售、售后服务等；而辅助活动则包括采购、技术开发、人力资源管理和企业基础设施等。这些互不相同但又相互关联的生产经营活动，构成了一个创造价值的动态过程，即价值链。企业内部各业务单元的联系构成了企业的价值链，上下游关联的企业与企业之间存在产业价值链。

产业价值链的形成是分工深化的结果。早期分工主要在最终产品间展开，不同的产业部门向消费者提供满足其不同需求的产品与生活性服务，劳动分工主要在企业内展开。伴随着新机器、新技术的产生和个人专业化水平的提高，围绕某一种最终产品的生产，中间产品的种类数越来越多，一个企业只参与其中一个或少数几个产品的生产，单个产业的范围逐步缩小，中间产业增多。

随着现代科学技术的进步和市场竞争的加剧，产业分工进一步细化，呈现出两种趋势。一是产品间分工更加精细，专业零部件厂商日益精微。一部汽车有上万个零部件，轻薄型的笔记本电脑有超过 1000 个零部件，而大型船舶有高达 10 万个以上的零部件，基本都由专业化的厂商提供。并且为了满足下游客户的特定需求，定制生产方式越来越流行，产品标准化程度下降。二是沿着产业价值链分工的趋势日益明显。产品的生产提供是包括研究开发、设计试制、原材料与设备采购、产品生产、运输、仓储、营销、服务等诸多环节在内的一个完整过程，构成一个价值链。在生产经营日益复杂化的情况下，企业为获取竞争优势，收缩业务范围，专注于自身具有竞争优势的关键环节，而将其他环节交由合作者来完成，这就形成了产业价值链。

2. 产业价值链的描述

产业价值链具有鲜明的行业特征，不同的行业，产业价值链差异很大。特别是一些新兴的服务业，产业价值链迥异于传统的制造业，如图 6-1 和图 6-2 所示。

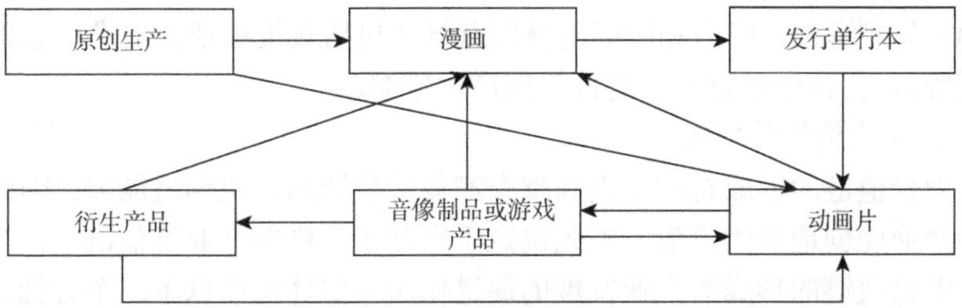

图 6-1　动漫产业价值链

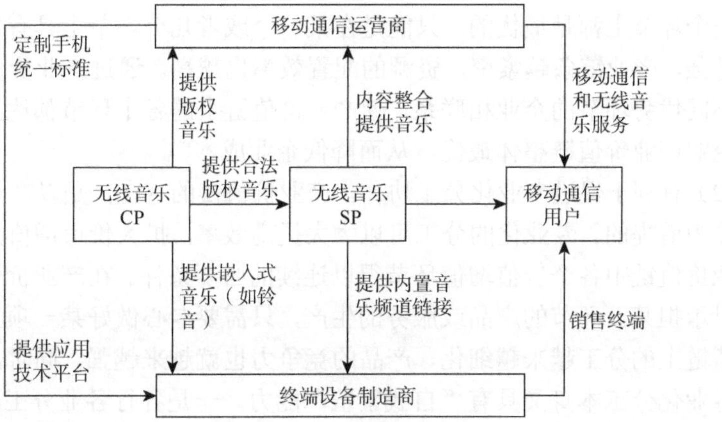

图 6-2　无线音乐产业价值链

对产业价值链的描述需要考虑价值链的四个维度。

（1）投入产出结构。价值链是按照业务增值活动的环节次序依次串联起来的一个流程。一项产品依次要经过设计、原材料采购、加工、批发和零售等环节，每一环节又需要一系列服务（如物流和资金）来维持。与这一有形的物质流并行存在着的还有无形的知识和技术流，每一环节都需要知识和技术投入，只是它们在不同环节知识和技术所占的比例不同。在设计环节可能需要大量最新的知识和技术，在生产环节可能只需要标准化和常规的技术。

（2）空间布局。由于企业将有限的资源集中到提高核心业务的竞争力上，非核心业务的生产经营活动通常借助业务外包来完成，价值链中不同环节的增值活动可能会分布到不同的地区，甚至不同的国家中，所以形成了跨地区价值链，或者跨国价值链，即全球价值链。

（3）治理结构。价值链是由相互联系的各环节组成的具有特定功能的产业组织，其中某些成员发挥主导作用，负责对各环节进行统一的组织和协调，保证价值链的功能得以顺利实现，这就形成了不同程度和类型的治理结构。价值链的治理结构决定了价值链的运行机制。

（4）体制框架。国内和国际的体制背景（包括政策法规、正式和非正式的游戏规则等），在各个结点上会对价值链产生影响。

3. 产业价值链的作用

产业价值链的形成有利于提高整个产业价值链的价值创造能力。因此，一个具体的产业能创造多大价值，首先决定于它处于怎样的产业价值链中。

产业价值链的形成对产业发展的促进作用主要体现在以下三个方面。

（1）有利于企业成本的降低。随着社会经济的发展，产业分工越来越细，专业化生产越来越强，产业链条被越拉越长。任何一个企业都不可能在产业链条的任何一个环节上都是最优的，只能是在某一个或者几个环节上具有优势。产业关联性越强，产业链条越紧密，资源的配置效率也越高。通过产业价值链的整合可以将不同优势环节的企业相联系，使产业价值链上的各个环节都达到最优，进而实现企业产业价值链整体最优，从而降低企业成本。

（2）有利于促进专业化分工协作。产业价值链的存在，是以产业内部的分工和协作为前提的。专业化的分工可以大大提高效率，扩大价值增值流量；而协作是产业价值链中各个价值增值环节得以连续的必要条件。在产业价值链中，企业通常只承担某一环节的产品或服务的生产，只需要专心做好某一项工作即可。产业价值链上的分工越来越细化，产品的竞争力也就越来越强。同时，产业价值链中的专业化分工本身又具有“自我繁殖”能力。一是各行各业分工的内向发展，会为创造新的专业提供条件。产业价值链越长，技术上进行工序分解的可能性越大，垂直方向的劳动分工有可能延伸，这样就能吸引众多企业聚集在一起。产业价值链中的企业相互依存、相互制约，同时以多种方式与产业价值链中其他环节的专业性企业进行高度协同和紧密合作。

（3）有利于推动技术进步。在国民经济系统中，各产业之间存在广泛的、复杂的和密切的经济技术联系。一个产业需要其他产业为自己提供各种生产要素，同时又把自己的产出提供给其他产业进行消费。如果产业价值链中的某些企业通过技术创新首先取得了优势地位，使产品更新换代，那么它必然会要求上下游的企业能够提供符合其技术要求的原材料或者零部件，制订相应的销售计划，提供更高级的技术支持，获得更好的服务。

二 服务业的价值传导机制

Heskett 等（1997）通过对服务行业的广泛研究，发现了顾客忠诚度在决定利润方面比市场份额更为重要。根据他们的推算估计，在服务业中，当顾客忠诚度上升 5 个百分点时，其利润的上升幅度将达到 25%～85%。如图 6-3 所示，他们所提出的服务利润链模型揭示出了服务企业盈利成长过程中的价值传导机制，该价值传导机制主要包括七个方面的内容：

（1）盈利成长与顾客忠诚度相关联；

（2）顾客忠诚度与顾客满意度相关联；

（3）顾客满意度与服务价值相关联；

（4）服务价值与员工生产率相关联；

（5）员工生产率与员工满意度相关联；

（6）员工满意度与服务质量相关联。

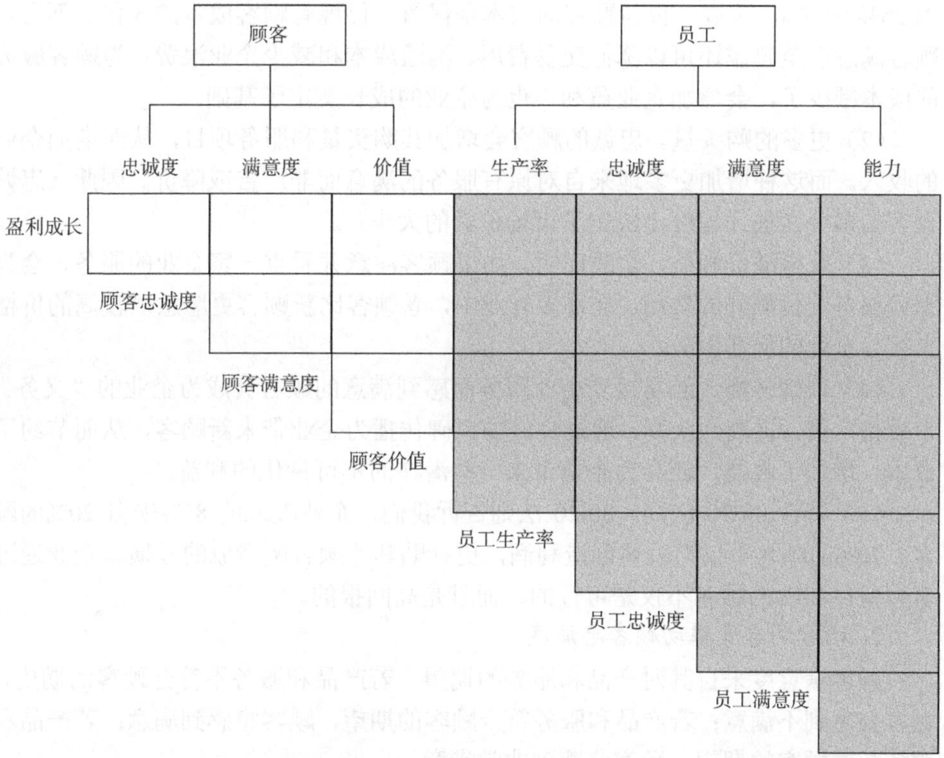

图 6-3 服务利润链中各要素之间的递进关系矩阵与价值传导

三 服务业的价值链

服务业价值链是服务企业通过基本服务活动和辅助服务活动创造价值的动态过程，并形成一条具有循环作用的闭合链。服务价值链模型体现了企业以顾客为导向的经营理念，表明了内部服务品质、员工满意度、员工忠诚度、员工生产力、为顾客创造价值、顾客满意度、顾客忠诚度对企业创造价值的直接影响及与企业盈利和成长之间的相关关系，同时也反映出企业的服务环境、企业文化、人力资源、经营管理对企业创造价值的支持关系。这为有效整合服务价值链、通过提高服务质量创造更多价值、提升企业核心竞争力、促进企业成长指明了方向。

服务业价值链存在着严密的内在逻辑关系。

1. 顾客忠诚度推动企业盈利能力和成长能力的提高

忠诚的顾客是企业的无价资产，企业拥有了忠诚的顾客，便有了持续的竞争优势和利润增长空间。具体来说，忠诚的顾客对企业盈利能力及成长能力的推动主要表现在以下五个方面。

（1）降低成本。研究发现，忠诚的顾客每增加 5%，所产生的利润增幅可达到 25%～85%，争取一位新顾客的成本是保留一位现有顾客成本的 5 倍。而且，顾客满意以至忠诚还可以降低交易费用、沟通成本和减少企业浪费。为顾客服务的成本减少了，会增加企业盈利，也为企业的成长奠定了基础。

（2）更多的购买量。忠诚的顾客会增加其购买量和服务项目，从而增加企业的收入。而这种增加更多地来自对原有服务的满意而非广告或降价。因此，忠诚顾客的多少在很大程度上决定了市场份额的大小。

（3）获得溢价利益。实践证明，如果顾客注意并看重一家企业的服务，会为那些服务支付额外的费用。在许多行业中，老顾客比新顾客更愿意以较高的价格来接受企业的优质服务。

（4）口碑传播。经常接受企业服务而感到满意的顾客会成为企业的“义务”市场推广员，提高回头率，通过良好的口碑传播为企业带来新顾客，从而节约了成本、增加了收益，还会为企业带来一些潜在的不可量化的利益。

（5）符合 80/20 法则。80/20 法则告诉我们，企业收入的 80%来自 20%的顾客。20%的顾客不仅为公司创造利润，更补贴其他顾客所造成的亏损。企业通过努力留住 20%的顾客不仅是可行的，而且是高回报的。

2. 顾客满意度推动顾客忠诚度

顾客满意度来自其对产品和服务的期望。若产品和服务不符合顾客的期望，顾客会感到不满意；若产品和服务符合顾客的期望，顾客将感到满意；若产品和服务超过顾客的期望，顾客将感到非常满意。

顾客满意与顾客忠诚是紧密相关的。顾客满意是实现顾客忠诚的有效途径，获得满意的顾客会更长时间地支持企业，与企业建立良好的关系，并为企业的产品或服务进行宣传。同时，顾客满意是以顾客忠诚为基础的，如果顾客满意不能导致顾客忠诚，那么顾客满意也就失去了意义。企业必须提供超越顾客期望的产品和服务，让顾客感到非常满意，才能强化其忠诚度，才能使其重复购买，才能使其与企业保持长期的互动关系。

3. 服务价值推动顾客满意度

现代营销观念则认为，营销的职能是为顾客创造价值。"顾客价值"是指顾客从消费某种产品或服务中所能获得的总价值与所付出的总成本之差。顾客满意度是由其所获得的价值大小决定的，在大多数情况下，顾客是有很强烈的价值导向的。因此，增加顾客价值可以提高顾客满意度。顾客所获得的总价值包括产品价值、服务价值、人员价值和形象价值等。顾客所付出的总成本包括为购买产品或服务所耗费的时间、精力和体力及支付的价格等。企业为顾客创造的价值有两种基本途径：一是通过提高产品、服务、人员和形象的价值，来提高产品和服务的总价值；二是通过降低生产、销售和服务成本，减少顾客购买服务的时间、精力与体力消耗，降低顾客付出的总成本。

4. 员工生产率推动服务价值创造

员工生产率是企业价值与竞争力的直接来源，同时也是创造顾客满意度与企业获利的主要因素。由员工满意产生服务热诚，进而带给顾客高质量的服务，让顾客满意，方能为企业创造价值。

提高企业员工的生产率，首先要提高企业员工的忠诚度。竞争对手可以复制企业的技术、产品和组织结构，但是无法复制充满工作热情的企业员工。员工的忠诚等同于智慧，只有敬业、忠诚的员工才能为顾客提供优良的产品和服务，才能提高工作效率。忠诚意味着员工对企业未来的发展有信心，这种信心能够形成强大、持久的动力，能促使其为企业努力地工作。相反，对企业缺乏忠诚的员工给企业造成的直接损失，会使生产力下降和顾客满意度降低。

5. 员工满意度推动员工忠诚度

企业如何对待员工，员工就如何对待顾客。正如顾客忠诚度取决于顾客满意度一样，员工满意度提高的同时也会使他们对企业的忠诚度提高。对企业不满的员工将会导致其对企业的"不忠"。员工对企业不忠会导致顾客流失。对员工而言，满意是指"对工作付出"与"从工作获得"之间的关系，且"满意是对工作评价后，所产生的喜悦或正面的情绪状态"。将员工视如内部顾客，使其能感受到如同外部顾客一样的满意，才能造就出忠诚的员工。为使顾客满意，企业必须先让员工满意。员工满意与忠诚，最终将决定顾客的满意与忠诚。

实践中，企业的管理者需要掌握激励理论，因为员工的行为都产生于一定的激励因素。如果员工在某一方面没有得到激励，那么必定会在其他方面得到激励。对于管理者而言，奖励和惩罚是员工管理的两种主要手段。但是，强调的重点应当是奖励，而不是惩罚。惩罚虽然可以消除不良行为，但只有奖励才能鼓励合意行为的发展，建立员工的忠诚度。企业应该尊重员工的个人价值观，不同观点间的冲突被看作是通过整合达到更高的道德标准的机会。如果企业奉行相关利益群体的概念，那么管理者、雇员、分销商、供应商、顾客，以及社区的价值观在企业看来都是同等重要的。

6. *内部服务品质推动员工满意度*

企业内部服务品质是提高员工满意度的主要因素，由员工对本身工作、周围同事、扮演角色、服务环境的看法及对企业的感觉而定。具体来说，企业内部服务品质包括两个方面。

（1）工作本身。员工对工作本身满意与否取决于其完成预定目标的能力，以及在这一过程中所拥有的权利。与企业目标的实现直接相连的各种有形和无形的奖励措施是有价值的，奖励的水平和实现某一目标需付出的努力之间存在直接联系，企业鼓励各个层次上的员工自我发展，并对他们的这种行为给予奖励。如果一个员工没有感受到对自己的激励，他的工作就没有动力；如果他得到的只是没有价值的激励，就不会主动工作；如果他看到的只是别人认为“他应该得到”的奖励，便会无动于衷。因此，设计出能够让员工满意的工作目标、顾客服务体系、服务环境、培训和能力提升及奖励制度，以及完善的职、权、责制衡机制对于提高内部服务品质具有重要意义。

（2）员工之间的关系。这在很大程度上也决定了企业内在服务质量的高低。这又表现为两个方面，一方面是员工之间的人际关系，如果同事之间能维持一种和谐、平等、互相尊重的关系，那么在这样的工作环境中工作，工作效率就会提高；另一方面是员工之间的相互沟通、服务、学习，是否有团队精神。组建有效的团队是企业加强员工关系的主要方式。团队成员具有一致的价值观和目标，为追求某一结果而不懈努力。许多在团队中表现得相对较差的成员对独立工作具有强烈的渴望。团队重视这部分成员，并鼓励他们用孤军作战的方式为团队整体作出贡献。信息的共享是志愿性的，所有相关的成员都能迅速地从信息中获益。

第三节　服务创新与服务业价值创造

服务创新的目的是为服务企业解决现实问题，真正有效地增强服务企业的竞争力，实现可持续的盈利成长。选择正确的服务创新导向，是服务创新成功的第一步，而在实施服务创新的过程中，必须对支撑服务创新的相关资源进行控制，使之获得优化配置。

一 服务价值链模型对服务创新的启示

1994 年，由五位哈佛商学院教授组成的服务管理课题组，提出了“服务价值链”模型（徐哲，2009）。这项历经 20 多年，追踪考察了上千家服务企业的研究，试图从理论上揭示服务企业的利润是由什么决定的。简单地讲，服务企业的利润是由客户的忠诚度决定的，忠诚的客户（也是老客户）给企业带来超常的利润空间。客户忠诚度是靠客户满意度取得的。企业提供的服务的价值决定了客户满意度。企业内部员工的满意度和忠诚度决定了服务价值。简言之，客户的满意度最终是由员工的满意度决定的。

服务创新必须关注服务让渡价值（即传递给顾客的服务的价值），因为它直接决定了顾客满意度和忠诚度的高低，而服务价值又是直接通过员工来完成的。美国服务营销学者 Heskett 和 Sasser 构建了服务价值链模型，如图 6-4 所示。该模型反映了利润增长与服务让渡价值、顾客满意度与顾客忠诚度、员工满意度与忠诚度、员工生产率及员工服务能力之间的直接联系。

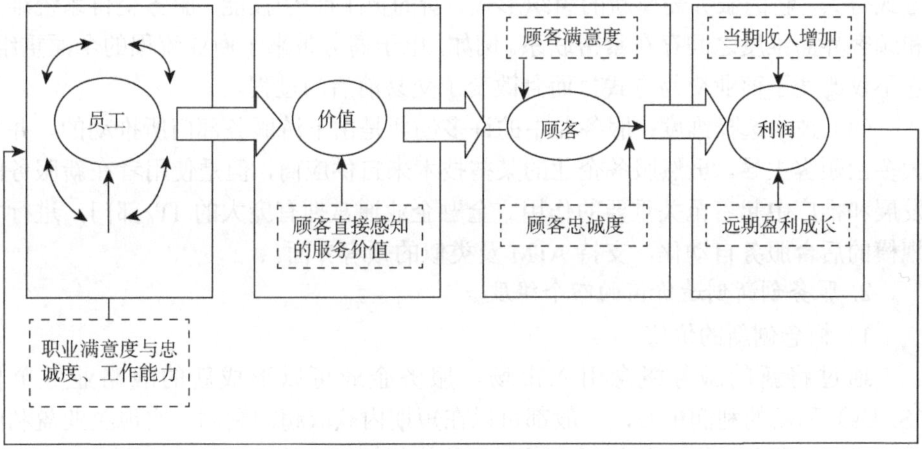

图 6-4 服务利润链与价值传导过程

资料来源：Heskett J L，Sasser W E. 2001. 服务利润链. 北京：华夏出版社

显然，在服务企业利润形成过程中存在着价值传导的递进关系：员工（职业满意度与忠诚度、工作能力）→价值（顾客直接感知的服务价值）→顾客（顾客满意度、顾客忠诚度）→利润（当期收入增加、远期盈利成长）。

综上所述，服务企业应根据顾客价值等式并以服务价值链为主线来构建服务企业的盈利模式，拓展服务创新的思路。

二 服务创新价值创造的四维度分析

1. 服务创新的四个维度

1998 年，Bilderbeek 等提出了创新的“四维度整合模型”。“四维度整合模型”虽然只是一个概念模型，但它全面描绘了服务创新的实施层面，并能指导实际创新服务开发，为我们提供了一个对服务创新进行研究的分析框架。

（1）服务概念维度：在服务组织中形成的新理念和新观点。这种服务概念的创新是无形的，通常源于市场推动，其创新过程是创新者观察市场行为，或者从其他市场行为中获得启示，从而提出新的服务理念，形成新的服务概念。

（2）交互界面维度：服务企业与顾客之间的服务传递方式和人际交往方式。界面设计是许多服务创新的焦点，尤其是在服务生产中。服务生产可以理解为围绕服务过程、服务产品和服务消费所形成的企业—顾客关系的映射。呼叫中心、电子数据交换（EDI）、大规模分布式财务结算系统等都是交互界面创新的典型。

（3）组织/流程维度：生产和交付新服务产品的过程的组织，与向员工授权的方式有关。新的服务需要新的组织形式、新的员工能力/技能。服务交付系统维度和顾客界面维度之间存在紧密联系。例如，电子商务带来了商业流程的全面重组，它不仅改变了商业交易方式，而且改变了交易前后的过程。

（4）技术选择维度：服务业中的许多创新是由下游服务部门所推动的，并且大多由顾客主导。虽然服务企业的某些技术来自供应商，但是使用者在新服务的发展和推广中起着至关重要的作用。金融企业通常拥有庞大的 IT 部门，进行大规模的后台服务自动化，支持 ATM 及类似的顾客界面。

2. 服务创新创造价值的四个维度

1）概念创新的价值

通过将新的服务概念引入市场，服务企业可以形成新的战略业务单位（SBUs）和新的利润中心，一般都可以在短期内获取超额利润，实现企业盈利的快速成长。另外，概念创新还可以促使其他创新活动的开展，如“人工服务”向“自我服务”发展的新服务理念，促使许多航空公司主动地进行“自动售票机”的开发和“网上订票”业务的拓展。因此，概念创新是服务企业非常重要的创新前提。

有些直观的服务概念创新，并不仅仅是物理层面上的创新，还包含着解决新问题的思路的创新。服务概念创新除了产品概念的创新外，还包括市场概念的创新。例如，航空公司挖掘现有航线潜力，通过对现有航线运力的重新安排，同样也可以扩大市场份额，实现盈利成长。但是，服务概念的创新并不具有专利性，难以得到法律的保护。因此，由服务概念所带来的利润通常是短暂的，对企业盈利成长的贡献作用有限。

2）交互界面创新的价值

（1）服务接触与交互界面。服务接触时刻是顾客产生对服务质量评价的关键时刻，因此，服务交互界面就成了顾客据以评价服务质量的关键载体。“服务接触”可以看成是顾客、服务组织及接触顾客的人员三者之间相互作用形成的三角区。在服务接触过程中，每一方参与者都力图对“服务接触”施加控制，试图影响服务的进程。

（2）交互界面中的互动学习。借助电子邮件、在线服务、电话和互联网等手段，企业可以迅速了解现有顾客和潜在顾客的需求，将大规模生产与一对一的服务相结合，就产生了学习关系的基础，同时，这种学习关系将随时间的推移不断得到深化和精确。通过建立量身定制的学习关系，顾客向企业反馈的信息越多，就越能得到满足自身需要的商品和服务。而企业通过与顾客之间的互动学习，能逐步深入地了解“客户价值”的精髓，与顾客建立起结构化的忠诚关系，提高潜在竞争对手的进入门槛。正是因为拥有了忠诚的顾客，企业的远期盈利能力才得以大大提升，如图 6-5 所示。

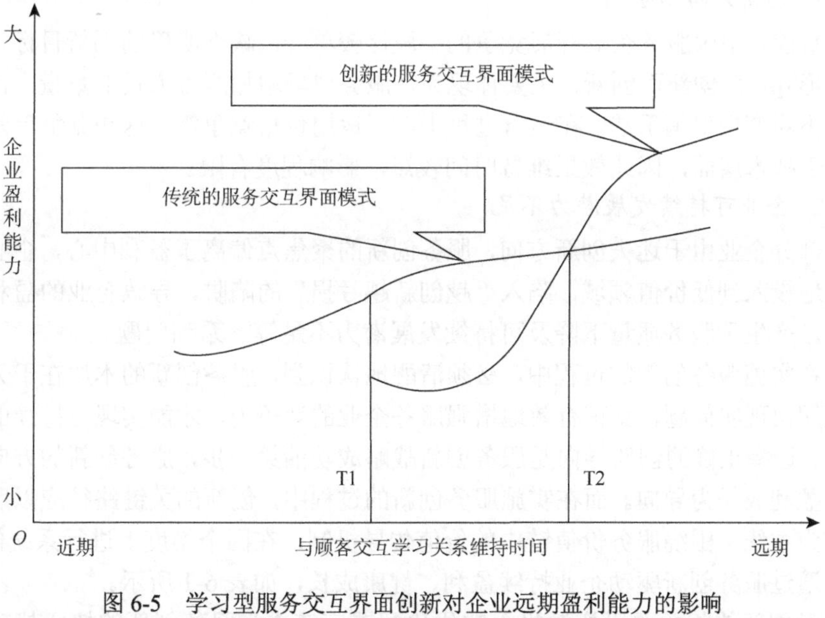

图 6-5　学习型服务交互界面创新对企业远期盈利能力的影响

注：T1 为服务交互界面创新导入的时间；T2 为创新服务交互界面模式的服务盈利能力超越传统服务交互界面模式的时间

3）流程/组织创新的价值

服务流程创新的最直接结果就是建立起新的管理方式和服务方式。如果这种创新能够取得成功的话，它将充分整合企业资源，全面提高服务效率和顾客满意度，直接提升企业近期和远期的综合盈利能力。

4）技术选择创新的价值

服务业本身并没有太多的原创新技术，但服务企业通过从外部选择、借鉴和引入新的技术手段，就可以直接推出新的服务产品。ICT 被认为是服务创新中的革命性技术，它直接提升了服务企业的协同能力和服务反应速度。

新技术在服务业中的应用还可以对原有的组织管理方式产生革命性的改变，例如，航空业通过采用网络 IT，推出了电子机票等一系列新的服务方式，并由此改变了传统的机票代理销售模式。服务业通过成功地选择引入新技术，可以快速地形成新的利润中心，提高服务生产效率、提升顾客满意度和忠诚度，使企业的长期盈利能力得到加强。

三 服务创新的方向选择

服务业发展的出路在于创新突破，不少服务企业正在进行不懈的创新努力。但在当前服务企业创新的大潮中，中国的服务企业却面临几个较突出的挑战。

1. 创新方向不明确

目前，中国服务企业开展竞争的手段比较单一，缺乏明确的创新目标，单纯追求形式，为创新而创新，主要体现为在服务现场增加服务人员的数量，在服务终端不断变换促销手法，在运营过程中广泛运用价格竞争等。这些竞争手段大多集中于战术层面，因此效果维持时间较短，影响程度有限。

2. 企业可持续发展潜力不足

部分企业由于迷失创新方向，服务创新的聚焦点偏离了盈利中心，企业资源过多地投入到低价值领域，陷入“越创新越亏损”的陷阱，导致企业的盈利能力不足，产生了服务质量下降及可持续发展潜力不足等一系列问题。

在实施服务创新的过程中，必须清醒地认识到，服务创新的本质在于为服务企业解决现实问题，真正有效地增强服务企业的竞争力，才能实现可持续的盈利成长。选择正确的创新导向是服务创新战略成功的第一步，服务创新的方向选择应以盈利成长为导向。而在实施服务创新的过程中，创新的关键路径应以服务价值链为主线，围绕服务价值链中的价值传导机制，在四个维度上进行系统创新，最终通过服务创新驱动企业持续盈利、健康成长，如表 6-1 所示。

对创新的相关要素资源投入的优化配置应该成为服务创新的核心战略。因此，服务业创新研究的重点领域之一就是对创新方向的准确把握，引导服务企业的创新活动能够真正地围绕盈利中心展开。

表 6-1　服务创新的方向选择与实施要点

服务创新维度	创新实施要点
服务概念创新	将创新服务理念导入企业市场活动，推出新产品并快速形成新的 SBUs 和利润中心。积极寻求法律保护创新专利，或者通过持续创新维持长期盈利成长
交互界面创新	通过高效、个性化的服务交互界面实现高度的顾客满意，并在服务接触中与顾客建立互动型的学习关系，拥有忠诚的顾客群体，大大提升企业的远期盈利能力
流程/组织创新	通过服务流程创新建立起新的管理方式和服务方式，充分整合企业资源，全面提高服务效率和顾客满意度，直接提升企业近期和远期的综合盈利能力
技术选择创新	以市场为导向，通过成功地选择引入新技术，直接推出新的服务产品，改变原有的服务流程，在服务企业内部快速地形成新的利润中心，提高服务生产效率、提升顾客满意度，并与顾客之间形成牢固的结构化关系，提升顾客忠诚度，强化企业的远期盈利能力

四　服务业发展不同阶段的价值创造能力

根据生命周期理论，产业生命周期大体可以分为导入期、成长期、成熟期和衰退期四个阶段。在服务业生命周期的不同阶段，其价值创造能力的大小及其决定因素是不同的。

1. 导入期的产业价值创造能力

产业的导入期一般是指将基础研究的成果用于相关的项目，开创全新的产品和服务领域的过程。这一阶段是服务业价值创造能力形成的重要阶段。在该阶段，存在着大量的服务创新成果、产品和市场的不确定性，服务创新是决定产业价值创造能力的重要因素。因此，这一阶段的创新活动较为活跃，促进了整个行业的技术进步。

在这一阶段，企业的规模较小、产能较低，局部市场集中度较高，社会化营销体系尚未形成。由于缺乏竞争对手、客户特点、产业销售额及市场占有率等方面的可靠信息，产业内的企业行为在信息高度不对称的条件下展开，受盲目性支配。所以，企业要想提高其价值创造能力，必须加强在营销、广告等方面的投入，同时优化产业组织结构。

2. 成长期的产业价值创造能力

产业成长期是指产业形成以后，通过吸纳和融合各种社会资源，不断壮大自身实现产能扩张的一种演进过程。其最显著的特征是新的服务产品成为消费者追求享用的对象，价格上涨，企业利润不断上升，吸引投资者大量进入。于是，产业所积聚的资金等生产要素迅速增加，生产能力不断扩大，从而对整个经济的影响力增强。

这一阶段是服务业价值创造能力迅速上升的阶段。随着人们对服务产品的认可和市场需求的快速增长，产业的产能大幅度提高，企业可以获得高额利润，增强产业价值创造能力。因此，在这一阶段，生产能力和营销能力成为决定产业价值创造能力的主要因素。通过市场反馈获得的消费者对产品和服务的需求信息，服务企业不断改进技术，加大创新投入，提高产品和服务性能，从而更好地满足消费者需求。

3. 成熟期的产业价值创造能力

产业的成熟期是指产业从迅速增长时期过渡到适度增长时期，其特性是：产业内的企业数量趋于饱和，生产能力趋于过剩，依赖生产要素而形成竞争优势的情形越来越少，产业的边际收益下降。

该阶段服务业的价值创造能力仍然呈上升趋势，但是增长的速度明显变小。由于产能趋于过剩，市场处于供求基本平衡或供过于求的状态，市场选择机制作用将增强，优胜劣汰的市场机制将使市场集中度提高，劣势企业被优势企业兼并的可能性增大，企业的规模呈现急剧扩大态势。在这种情况下，影响企业内部运行效率的因素，如组织管理的效率、财务体系的健全程度等便成为决定企业价值创造能力的主要因素，进而影响整个产业的价值创造能力。

在这一阶段，面对激烈的市场竞争，企业会加强服务创新工作，通过产品或服务的差异化赢得市场份额，获得超额利润，技术创新的步伐也会不断地向前推进。而且，产业内的各种资源也面临重新洗牌，将向拥有技术优势的企业集中，从而提高产业内的资源配置效率。因此，在该阶段服务创新在一定程度上会影响产业的价值创造能力。

4. 衰退期的产业价值创造能力

在产业的衰退期，市场需求逐步萎缩，产业内生产能力大量过剩，产品严重滞销，绝大多数企业处于微利或收入低于成本的状态，部分企业开始退出市场。产业内大部分企业会缩减生产规模和业务范围，减少营销和广告等费用的开支，以期尽快收回资本和实现沉淀成本最小化，产业的价值创造能力也随之大幅度下降。

迫于市场压力，产业内的部分企业不得不开展制度创新、管理创新、工艺流程创新、开发新产品。因此，在这一阶段，技术创新和产业对新技术的接受和吸收能力直接决定了产业能否开始一个新的生命周期，也直接决定了产业价值创造能力的大小。

第七章 服务创新与服务产业结构的优化

目前，服务创新能力仍主要集中在欧盟、美国和日本等国家和地区。但是这一现象正逐渐发生着改变。近些年，中国和印度等发展中国家的创新活动与日俱增。虽然 OECD 成员国仍然在技术创新领域居于主导地位，但是这一差距在逐渐缩小。如果创新过程仍以现在的节奏向前推进，那么“亚洲驱动力”会以不同的方式影响发达国家和发展中国家。

改革开放以来，中国服务业以较快的速度发展，其增加值占 GDP 的比重由1978年的23.7%上升至2010年的43.2%，而同期占全社会就业的比重由12.2%上升至34.6%。2011年，中国第三产业（服务业）增加值同比实际增长18.1%。但与此同时，服务业增加值占 GDP 的比重增速减缓，与上年相比仅增加 0.14 个百分点。从服务领域各行业看，与 2010 年相比，除房地产业增速下降较大，达到 4.6 个百分点外，其他行业均保持较快的增长速度。交通运输仓储、住宿餐饮、金融业增速分别提高了 2.8、0.3 和 0.7 个百分点；批发零售业增速略有回落，但仍保持了 21.5%的增速。据国家统计局统计，2011 年，服务业全社会固定资产投资 17.03 万亿元，比 2010 年增长 11.94%，占全社会固定资产投资总额的 54.66%。金融业和居民服务等其他服务业分别增长 23.38%和 22.81%，位居服务领域前两位。然而，从总体上看，中国服务业产值比重依然低于第二产业产值比重，且发展过程中存在较多突出问题，如产业规模较小、产业结构比重偏低、与其他产业联系较弱、体制改革和机制创新滞后等，因此中国服务业的发展较之发达国家仍然严重滞后。为了满足经济社会持续、协调、健康发展的要求，这些现存问题均亟待解决。鉴于此，有必要在高度重视此问题的前提下，深入分析、研究服务业发展的内在规律与一般趋势，以引导其健康发展。

第一节 服务产业结构的演化

对产业结构的研究发现，产业结构高级化的重要标志之一便是“经济服务化”趋势日益增强，即第三产业规模由小变大，第三产业比重不断上升，最终在国民经济发展中占据主导地位。进一步，第三产业规模由小变大，即指产业部门数量不断增加；第三产业比重增大的趋势则是在高服务需求收入弹性、高收入水平、闲暇时间多，以及生产信息化、社会化和专业化的条件下所形成的服务需求上升规律，与在第一产业、第二产业的高生产率等条件下所形成的服务供给上升规律共同作用下形成的。

然而，产业结构高级化不仅表现在第一产业产值比重不断下降、第二产业产值比重先升后降、第三产业产值比重不断上升的主导产业更替中，也表现在第三产业内部结构的演变中。根据学术界对服务业的深入研究可知，在第三产业规模不断壮大、产值比重不断增大的同时，第三产业的内部结构也呈现出高级化的发展趋势。然而，第三产业内部结构的深刻变革，尚未得到学术界的足够重视。因此，若要解决第三产业如何发展的重大问题，对该产业内部结构高级化趋势的深入探讨则极为必要。

一 服务业内部结构的演化规律

中国加入 WTO 后，服务市场的对外开放程度在不断加深，这对中国服务业内部结构的演化产生了重大的影响。在经济全球化的影响下，中国服务业的未来发展，将循着既符合世界服务业演变的共同趋势又体现本国特色的轨道进行。在此背景下，为推进中国服务业的发展，有必要用科学的方法对世界服务业及其产业结构演变规律进行分析。

被称为亚洲“四小龙”的中国香港、中国台湾、新加坡和韩国，其经济发展背景和水平与 21 世纪的中国大陆有很多相似之处，故通过对它们的服务业结构演化规律进行研究，作为对中国服务业结构演化规律的有利参考和借鉴。1960～1992 年亚洲“四小龙”产值结构与经济水平的变动，如表 7-1 所示。从表 7-1 中可以看出，在“四小龙”产值结构变动中，第一产业呈下降趋势，第二产业、第三产业的变动则较为复杂，其中，韩国和中国台湾第二产业和第三产业的比重均有所提升，但新加坡的第三产业比重呈下降趋势，第二产业比重则有较大幅度的提升。中国香港的情况则与新加坡相反，随着经济的发展，服业在经济总量中的比重不断增大。

表 7-1　亚洲“四小龙”产值结构与经济水平的变化（1960～1992 年）

指标		年份	韩国	中国台湾	新加坡	中国香港
人均 GDP/美元		1960	324	151	1 536	1 631
		1992	4 606	7 954	12 090	11 499
产值比重/%	第一产业	1960	35.8	31.6	3.5	3
		1992	7.4	5.5	0.2	0.2

续表

指标		年份	韩国	中国台湾	新加坡	中国香港
产值比重/%	第二产业	1960	19.8	25	17	34
		1992	44	43	35.7	18
	第三产业	1960	44.5	43	79	63
		1992	48.6	51	64	82
增加值年均增长率/%	人均 GNP	1960～1992	9.6	15.5	6.7	6.1
	第一产业		2.7	—	0.18	—
	第二产业		15	—	9.8	—
	第三产业		9.8	—	8	—
产值比重年均增长率/%	第一产业	1960～1992	–5.2	–6	–8	–7.9
	第二产业		2.8	2.1	2.3	–1.4
	第三产业		0.45	0.34	–0.78	0.78

资料来源：World Bank：World Data 1995

此外，通过对这四个国家或地区的服务业内部结构的分析可以发现，其交通通信业比重大致随时间的推移而上升，而且国际贸易和金融中心的地位决定其商业（含旅游）、金融业在国民经济中起着举足轻重的作用。

二 影响中国服务产业结构演化的因素

1. 技术进步：服务业结构演进的根本动力

在农业经济时代，农业本身自然属性的限制，使该产业对自然的依赖远大于对技术的依赖，因此科学技术因素对产业结构变动的影响较小。但第二次世界大战结束以后，随着西方国家进入现代化大工业的发展时期，技术进步作为第一生产要素，在其他生产要素不变的情况下，成为生产力中最活跃、最积极的因素，不仅是经济增长的主要源泉，更在产业关联结构的重建和产业组织结构的调整中起到了突出作用。技术进步与产业结构在变化时间、兴衰强弱、结构演化等多个方面具有密切的内在联系。因此，技术进步是推动产业结构演变的一个持久并日益增强的重要影响因素。

技术进步是产业结构变动和调整的根本推动力，它指的是新知识创造、信息技术发明在社会生产中得到推广运用，并产生物质财富增值，从而不断提高社会经济效益的全部过程，通常包括科学研究的新进展、新科技成果的推广应用、管理方法的改进，以及社会生产者本身的知识进展等。技术进步导致产业内部结构变化，同样对服务经济内部结构产生巨大影响。技术进步主要从供给和需求两个方面影响服务产业的投入产出状况，以及生产要素的配置和转换效率，进而推动服务产业结构变革。从供给方面看，技术进步主要通过提高劳动生产率、改善生产的物质技术基础、提高产业组织管理水平等途径对服务业的产业结构产生直接影响；从需求方面看，技术进步则要借助于改变需求行为进而间接影响服务业的结构变动。在现实经济中，上述两种影响共同作用，从而促进服务经济结构演化升级。

2. 收入水平：服务业结构演进的直接源泉

需求结构的划分，若按照经济主体的不同，可分为以个人为主体的最终消费，以企业为主体的生产消费、投资等；若按照产品类别的不同，则可分为消费品和投资品两种基本类型。由于服务经济结构直接表现为生产不同产品或服务的产业之间的产值结构，所以需求结构的变化成为决定服务经济结构的重要因素。在需求结构中，对服务业结构变动影响最大的则是个人消费结构，而决定个人消费结构的主要因素是收入水平。根据恩格尔定律，随着人们收入水平的不断提高，食品消费的增加便落后于其他产品，如工业品和服务消费的增加，进而三次产业的比重随之变化：第一产业在 GDP 中的比重不断下降，而第二产业和第三产业在 GDP 中的比重不断上升。随着居民收入水平的进一步提高，人们的消费倾向呈现出多样性和可变性的特点，与此相适应的最终产品和服务的生产结构和生产规模也随之变化，同时生产中间产品的相关产业结构也间接受到影响。这正是知识、技术集约化和服务经济随之快速发展起来的关键性动因。因此，个人收入水平的提高使个人需求趋向多层次化和多样化，并最终带动多层次的服务业结构递进升级。

众所周知，消费结构具有一定的层次性。按照恩格斯的观点，人的需求可分为三个层次，即生存需求、享受需求和发展需求。消费结构的不断变化引导着产业结构不断调整。人的需求是无限和多样的，但有效需求总是与一定的收入水平相适应。在一定的收入水平下，可支配收入总是与有着支付能力的需求存在某种函数关系。当收入水平较低时，人们自然将有限的收入先用于解决温饱问题，对农业和轻纺工业产品的需求最大，同时，由于人均产值低，也无力发展资本有机构成高的产业。接着是满足恩格斯所说的第二层次“享受需求”。当进入人均产值和人均收入水平更高的阶段后，由于物产相当丰富，人们的需求又进一步向“发展需求”层次过渡，在满足多样、新颖、高质量物质产品需求的同时，在社会分工日益深化的情况下，现代服务型产业又成为人们需求的重心，人们把更多的可支配收入用于文化娱乐、保健、医疗、教育、卫生、体育等服务行业的消费，同时以计算机信息服务业为中心的高科技产业逐步取代加工工业的主导地位，带动服务业在国民经济结构中的比重增大。因此，收入水平的变化是产业结构变动的直接影响因素。

上述规律同样适用于服务业内部结构的变动。不同服务物品具有不同的需求收入弹性，进而导致不同服务部门的增长速度存在差异。需求收入弹性较大的服务行业的增长速度快，其在国民经济中的比重也随之增大；相反，需求收入弹性较小的服务行业因需求增长缓慢，其在国民经济中的份额逐渐减少。郭克莎在《服务业的结构优化与高效发展》中按人均 GDP（美元）的排列分别计算了一些具有代表性（具有大国的相同特点）的发展中国家和发达国家在 1970～1996 年的服务业增加值结构变动数据，发现服务业的产出结构变动具有以下趋势：从当年价格计算的产出结构变动看，在发展中国家中，当人均 GDP 上升到 600～1000 美元时，商业、旅馆和饭店业在服务业中的比重由上升转为下降，而运输、仓储和邮电业的比重，以及金融保险、不动产和工商服务业的比重有较大幅度的上升；当人均 GDP 继续上升到 2000 美元以上时，运输、仓储和邮电业的比重转为稳中有降，而金融保险、不动产和工商服务业的比重继续上升。可见，随着收入水平的提高，服务产品的消费结构会不断发生变动。服务消费需求结构的变化影响着服务业内部结构的变化。比如，消费者收入增加使得对娱乐、教育的需求增加，而消费者对耐用消费品的需求增加使得对修理等服务的需求增加。

3. 专业化分工：服务业结构演进的前提

分工与专业化的发展是现代生产方式变革的主要特征。从亚当•斯密的古典经济学开始，分工的发展就被视作劳动生产率提高的源泉。著名产业组织理论学者 George Stigler 认为，劳动分工的动态性和范围经济的作用是新产业部门产生的主要原因。劳动分工的演进对服务业的发展有直接的推动作用，主要体现在交易的增长和人力资本的增长。从经济发展的历史来看，在工业化的早期，流通部门，如贸易和运输的就业人数和产出总量占整个社会经济的比重非常低，当时为数不多的产出大部分是工业企业和农业内部自己完成的，几乎没有专业化。社会劳动分工的深化和泛化，必然引起生产者之间所交换的商品数目和规模的扩大，为此也会带来各种交易费用的直接上升，交易费用体现在生产性服务业和政府部门交易费用的迅速增长。交易费用的增长伴随着生产效率的提高。根据微观经济学的观点，只要劳动分工的边际效益大于交易费用增长的边际损失，劳动分工的进一步细化就会继续进行下去，直至二者相等。

专业化分工引起服务的中间需求变动。生产专业化程度和生产关联复杂程度的提高，以及部门结构的细化，使许多原来混生在实物生产部门中的服务活动独立，成为提供社会化服务的服务部门。分工的细化衍生出了对金融、保险、交通运输、邮电通信的大量需求。具体来说，社会大生产引起了大规模制造业的兴起，引起了企业组织形式和金融市场的创新，贸易、金融、保险、房地产等服务领域急剧发展，同时促进了相关企业服务业的兴起，如会计、法律、广告、R&D 等。

现代服务业的增长是劳动分工演进的结果。由于专业化分工的发展，生产的链条拉长，交易环节增多，引起交易费用的非线性增加，交易部门和生产中间环节规模迅速扩大。即便如此，专业化分工后的效率仍比分工之前有显著提高。专业分工不断细化的过程，催生了大量的新生知识，进而推动了人力资本部门和知识生产部门的产生和发展。另外，人力资本和知识资本进入生产过程，又使生产过程变得越来越专业化，成为专业化分工的必然支撑，而这正是现代服务业发展的方向。

4. 城市化水平：服务业结构演进的外在拉力

许多发达国家的经验数据表明：随着经济水平的提高，一国城市化进程与其服务经济发展呈现出高度的正相关性。城市化进程伴随着各种生产要素由分散到集中、由农村向城市的转移，产业结构也随之由农业向非农业、由低级产业向高级产业变更。城市化水平越高，对人口和生产要素的吸引力越强，从而以集聚为特征的新型城镇的人口更加密集、企业群更为集中，不仅提供了更多的就业岗位，城市软件设施也日益完善，同时形成相对收入较高的、有旺盛购买力的人群，从而诱导服务业的快速发展。一方面，随着城市居民的增加和收入水平的提高，人们对消费性服务业提出了更高的要求；另一方面，城市的扩张和市场交换频率的加快，促使企业对生产性服务业的需求增加；此外，城市化改变着人们的价值观和生活方式，为服务经济的发展开辟了新的空间，促进了服务经济从传统的消费性服务业向现代的高附加值、专业化的新兴服务业转变。这些因素，共同刺激着服务业的发展和服务业内部结构的不断优化。

服务业的一个重要特点是，绝大多数服务产品不可储存，其生产与消费在时间和空间上具有高度同一性。服务产品的生产和消费要求在同一地点进行，这就客观上决定了服务业的发展必须以城市为依托。城市中密集的人群形成了对服务业的巨大需求，并进一步促进了服务业的专业化分工，催生了商业、餐饮、住宿、教育、文化娱乐、卫生、体育、旅游、金融保险、信息咨询等不同行业的共同繁荣。因此，集聚是服务业发展和内部结构优化的外在拉力，城市化水平越高，对服务业的需求越大；市场越大，服务业的交易费用越低，越容易实现规模经济效应。

因此，服务业要求最低的入门人口，也就是人口必须集中到一定规模时，服务企业才能盈利，服务业才能作为产业来经营，并且往往是人口越密集，服务行业越发达。这就是服务业往往主要集中在城市，且大城市的服务业结构更合理、更高级化的基本原因。

5. 人力资源：服务业结构变动的重要因素

随着经济的发展，人力资源在经济增长中的贡献越来越大，其中人力资本正在成为影响地区经济增长与发展的关键性因素。世界银行等权威机构对不同国家经济增长的差异分析均得到一致结论，即物质资本仅能解释各国国民经济增长差异的很小一部分，而大部分差异的解释则直接或间接归因于全要素生产率，而无形因素与人力资本密切相关。

人力资源指劳动力的增加，劳动力的增加又可以分为劳动力数量的增加与劳动力质量的提高。劳动力是数量与质量的统一，一般在经济增长的初期，劳动的增加主要依靠劳动力数量的增加，而经济增长到了一定阶段，则必须依赖单位劳动生产率的提高。劳动力作为最主要的生产要素，将显著影响服务业内部结构的演变。首先，在人力资源充裕的国家，劳动力的使用成本较低，更有利于劳动密集型服务业的发展，如商业餐饮业、居民生活服务业等；而对于人力资源贫乏的国家，劳动力的使用成本较高，投资者就会相应减少劳动力的投入，而增加资金、技术等要素的投入，从而促进资金密集型、技术密集型服务业的快速发展。其次，劳动力质量也会影响服务经济的内部结构。劳动力质量指的就是从业的劳动人员的知识水平和劳动力技能、劳动熟练程度等素质。具有较高素质，即具有较高的知识水平和劳动力技能的人员越多，知识、技术密集型产业就发展得越快，就会有更多的新兴产业产生或得到发展；反之，如果劳动力素质低下，劳动人员的知识、技术水平较低，那么劳动力就会滞留于劳动密集型的传统服务业中，从而影响服务经济结构的高级化。只有一个国家劳动力的数量与质量都得到提高，才会使服务经济产业结构向更高级化的方向发展。但是如果一个国家劳动人口庞大，劳动技能水平较低，则不利于新兴服务业的发展，往往使服务业结构陷入低水平状态。

6. 国际贸易：服务业结构演进的国际推力

根据比较优势原理，各个国家由于所具有的资源条件、经济优势不同，形成了国际分工和国际贸易。国际贸易也就是资源、劳务、技术、产品等在国与国之间的交换。国际贸易是通过本国产品出口刺激本国需求增长和外国产品的进口以增加国内供给来影响本国产业结构。随着经济全球化和国际分工步伐的加快，各国对国际市场的依赖也越来越强烈。国际市场和国际贸易越来越成为制约一国产业结构发展的重要因素。按照国际分工的原理，国际市场对一国具有比较优势的产品的需求，往往会影响该国出口结构的变化，从而影响劳动力、资金、技术在一国产业体系内部的重新配置，进而影响产业结构的变动。新技术的发展对开拓本国市场、为本国发展同类产业创造了有利条件，有利于推动本国产业结构的高度化。根据赤松要的雁形产业发展形态理论，一国进口某些国外新产品、新技术借以开拓本国市场，有助于为本国发展同类产业创造条件，而新兴产业的形成和发展对本国产业结构的高级化也产生了很强的推动作用。

国际贸易对国内服务业内部结构的影响主要通过国际比较优势机制来实现。在国际贸易中，利用要素禀赋差异形成的本国生产要素禀赋的比较优势，能在国际贸易中处于有利地位。积极参加国际贸易，扩大对外开放程度，有利于引入新的服务种类和服务人才，弥补本国服务业发展中的各种空白，优化服务业的内部结构。对于服务业内部结构来说，各国生产要素禀赋的差异主要体现在人力资源的差异上。由众多国家服务出口的相关数据可知，无论是发展中国家还是发达国家，服务出口的增长都明显快于 GDP 的增长和服务业增加值的增长，这说明服务出口对服务业、GDP 的增长有向上拉动的作用。在服务业出口结构变动中，传统服务业的比重趋于下降，而信息服务业、金融服务业等新兴服务业的比重均呈上升趋势，这与服务业内部结构的变动趋势是一致的，说明服务业出口结构的变动对服务业内部结构的变动起了积极促进的作用。

三 服务业结构演化的模式选择

世界经济发展的实践表明，没有市场经济就没有活力和效率，就没有经济的发展和繁荣。但自由放任的市场经济又会伴随着一系列社会问题的产生，不利于社会进步。没有计划机制的调节作用，就没有正常的经济秩序和社会公正与文明。但过多的政府干预和过于集中的计划管理，又会产生低效率和官僚主义，不利于经济发展。

那么怎样才能促进社会经济高效、有序、健康、迅速而又协调地发展呢？针对这一问题，理论界的市场调节派和计划调节派曾展开了长期的讨论，讨论的结果不是一方战胜另一方，而是两种主张互相吸引、互相渗透，达成了一个共识：市场机制和计划机制都根源于社会化大生产条件下客观上要求合理配置资源这一规律。作为发达的商品经济，它应是既具有完备的市场机制和市场体系，又具有适度的政府干预和科学的计划指导的现代经济。这是社会经济历史发展的必然趋势，也是各国的共同选择。

计划和市场调整产业结构的利弊分析的结论是市场机制与计划机制各有所长、各有所短，但却能够相互取长补短。所以，单纯依靠市场机制的调节和单纯依靠计划机制的引导，都不能尽快、尽善尽美地调整产业结构，使服务经济结构优化。因此，将两种机制结合起来，可以取得扬长避短的良好效果。

计划和市场都是调节服务业结构的手段，不带有任何社会制度的特征，它们可以为资本主义经济制度服务，也可以为社会主义经济制度服务。在社会主义市场经济体制下，坚持产业结构调整的计划机制与市场机制有机结合是我们对服务经济结构优化机制的目标模式选择。在这个模式下，能够最大限度地发挥市场机制的基础调节作用，能够充分地发挥计划与市场的双重优势，实现社会资源的合理配置和经济的协调稳定增长。在这个模式的运行中，要求投资主体多元化，并且具备独立的经济实体资格，市场体系完善，法律法规健全，价格的市场形成机制能够充分发挥作用。这样一来，“瓶颈”产业将在供求力量对比和价格高涨的刺激下迅速发展，并通过连带作用带动其他产业发展；同时，通过计划引导和价格引导，使长线产业发展得到抑制，从而促进整个国民经济的协调发展。

由于市场机制和计划机制各有优点和缺点，“所以无论完全的或单一市场调节，还是完全或单一的计划调节，都会使其自身的缺点大于优点，从而导致‘市场失灵’或‘计划失灵’”。基于这一点，理论家们和经济实践者都选择了二元机制相结合的运行模式，并分析了二元机制结合的前景，认为当二元机制结合到一起的时候，便会出现两种结果：一种是计划机制的优点克服了市场机制的缺点，市场机制的优点克服了计划机制的缺点，从而实现了二元机制的最佳结合，即“凸性结合”。这可以用图 7-1 和图 7-2 来说明[①]。

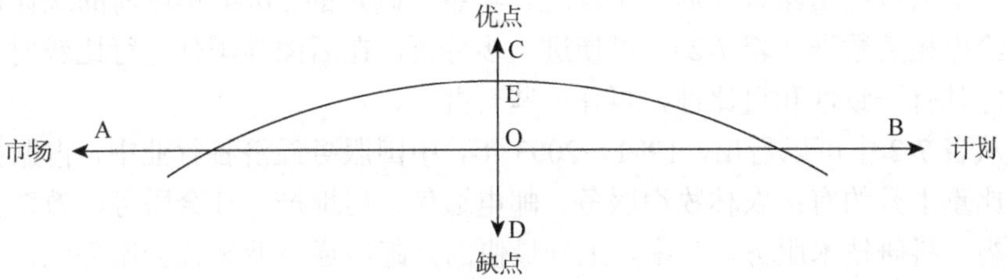

图 7-1　二元机制“凸性结合”

在图 7-1 中，OA 方向表示市场机制的强化，OB 方向表示计划机制的强化，OC 方向表示优点的增加，OD 方向表示缺点的增加。无论单向强化市场机制还是单向强化计划机制，都会使优点减少，缺点增加。只有将二者科学地结合在一起时，其缺点才能被克服或部分被克服，综合功能才能达到最优点 E（凸点）。

另一种结果正好相反，当二元机制结合在一起时，计划的缺点抵消了市场的优点，市场的缺点抵消了计划的优点，从而导致缺点的最大化，即“非凸性结合”。

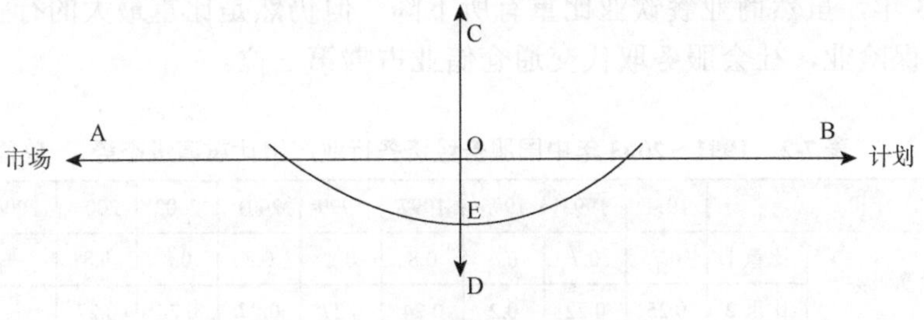

图 7-2　二元机制“非凸性结合”

① 焦文兵，王青平. 1998. 讨论计划与市场的有效结合. 经济问题，9.

四 中国服务业内部结构的演化趋势

中国服务经济的内部结构，按照 2004 年以前国家统计局统计口径可以细分为农林牧渔服务业、地质勘查水利服务业、交通运输仓储及邮电通信业、批发零售住宿餐饮业、金融保险业、房地产、社会服务、卫生体育和社会福利业、教育文化艺术广播电影电视业、科学研究和综合技术服务业、国家机关党政机关与社会团体和其他服务等。2004 年服务经济划分标准为按新《国民经济行业分类》（GB/T 4754—2002）划分，农林牧渔服务业包括在第一产业中，因此农林牧渔服务业的时间序列分析为 1991～2003 年。

在分析改革开放以来中国服务经济结构演进时，考虑到资料的获取和运用的方便，本书按照国家统计局“中国统计年鉴”确定的 2004 年以前的统计口径，列表给出相关数据（表 7-2），以便进一步分析。在后面与国外进行比较时，为了尽可能具有一致性和可比性，再作一些合并。

从表 7-2 中可以看出，1991～2003 年，中国服务经济各行业中，占服务经济产出比重上升的有：农林牧渔服务、邮电通信、房地产、社会服务、教育文化电影电视、科研技术服务，其中，上升最快的是邮电通信业和社会服务业，上升了 6.2 个百分点，其次是教育文化电影电视业，其他几个行业上升幅度较小。这一时期在服务经济产出中所占比重下降的有交通仓储业、商业餐饮业、机关团体服务，其中，下降幅度最大的是交通仓储业，下降了 8.7 个百分点，其次是商业餐饮业，下降了 5.3 个百分点，最小的是机关团体服务业，下降了 1.2 个百分点。这一时期先上升后下降的是地质勘察水利服务和金融保险。需要强调的是，金融保险业从 1991 年的 17.8%上升到 1996 年前后的 19.7%，然后持续下降到 2003 年的 16.5%，这一时期的总体趋势表现为下降。卫生体育社会福利业和其他服务行业基本上保持稳定态势。服务经济各行业产出占整个 GDP 的比重在这一时期的变化，基本上与其占服务经济产出比重的走势大体一致。截至 2003 年，虽然商业餐饮业比重有所下降，但仍然是比重最大的行业，其次是金融保险业，社会服务取代交通仓储业占据第三位。

表 7-2 1991～2003 年中国服务经济各行业产出比重演进态势 单位：%

年份		1991	1993	1995	1997	1999	2001	2002	2003	2004	增长率
农林牧渔服务	比重 1	0.7	0.7	0.6	0.8	0.8	0.8	0.8	0.8		1.19
	比重 2	0.25	0.22	0.2	0.24	0.27	0.27	0.28	0.27		0.66
地质勘察水利服务	比重 1	1.1	1.2	1.4	1.3	1.2	1	1	0.9	0.5	–4.2
	比重 2	0.36	0.39	0.43	0.41	0.39	0.35	0.34	0.3		–1.38

续表

年份		1991	1993	1995	1997	1999	2001	2002	2003	2004	增长率
交通仓储	比重 1	17.5	16.1	13.2	11.7	11.3	10.9	10.3	8.8		–4.14
	比重 2	5.84	5.26	4.07	3.61	3.73	3.7	3.52	2.92	5.8	0.05
邮电通信	比重 1	2	2.6	3.8	4.8	5.2	7.1	7.5	8.2		25.8
	比重 2	0.68	0.87	1.16	1.49	1.71	2.44	2.58	2.74	2.6	21.72
商业餐饮	比重 1	28.9	27.3	27.5	26.7	25.6	23.9	23.5	23.6		–1.53
	比重 2	9.65	8.89	8.43	8.27	8.42	8.14	8.06	7.87	10.1	0.36
金融保险	比重 1	17.8	18.2	19.4	19.7	17.9	16.8	16.5	16.5		–0.61
	比重 2	5.96	5.94	5.96	6.09	5.91	5.74	5.66	5.51	3.4	–3.25
房地产	比重 1	5.1	5.7	5.9	5.5	5.6	5.7	5.8	6.1		1.63
	比重 2	1.7	1.85	1.81	1.69	1.86	1.94	2	2.03	4.5	12.67
社会服务	比重 1	6.2	7.9	8.6	9.5	10.7	11.6	12.1	12.4		8.33
	比重 2	2.07	2.6	2.64	2.92	3.53	3.96	4.15	4.16	3.2	4.2
卫生体育社会福利	比重 1	3	2.9	2.7	2.7	2.7	3	3	3		0
	比重 2	1	0.96	0.83	0.83	0.9	1.01	1.02	0.99	1.6	4.62
教育文化电影电视	比重 1	6.3	6.3	6.3	6.8	7.8	8.4	8.6	8.7		3.17
	比重 2	2.1	2.05	1.92	2.11	2.56	2.85	2.94	2.91	3.8	6.23
科研技术服务	比重 1	1.3	1.3	1.5	1.9	2.1	2.1	2.2	2.2		5.77
	比重 2	0.45	0.44	0.47	0.58	0.68	0.72	0.76	0.75	1.1	11.11
机关团体服务	比重 1	9.2	8.7	8	7.7	8.1	7.8	7.9	8		–1.09
	比重 2	3.06	2.85	2.46	2.37	2.68	2.66	2.7	2.67	3.8	1.86
其他服务行业	比重 1	0.9	1.1	1	1	1	0.9	0.8	0.8		–0.93
	比重 2	0.31	0.35	0.31	0.31	0.31	0.31	0.3	0.29		–0.54

注：①增长率为年均数。②2004 年社会服务业的数据来源于租赁和商务服务、社会服务和其他服务业；邮电通信业包括了信息传输和计算机服务和软件业。③比重 1 和比重 2 分别表示各服务行业占服务业和 GDP 的比重

资料来源：①1991～1997 年比重 1 来自《中国统计年鉴 2000》，中国统计出版社 2000 年版第 57 页；1999～2003 年的比重 1 来自《中国统计年鉴 2005》，中国统计出版社 2005 年版第 56 页；2004 年的比重 1 来自《中国统计年鉴 2006》，中国统计出版社 2006 年版第 61 页。②比重 2 根据相应年度的“中国统计年鉴”各行业增加值数据推算得出

第二节　服务业的主导产业选择

全球化的发展，为中国产业结构调整升级提供了难得的机遇，能够解决结构升级和新兴支柱产业发展中的制约瓶颈。可以说，如果没有全球化，没有大

量掌握着先进技术的跨国公司来华投资，中国产业结构继续升级和经济保持持续较快增长，必然会碰到“技术瓶颈”“研发瓶颈”和“全球化经营与管理能力”等瓶颈的制约。这些问题曾经制约了许多发展中国家的结构升级和持续增长能力，被称为发展过程中难以越过的“坎”。而我们如果积极利用全球化提供的机遇，就有可能顺利迈过这个“坎”，保持结构调整升级和经济持续较快增长。

一 服务业主导产业选择标准

产业结构调整升级和产生一批新兴主导产业，其意义在于能够有效化解当前制约经济增长的主要矛盾，扩大就业，带动国民经济增长，保证可持续增长的潜力。新兴主导产业应具有以下四个方面的特征。

（1）对经济增长的拉动效应。一个产业的增长潜力，取决于该产业的需求收入弹性和产品在国际市场的竞争力，增长潜力越大，本身发展越快，对国民经济的贡献也就越大。

（2）对就业的吸纳效应。中国面临巨大的就业压力，有较强吸纳就业能力的行业应受到特别重视。

（3）对相关产业的带动作用。一是产业自身在经济总量中所占比重较大，二是有较高的产业关联度，其增长对其他产业和整个国民经济具有较大的带动效应。

（4）可持续发展效应。产业的可持续发展效应，主要表现在资源消耗低和环境污染少两个方面。

二 中国服务业主导产业的选择

在西方发达国家，服务业已成为拉动经济增长的主导产业，且由于其吸纳就业的能力较强，而成为各国优先发展的产业。中国服务业增长的就业弹性系数，1975～1989 年为 0.67，1986～1990 年为 0.43，1991～1997 年为 0.69，远高于工业的就业弹性系数（1991～1997 年工业的弹性系数为 0.15），而 1998～2000 年为 0.27（工业的弹性系数为–0.11）。2001 年与 1978 年相比，第三产业新吸纳就业 1.53 亿人，占全部新增就业人数的 46%。截至 2011 年，中国服务业就业人数占就业总人数的比重高达 35.7%，比 2001 年高出 8%。从国际比较来看，中国服务业在经济中的比重仍然偏低，发展较为滞后，但同时意味着具有巨大的发展空间和潜力。

我们分别从增长能力、吸纳就业能力、产业带动能力和可持续发展四个方面，深入分析了服务业的若干行业，认为银行业、房地产业、商务服务业和信息服务业等部门具备了上述四个方面的较强能力，有可能成为服务业中的新兴支柱产业。

1. 银行业

随着金融体制改革的不断深化及加入WTO的推动，中国银行业市场的竞争环境日益激烈，至2011年已形成5家国有商业银行、13家股份制商业银行、139家城市商业银行，并伴随越来越多外资银行的进入。随着中国金融市场对外开放的程度日益加深，中国银行业所面临的市场竞争必将更为激烈。外资银行以其先进的科技手段、完善的风险管理、多样的金融服务等核心竞争力来争夺客户资源，使国内银行面临严峻的挑战。而如何应对这一挑战，加大银行服务创新力度，提高顾客对银行企业的满意度和忠诚度，已经成为目前国内银行界急需解决的问题。

银行服务创新的好坏直接受客户忠诚度和顾客满意度的影响，也就是，说顾客忠诚度和顾客满意度是衡量银行服务创新的最直接、最有效的手段。本书借鉴陆娟等（2006）构建的服务忠诚度的测算模型进行简要分析。首先根据国内外对银行服务创新的相关研究，并结合中国银行业发展的背景，定义如下4个维度以测量服务忠诚度，即推荐意向、购买意愿、价格容忍和抱怨行为。对此，提出如下研究假设。

H1：服务忠诚具有多维性，可由推荐意向、购买意愿、价格容忍和抱怨行为来解释。

H2：服务质量对顾客忠诚具有直接的正向影响。

H3：服务质量对顾客满意具有直接的正向影响。

H4：服务质量对顾客价值具有直接的正向影响。

H5：顾客价值对服务忠诚具有直接的正向影响。

H6：顾客价值对顾客满意具有直接的正向影响。

H7：顾客满意对服务忠诚具有直接的正向影响。

根据以上假设，陆娟等（2006）认为，服务质量、顾客价值与顾客满意是驱动顾客忠诚的三个最为重要的因素，它们之间存在如下相互影响关系：服务质量不仅直接影响服务忠诚，还通过顾客价值和顾客满意间接影响服务忠诚；顾客价值在直接影响服务忠诚的同时，还通过顾客满意间接影响服务忠诚；顾客满意程度的不同最终决定服务忠诚的表现形式。由此，构建了服务忠诚驱动模型M1，如图7-3所示。

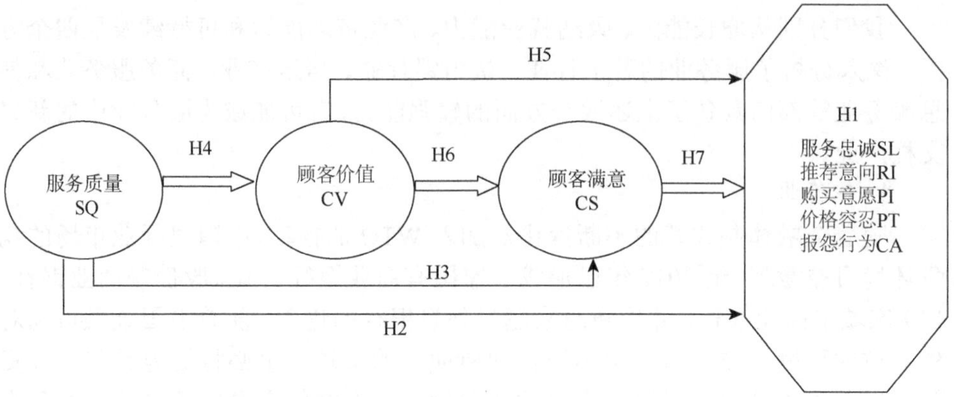

图 7-3　服务忠诚驱动模型 M1

运用上述模型对银行业进行相关分析，可得到如下结论。第一，服务忠诚具有多维性，它通过顾客的“推荐意向”“购买意愿”“价格容忍”和“抱怨行为”四种方式在市场上表现出来。第二，在驱动服务忠诚的几大因素中，无论从对服务忠诚影响的广度还是影响的深度来看，顾客价值都是驱动服务忠诚最关键的因素，它不仅直接而显著地影响服务忠诚，还通过顾客满意间接影响服务忠诚。第三，顾客满意是驱动服务忠诚最基础的因素，它既直接影响顾客忠诚，也是服务质量和顾客价值发挥作用的中间环节。第四，服务质量是驱动服务忠诚最基础的因素。

综上所述，我们可以得知，银行业在服务创新过程中，要密切关注顾客的服务忠诚度，因为它是直接反映服务创新成功与否的重要指标，而顾客满意又是提高服务忠诚度的一个主要因素，如何使顾客对银行服务更为满意，那就是银行业要不断提高服务质量，不断在服务质量上进行创新，推出好的金融工具和产品满足顾客的需求。这样就能使我们的创新做到有的放矢。

2. *房地产业*

房地产业是指以土地和建筑物为经营对象，从事房地产开发、建设、经营、管理，以及维修、装饰和服务的集多种经济活动为一体的综合性产业。其涵盖范围特别广，不仅包括土地开发、房屋的建设和维修，也包含房屋所有权的买卖、租赁、房地产中介等；另外，房地产作为一个综合性产业载体，直接涉及钢铁、水泥、有色金属、机械、化学、建材、电器、仪表等多个行业。因此，房地产业的发展，对国民经济整体发展有强烈的拉动和乘数作用。

作为国民经济的重要部门，房地产投资已连续三年以较快速度增长。到 2011 年，房地产业占中国 GDP 的比重已接近 10%。房地产的快速发展可以促进建筑、建材、冶金、化工、轻工、机械、纺织等 50 多个行业的发展，是中国加大投资、拉动消费和解决就业问题的最佳行业。根据国家统计局投入产出模型测算，在中国每100亿元的房地产投资，可以带动国民经济各部门的产出为286亿元，其中房地产业自身的产出为10.98亿元。同时，房地产业具有很强的就业吸纳能力。

3. 商务服务业

商务服务业是中国服务业的重要组成部分，成为拉动经济增长的重要力量。商务服务业主要包括企业管理服务、法律服务、咨询与调查、广告业和职业中介服务等行业，属于高附加值行业。商务服务业增加值从1997年的2627亿元增加到2007年的3772亿元，年均增长率为12.81%，实现了快速增长。商务服务的贸易竞争力也在逐步增强。图7-4给出了中国商务服务业的贸易竞争力指数，1997～2002年，贸易竞争力指数为下降趋势，且一直为负数，之后开始持续上升，至2007年开始大于0。

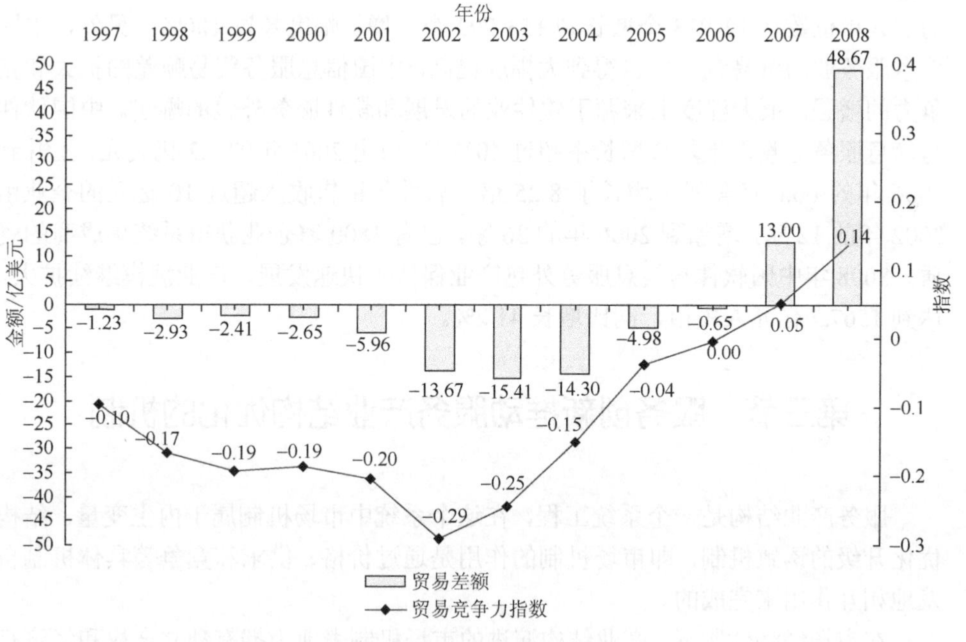

图7-4　商务服务贸易差额与竞争力指数的变化

在商务服务贸易中，咨询服务贸易是主体。咨询服务贸易包括法律、会计、管理、技术等众多方面的咨询服务国际收支。中国咨询服务业贸易实现了快速增长，1997年，咨询服务出口为3.46亿美元，进口为4.67亿美元，2008年出口和进口分别达到181.4亿美元和135.36亿美元。无论是进出口总量，还是贸易顺差额，均占了商务服务贸易的绝大部分份额。尽管如此，中国商务服务业相较于服务业平均发展水平和发达国家水平仍显严重滞后，反映了该行业正处于初级发展阶段。但中国对该行业发展的扶持力度也不断加强，商务服务业对国民经济的拉动作用不断增强。

4. 信息服务业

信息服务业是指利用计算机和通信网络等现代科学技术对信息进行生产、收集、处理、加工、存储、传输、检索和利用，并利用信息产品为社会提供服务的专门行业的综合体，同时包括服务企业以独特的策略和内容帮助信息用户解决问题的经济行为。信息服务业是信息资源开发利用，实现商品化、市场化、社会化和专业化的关键。其主要包括三大类，即信息传输服务业、IT 服务业和信息资源服务业。

近年来，中国信息服务业得到了快速发展，其增加值从 2004 年的 4236 亿元增长到 2007 年的 6000 亿元，年均增长率高达 12.3%。近几年，中国信息服务的数量在不断增长，对生产和生活的渗透越来越深入。2004～2008 年，信息服务业的法人单位数从 72 913 个增长到 153 292 个，增长幅度超过 100%。另外，中国信息服务业的贸易竞争力也得到大幅度提高。中国信息服务贸易顺差的扩大和竞争力的增强，很大程度上来源于软件业的发展和软件服务外包的崛起。中国软件与信息服务业收入年复合增长率超过 40%；出口由 2001 年的 7.2 亿美元，上升到 2006 年的 66.6 亿美元，增长了 8.25 倍。软件年销售收入超过 10 亿元的企业由 2002 年的 12 家，增加到 2006 年的 36 家，已有 1800 家企业获得系统集成商的资质。2008 年中国软件与信息服务外包产业保持了快速发展，产业规模继续扩大，达到 1567.7 亿元人民币，同比增长 41.2%。

第三节　服务创新推动服务产业结构优化的机制

服务产业结构是一个系统工程，在这个系统中市场机制属于内生变量。结构优化升级的诱致机制，即市场机制的作用是通过价格、供求和竞争等具体机制自发地相互作用来完成的。

在市场经济体制下，产业结构演进的市场机制表现为拥有独立产权和经济行为的微观经济主体，按照市场价格信号，通过供求变化进行市场竞争，以实现自身利益的最大化。这使得生产要素等各类资源向生产效率高、利率高的部门流动，从而达到产业结构不断优化和升级的效果。

当市场上的服务商品的供求关系发生变化时，必将导致价格发生变化，价格的变化会引起服务业各部门的成本与收益的变化，微观经济主体在利益的驱使下，必然转移资本，使生产要素向收益率高的服务部门转移。同时，在生产要素市场上，能带来高收益的生产要素的需求不断扩大，又导致其价格的上升，这又使得微观主体生产经营中内在成本与收益发生变化，从而盈利减少，这样产业结构变动在原有技术条件下逐步趋向稳定。技术的进步改变了生产函数，使得服务生产部门成本收益发生变化后，劳动力报酬也会发生相应变化，收入水平的变动会引起服务需求的变动。另外，市场机制在国际上的作用也必然引起出口结构的变化，从而加速服务产业结构的演进。所以，市场经济体制下市场机制诱使的产业结构的演进与升级，在实质上是产业主体通过市场按照产业间成本收益函数关系带来部门产品价格变动自发选择的结果。

在服务经济这个系统中，计划调节是一个外在变量。它对服务业结构演进的作用过程表现为：以政府为主体，通过产业投资政策、产业布局政策和产业组织政策等，根据发展的规划和政府的财政力量，运用计划手段，对服务产业进行调整。也就是在一定的产业目标指引下，政府通过对经济资源一系列的、相互持续的、直接的制度安排，勾勒出服务经济结构，通过对未来需求和生产发展的预测，改变对各种资源使用的政策，从而迫使微观经济主体改变投资，从而改变产业结构，实现结构的优化、升级。

一 服务创新通过经济行为主体来影响产业结构

1. 服务创新对经济主体行为的影响

服务创新对经济主体行为的影响是通过其功能实现的。

（1）服务创新提供激励而增加产出。

（2）服务创新可以通过制定产业部门进入、退出条件而影响经济主体的选择。

（3）服务创新可以降低交易成本、增强合作机会、减少外部性。

2. 经济主体行为对产业结构变动的影响

经济主体行为通过产业部门影响产业结构的变动。

（1）经济主体行为通过影响部门产出而影响产业结构。

（2）经济主体行为通过对产业部门的选择而影响产业结构。

二 服务创新通过资源配置方式推动产业结构升级

在市场经济体制下，资源按照市场运行的内在规律进行配置，产业之间成本—收益函数关系的变化导致各部门产品价格的变动，企业则根据市场中的价格信号，在追求利益最大化的目标驱使下不断调整各自的行为选择。进一步，企业作为产业微观主体，其行为的改变最终将导致产业结构的调整。具体而言，市场最终需求结构的变化，将打破市场中原来存在的供需平衡，从而导致产品价格的波动。市场中的价格信号会进一步引起产业部门内在成本—收益关系的变化，从而促进生产要素向高收益率部门的转移。另外，在要素市场上，能够带来高收益的生产要素需求不断扩大，价格提高，从而引起要素生产产业部门的结构变化。另外，最终产品的出口也是市场需求，产品出口结构的变化同样会引起产业结构的变动。

市场经济体制下产业结构的自发调整需要一些外部条件才能实现。

（1）经济主体行为独立。市场经济体制下的产业结构变动是经济主体在其内在成本—收益变化下自发调节的结果，经济主体的行为仅取决于市场规律，而不受非市场经济行为的干扰。

（2）产权关系明确。只有具备了自由明确的产权关系，市场机制才能发挥作用，从而产业结构自发调整的传导路径才能畅通。经济主体只有在承担相应的、相对称的权利与义务的情况下，产业之间成本—收益函数关系的变动才能使其行为在追求利益最大化的激励下推动产业结构的变动。

（3）产业进入、退出自由。只有当经济主体能够按照内在成本—收益函数的变动而实施其行为时，产业结构的变动才能发生。较高的进入、退出壁垒，会使经济主体由于过高的机会成本和沉没成本而放弃让资源从收益低的产业流向收益高的产业，其结果是阻碍了产业结构的调整。

三 服务创新通过交易市场推动产业结构升级

交易成本的存在是影响交换的最重要的因素，这种影响可以从两个方面去考察：一是交易成本对交换行为的影响；二是交易成本对生产要素、产品价格的影响。

1. 交易成本过大将阻碍市场交换行为的发生

在市场中，交换行为得以发生的前提是，交换各方可通过交换行为获取比不交换更多的利益，即交换剩余。正是因为交换剩余的存在激励了交换各方的交换动机。交换也是有成本的，例如，搜寻交易对象、发现价格等，均属于交易成本的一部分。交换剩余和交换成本的共同作用，决定着交换行为的发生。交换发生与否的边界在交换剩余等于交换成本和交换行为的时间报酬之和这一点上。当交换成本太大时，经济主体会选择自给自足的生产方式，这样就制约了产业部门的发展。

2. 交易成本过大将扭曲价格信号

交换时的成交价格包含了生产成本和交易成本两部分。在生产成本一定的前提下，交换成本的高低决定了交换价格的高低。价格是决定生产要素流向的决定性因素，隐藏在价格里的交易费用较生产成本难被识别和计算出来，往往在生产中用降低生产成本的方式去弥补，这样就引起了生产要素价格的变动。交易成本过大会造成价格的扭曲，导致生产要素的流向与产业自身发展规律不符，从而阻碍产业变动进程。

第四节　服务创新与服务业集群

服务业集群是指，集中于一定区域内的众多具有分工、合作关系的不同规模、等级的服务企业，以及与其发展有关的各种机构、组织等行为主体，通过纵横交错的网络关系紧密联系在一起的空间集聚体。从产业结构和产品结构的角度看，服务业集群实际上是某种服务产品的深度加工和产业链的延伸；从产业组织的角度看，服务业集群实际上是在一定区域内某个服务企业或大公司、大企业集团的纵向一体化的发展。近年来，伴随着经济全球化的加快、跨国公司的扩张，以及国际大都市商务中心区功能结构的提升，现代服务业集群成为一种世界潮流和趋势。作为服务业空间组织结构的一种表现形式，现代服务业集群的兴起和逐渐成熟既是服务业发展的内在要求，也是城市经济功能提升、区域竞争优势提高的客观必然。目前，世界上许多大城市都把促进现代服务业集群发展作为增强城市国际竞争力的一个十分重要的战略举措。

一　现代服务业集群的形成机制

1. 现代服务业集聚的内生机制

现代服务业集聚的内生机制是吸引现代服务企业在特定空间集聚的动力，其作用力由内而外将企业拉拢在一处。现代服务业集聚在一定程度上源于服务企业知识的互补性和不对称性。鉴于现代服务业高技术含量的特点，现代服务业集聚内嵌着一个知识网络，其内生机制主要源自知识和技术扩散和共享的基本要求。因此，从这种意义上来说，现代服务业集聚可以看作是一个由学习主体（服务企业）组成的知识交换和启发网络，产业集聚的发展演化就是在服务企业的动态学习过程中完成的。服务企业不断从其他服务企业和集聚环境中学习吸收新知识，并将其消化融合，转化成自身的价值创造能力，同时服务企业也将学习过程中创造的新知识和新能量不断向其他企业和集聚环境转移，保证网络内知识流动的连续性和现代服务业集聚的持续演化。另外，服务企业的生存压力和集聚所产生的利益引诱，成为服务企业集聚的直接动力，服务企业只有与其所处的集聚环境相适应，并以自身的长期生存和不断挖掘的潜能作为目标，才能适应激烈的市场竞争。基于这条思路，本书将对现代服务业集聚中动态复杂的学习过程展开深入剖析，并借以梳理现代服务业集聚的内生机制。

1）现代服务业集聚中的学习机制

现代服务业集聚中的学习机制是指，在网络背景下，服务企业与其他服务企业和集聚环境之间的交互过程中所发生的知识转移、创造和修复行为，其目的是为了获取生存和发展过程中所需要的显性和隐性知识，增加服务企业的知识资本存量，提升服务企业自身的价值创造能力。

（1）知识转移。知识转移涉及各种可用知识，以及如何使用这些知识。知识转移是服务企业学习机制正常运转的先决条件。知识转移可以增加服务企业的理性知识和系统知识。理性知识是指通过图像、符号和语言等可以直接反映出来的各种知识，如商标和理念等可以被组织成员感知的知识就属于这一知识范畴；系统知识是指各种被系统化了的显性知识，像各种手册、技术和产品说明书等，这类知识往往具有明显的外在表现形式。

（2）知识创造。知识创造是对现有知识根本性的改造，并通过相互作用和相互影响促生创新思想，主要指显性知识和隐性知识之间的动态转化。知识创造具体包括显性知识社会化、隐性知识外部化、隐性知识和显性知识结合化，以及显性知识内部化四个过程。知识创造可以增加服务企业的经验知识和规范知识。经验知识是指被共享的隐性知识，这些隐性知识通过在服务企业之间的传递和共享得以被企业感知。例如，现代服务业集群内员工在生产中总结出来的技术诀窍等均属于这种知识范畴；规范知识根植于现代服务业集群日常的生产经营行为当中，组织运行中所遵循的组织文化和运行程序等是这种知识的典型表现。

（3）知识修复。知识修复是指对现存现代服务业子产业间集群内部的各种知识进行修复以便使其更适用于生产经营的过程。知识修复只会增加服务企业的系统知识。服务企业学习过程的最终目的是为了提升现代服务业集群的价值创造能力，而价值创造能力的提升本身也是一种以知识为载体的学习过程。服务企业在交互学习的过程中获取或创造新的知识，经过对有价值知识的整理、消化和吸收转化成新的能力，同时将那些不利于能力提升的知识通过反馈机制反馈给交互学习过程。新形成的能力并非都最终转化成服务企业的价值创造能力，而是在选择机制的作用下，结合产品/服务特性、创新环境和市场条件等因素进行全方位的筛选、组合。价值创造能力提升以后会反过来改变原有的学习环境，推动下一轮学习过程的诞生。在整个学习过程中，外生环境因素会对各个环节产生重要的影响。在良性学习机制的驱动下，知识会在现代服务业集群内部迅速地传递和积累，服务企业之间可以实现充分的知识共享，现代服务业集群价值创造能力的提升会产生规模效应。如果学习机制与现代服务业集群的特性不能相互融合，知识溢出和知识转移就难以实现，现代服务业集群价值创造能力持续低下，最终导致现代服务业集群的衰落。

2）现代服务业集聚“学习”过程的动态复杂性

动态复杂性是指系统行为随时间的变化而变化，因而又称作行为复杂性。动态复杂性从系统的历史演变角度解释由系统内在规律所产生的系统的自调整行为。知识经济时代的组织学习过程是一个动态、复杂的过程。从组织学习发生的载体来看，主要包括个人、团队和组织三个层次；就组织学习发生的方式来说，有单环学习、双环学习和三环学习三种模式；从组织学习的过程本身来看，则分为直觉感知、解释说明、归纳整合和制度化四个子过程。

现代服务业集聚“学习”过程是一个多层次的三环学习模式，其动态复杂性首先体现为它是一个动态过程。这种动态性体现在两个方面。其一，横向组员的交互性。服务企业及企业各部门在组织本身现有的知识和能力的基础上，不断吸收融合外界知识和能力，用以应对环境的变化，解决生存和发展过程中所遇到的问题，并将这些问题和解决问题的经验在广度和深度上进行拓展和整合，实现知识的生成与创新，同时将创造的新知识向外界传播，形成知识流动的闭路循环。其二，纵向知识的传递性。服务企业间的学习过程是宏观层面的一种外在表现，是各企业主体及部门“学习成果”自下而上、层层传递的结果，这种纵向传递性也是现代服务业集群动态学习过程的重要组成部分。

现代服务业集群学习过程的动态复杂性还体现为这是一种复杂的演化行为。在现代服务业集聚过程中，服务企业的学习模式不是一成不变的，随着学习过程的向前推进，原有的学习模式可能被打破，新模式被激发，服务企业需要随时调整自己的策略和行为，才能适应新模式的出现，保证自己不被淘汰。

2. 现代服务业集聚的外生机制

现代服务业集聚的外生机制是推动服务企业在特定空间集聚的动力，其作用力由外而内将企业汇聚在一处。由于服务业集群总是存在于一定区域内，所以其外生机制主要源自地区要素禀赋、经济因素和社会环境因素。

1）地区要素禀赋

地区要素禀赋包括自然资源（土地、特殊的地理位置等）、人力资源，以及与区域创新经济相关的科技资源。

（1）自然资源。考虑到生产资料的获得及相关的交易成本，自然资源构成了现代服务业集聚的重要影响因素。产业的选址及未来的发展都要受到该产业所在地的限制。马歇尔将自然禀赋视为形成产业集聚的原因。他用君主不断迁都来解释由于宫廷在某地定都，宫廷的贵族对高级货物和高端服务的需求吸引了熟练技术工人远道而来，培养了当地工人，促进了地区产业的发展。自然禀赋是影响产品和服务供给的因素，因此，在马歇尔自然禀赋引起产业地区集聚观点背后的逻辑是，影响供给的因素和对特定产业的需求引起了产业的区域集聚。

（2）人力资源。在影响现代服务业集聚的形成和发展的各种因素中，人才始终是核心因素。因为只有人才能认识到信息和知识的重要性，并且运用它们来实现创新和价值创造。马歇尔认为，产业集聚自然导致专业人才的聚集，形成一个供需畅通的人力资源市场，企业很容易找到所需的、具有专门技能的人才，专业人才也很容易找到雇主。因此，现代服务业集群的竞争优势可以通过人力资源的集聚得以很好地实现。随着现代服务业的集聚，本地区域完善的培训及就业前景可吸引大量外地劳动力涌入，形成共享的劳动力区域性市场，保证了服务企业能够及时调整员工数量，节省搜寻成本。此外，劳动力在集群企业间的自由流动，不仅促进了劳动力自身素质的提高和对自身能力要求的提升，也促进了信息、技术在现代服务业集群中的传播和扩散，提高了现代服务业集聚区内劳动力供给的效率和劳动力的生产率。劳动力市场在集群内共享不仅有利于专业高端人才的就业，而且促进了人力资本在服务企业之间的流动，带给集群企业学习模仿对手优势的机会。

（3）科技资源。在现代服务业集聚过程中，科技资源的具体表现就是知识技术创新的程度。技术创新的实质是知识创造与应用的过程。知识技术的创新促进了现代服务业的集聚，而服务业的地理集聚会进一步加速知识技术的扩散，有利于服务企业核心竞争力的形成。通常情况下，以线性创新为特征的产业集群倾向较低，而以非线性创新为特征的产业集群倾向较高。工业化发展初期的创新模式以线性创新为特征，即创新被认为是在企业内部发生的从发明到设计、生产、销售的线性过程。与后工业化时期相适应的则是非线性的创新模式，其特点是，创新通常是在研究与开发活动之外，在生产实践中发生的，通过“干中学”对原有技术进行改组和传播，创造新的生产方式和新的消费方式，它是渐进和持续的过程。现代服务业集群正是与非线性创新模型相适应的，其特点是具有不同技术能力和资源禀赋的集群内部各服务企业合作进行新产品开发或改进原有产品。该创新模式成功的关键在于服务企业间的技术交流与合作，这就要求服务企业成员进行面对面的交流与相互学习，因此，以非线性创新为主的现代服务业集群倾向较高。

2）经济因素

经济因素主要包括供给因素和需求因素两方面的内容。

（1）供给因素。现代服务业集聚的第一个必要条件是集群内部服务企业之间的劳动分工高度深化，存在大量工序型企业和中间产品交易市场。服务产品的价值链条越长，技术上进行工序分解的可能性越大，垂直方向的劳动分工越有可能加长，如此才有可能吸引众多的服务企业集聚在一起。因此，服务产品是否存在技术可分性，是现代服务业集聚的必要条件之一。现代服务业集聚的第二个必要条件是最终产品和服务发生差异化的潜力较大。所谓产品和服务的差异化，包括水平方向和垂直方向两个维度。水平方向的差异化是指服务的种类、品牌等方面的不同；垂直方向的差异化则主要是指同种产品或服务内在质量和服务水平的不同。因此，众多提供相同产品和服务的服务企业在区域内集聚，若没有足够的差异化空间，则很容易陷入恶性价格竞争的陷阱。

（2）需求因素。产品的需求市场可分为消费者市场和政府事业组织市场。消费者市场主要由个人和家庭组成，它的一大特点是人们主要在各自生活、工作及取得收入的地方消费，劳动者本身也是消费者，劳动者的流动意味着消费者市场的移动。因此，服务业的集聚同样意味着消费者市场的集中。由于服务企业的集聚增加了需求，而在需求大的市场中各服务企业期望占据更大的市场份额，则各服务企业更倾向于设址于消费者市场集中的区域。反过来，由于消费者市场扩大，服务企业销售量增加或利润增加，从而使得劳动者收入增加；劳动者收入增加又会刺激购买，从而进一步扩大市场需求。

3）社会环境因素

影响现代服务业集聚的社会环境因素主要指社会文化和历史条件。产业集群是一个社会经济概念。丰富的社会资本和文化资本使现代服务业集群内部的经济关系具有很强的社会根植性。运行良好的现代服务业集群往往存在共同的文化传统、行为规则和价值观。这种社会文化环境氛围促使集群内部的各服务企业之间形成一种相互信赖的关系，大大减少了交易费用，使服务企业之间的协调与沟通更容易进行，深度劳动分工也得以实行。

现代服务业集聚的内生机制和外生机制的共同作用，如图 7-5 所示。

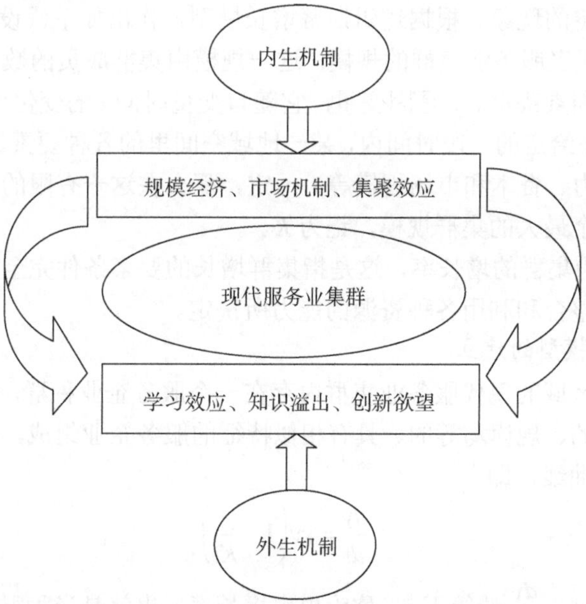

图 7-5 现代服务业集群形成的动力机制

二 现代服务业集群发展的生态模式

现代服务业集群由不同的企业组成，这些企业在集群中也扮演了不同的角色，呈现多种“生态类型”，因此现代服务业集群也具有显著的“生态特征”。首先，现代服务业集群的模式和集群内各服务企业的行为均处于不断的动态变化中，服务企业根据市场信息和市场需求的变化及时作出反应，而服务企业行为的变化将带动现代服务业集群整体行为的改变，不适应集群发展需要的企业将被淘汰，新的服务企业不断加入，构成现代服务业集群的生命周期。其次，现代服务业集群中的各服务企业相互影响、相互适应，最终通过有效整合实现有规律的共生，从而联合竞争、共同赢利，以增强服务企业的抗风险能力和竞争能力。最后，现代服务业集群内的各服务企业之间、企业与集群之间在相互作用中会形成独有的集群环境，集群内企业的共同文化背景和制度环境如同自然生态系统一般，生态种群的成长离不开有机环境和无机环境的共同作用，产业集群的发展也离不开集群内部和外部环境的双重影响。

代文（2007）用种群生态学中的逻辑斯蒂增长模型作为分析基础，运用生态模拟的方法，构建了现代服务业集群增长模型，从环境负载容量、种群内在成长率两方面来描述现代服务业集群的发展模式。本书借鉴该模型用以分析现代服务业集群发展的相关问题。

逻辑斯蒂增长描述了由于环境限制的因素，种群数量无法无限制地呈现指数增长而渐趋稳定的现象。根据逻辑斯蒂增长模型，作出如下假设。

（1）设 y 代表服务业集群的规模，这一规模由集群成员的数量和集群的生产规模两方面的因素决定。y 是因变量，它随自变量时间 t 的变化而变化。

（2）假设在给定的一段时间内，某一地域空间里的各种要素禀赋（包括技术、原材料、劳动力、资本和市场规模等）一定，那么在这一有限的要素条件下，产业集群存在一个最大的集群规模，记为 K。

（3）设 r 为集群的增长率，这是指集群增长的要素条件完全得到满足时的增长率，由集群整合和利用各种资源的能力所决定。

1. *单种群模型的建立*

假设某一区域的现代服务业集群内存在一个服务企业种群，这个服务企业种群由若干数量的、规模均等的、具有相似特征的服务企业组成，服务企业种群的增长率是 S 型曲线，即

$$\frac{dy}{dt} = ry\left(1 - \frac{y}{K}\right)$$

当 y 极小时，$\frac{dy}{dt}$ 约等于 r，称为内禀增长率，也就是当种群规模很小时，服

务企业数量的增长不会受到有限资源限制时的增长率，即种群的最大增长率；当种群规模 y 增加至 K 时，$\frac{dy}{dt}=0$，即种群规模趋于饱和，不再增加，此时，$y=K$ 代表资源环境对此种群的负载容量，表示有限的资源对企业数量的限制。由图 7-6 和图 7-7 可以看出种群增长模型的变化特性。

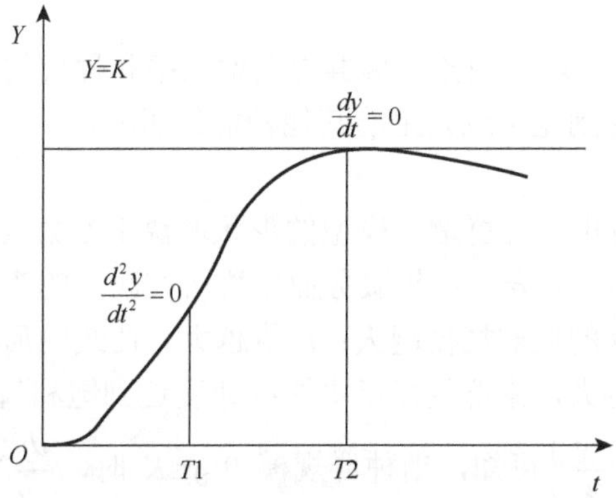

图 7-6　种群增长模型图

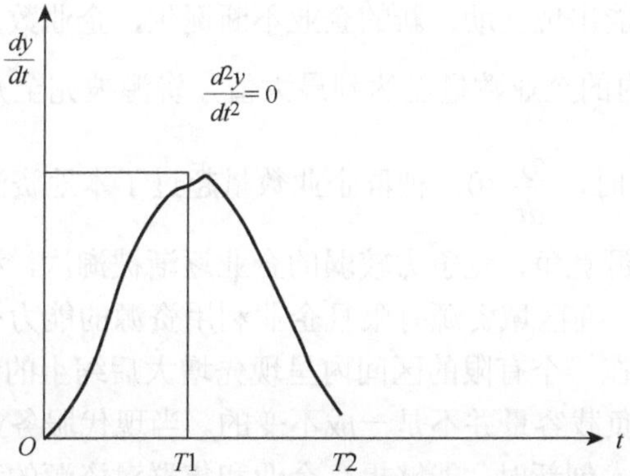

图 7-7　种群增长率模型图

2. 多种群模型的建立

如果现代服务业集群内具有相互关联的两个企业种群，两个种群间有竞争或共生的关系，那么一个种群的负载容量，会因另一个种群的存在而减少，且假设其之间是线性关系，则竞争性的增长模型变为

$$\frac{dy_1}{dt}=r_1y_1\left(\frac{K_1-a_{12}y_2-y_1}{K_1}\right)$$

$$\frac{dy_2}{dt}=r_2y_2\left(\frac{K_2-a_{21}y_1-y_2}{K_2}\right)$$

其中，a_{12}、a_{21}为竞争系数。

若现代服务业集群内存在多个企业种群，则种群增长模型的通用形式应为

$$\frac{dy_i}{dt}=r_i y_i\left(\frac{K_i-\sum_{j=1}^{i}a_{ij}y_j}{K_i}\right)$$

其中，i为种群数。

在多种群模型中，现代服务业集群内在增长率和种群的负载容量不仅受到有限环境的限制，还受到竞争或共生的其他种群的影响。

3. 模型分析

从图 7-7 可以看出，种群增长模型的形状取决于参数 K 和 r。K 值越大，种群增长曲线的顶端越高，表示现代服务业集群所在区域的资源要素越有利于集群增长，区域所能承受的集群规模越大；r 值越大，曲线的形状越陡，表示服务业集群的内在增长率越大，集群规模以更快的速度达到饱和值。

由式$\frac{dy}{dt}=ry\left(1-\frac{y}{K}\right)$可知，当种群规模 $0<y<K$ 时，$\frac{dy}{dt}>0$，即种群规模小于本地资源的负载容量，服务企业所需资源较为充足，企业间尚不会对资源进行激烈的争夺，甚至可能出现互助，新的企业不断诞生，企业数量持续增加；当 $y=K$ 时，$\frac{dy}{dt}=0$，种群内的企业数量已达到最大值，资源被完全开发和利用，种群呈现零增长；当 $y>K$ 时，$\frac{dy}{dt}<0$，种群企业数量超过了本地资源的负载容量，企业之间展开激烈的资源竞争，竞争力较弱的企业逐渐被淘汰，种群呈现负增长。因此，可以得出结论，在区域资源有限且企业利用资源的能力有限的条件下，现代服务业集群的规模在一个有限的区间内呈现先增大后缩小的趋势，而无法无限扩张。另外，资源的负载容量并不是一成不变的。当现代服务业集群内的企业进行产业组织创新与技术创新时，能够提高企业和集群对资源的利用效率，以及对新资源的开发能力，从而扩大集群的资源容量。同时，集群外部资源向内部的转移，也能够增加区域资源的负载容量。

第八章　产业共生：制造业与服务业的互动升级发展

随着经济全球化进程的加快、信息通信技术的进步和经济制度的变革，产业间的关系呈现紧密化和复杂化的发展趋势。产业边界变得越来越模糊，产业关联度逐渐增强，产业间的交互渗透现象更为明显。不同产业之间通过知识的溢出、信息的渗透、技术的转移，产业活动的网络化组织，把相对独立的产业紧密地连接起来，打破了传统的产业关联模式，实现了产业功能的互补和延伸。产业间共生网络就是在这种特定环境中衍生出的一种产业发展状态。产业间共生网络的形成增强了相关产业的关联程度，提升了资源在产业间的优化配置和整合利用效率，强化了产业间发展的互动性。

第一节　产业共生概念的界定

一　产业共生概念的提出

共生概念最初产生于生物学领域，距今已有一个多世纪的历史。从内部结构和运行规律角度看，市场经济系统和自然生态系统有很多相似之处。适者生存的市场机制和竞争法则是共生现象的体现。因此，经济学家们尝试从生物现象中观察和探索经济规律，共生理论的经济学适用边界也随之不断拓展。

共生理论与产业生态学的融合是共生理论在经济学领域的应用。生态工业园是指，在一个确定的地理区域范围内，有组织地创造的一个工业园区，是一个保护自然和经济资源的有机系统，它通过降低生产过程中的成本来提高产品质量和运营效率，同时通过使用和销售废弃物来提供创造收入来源的机会。生态工业园与传统的工业园在建设的原理和内部联系上有很大的不同，生态工业园具有更高的市场效率，一座成功的生态工业园不仅在环境保护方面有出色的表现，更应该在市场上具有竞争力。

产业共生网络，或者称生态工业网络，是在生态工业园的基础上发展起来的更高级的产业组织形式。它突破了原来仅限于工业园内企业资源配置的界限，发展成为包括园区以外的更大区域的资源配置网络，被称为“虚拟的”生态工业园，该虚拟网络通过资源回收和交换等相互连接的方式来提高资源配置效率。

二 产业共生的定义

1. 产业共生的内涵

“产业共生”一词是借鉴自然生态系统的共生含义提出来的。现有关于产业共生的定义可分为狭义和广义两种。狭义上的产业共生是建立在循环经济和产业生态学基础之上的，因此大部分学者将其翻译成“工业共生”。广义上的产业共生是随着共生理论应用范围的拓展演化而来的。

1）狭义的产业共生

Engberg 在《产业共生》一书中提出，产业共生是“企业间以产业生态学和共生理论等相关理论为基础建立的合作关系，通过这种合作，共同提高企业的生存能力和获利能力，实现对环境保护和资源的节约”，这一概念着重强调了企业通过产业链相互利用副产品而发生的各种合作关系，相互之间存在这种关系的企业集合构成产业共生网络。Lambert 从技术角度给出了产业共生的物质流图，认为产业共生的相互作用涉及五个层面：基础设施共享，废物流集中处理，物质、能源交换，接受外部企业的剩余产品，以及向外部企业输送系统的剩余产品，如图 8-1 所示。产业共生体现了一种网络关系，即具有共生潜力的企业，在主动或者被动地交换产品、信息等资源活动中形成的正式或非正式的关系。然而，企业间的长期合作关系才是产业共生的本质。特定区域的产业共生网络是该区域内企业之间通过物质、能源传递，以及知识、人力资源、技术资源的交换形成的长期合作关系，并从中获得环境效益和竞争效益。

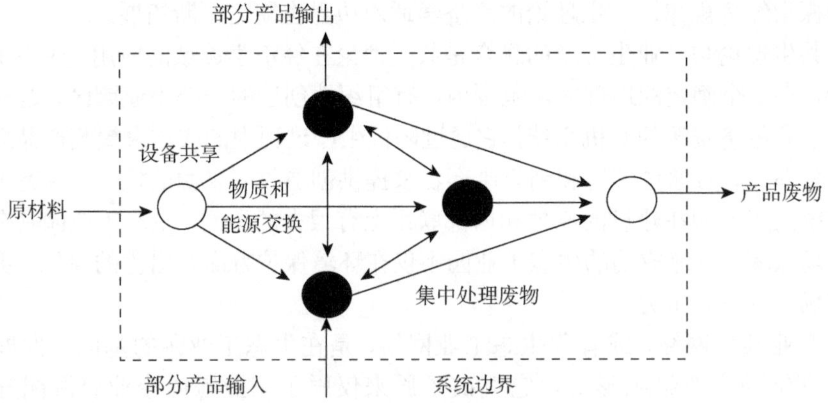

图 8-1 产业共生物质流

综上所述，狭义的产业共生概念是指不同企业间的合作行为。基于这种合作，共同提高企业的生存能力和获利能力，同时实现对资源的节约和环境的保护。在狭义的产业共生系统中，企业是基本的共生单元，共生关系的形成是以副产品、废弃物的循环利用、交易回收和交换转化为核心的，即通过建立共生单元间的废物交换关系来实现共生系统内物质的闭路循环和能量的梯级利用。狭义的产业共生研究侧重产业组织问题，追求经济利益的最大化是产业共生的根本动因。

2）广义的产业共生

广义的产业共生涉及多个层面上产业组织之间的物质、信息和能量交流，共生单元可以是企业，也可以是企业的集合，即产业。广义的产业共生是指，共生单元作为独立的经济组织，为提升价值创造能力和实现长期的可持续发展所进行的物质、信息和能量的交互过程，共生关系的形成促进了内部或外部、直接或间接的资源配置效率的改进，既带来了效益的提升，又推动了共生单元自身的发展。

与狭义上产业共生的定义相比，广义上的产业共生强调的是业务模块之间或产业间的融合、互动和协调发展。生产性服务业与制造业的共生关系、临港产业与腹地产业的共生关系是广义的共生概念最好的应用。

2. 产业间共生网络的内涵

两个或多个产业为实现资源共享或优势互补建立一种互利关系，并因与其他产业的关联而获益，则这些产业之间就形成了共生关系。产业间共生的基本特征是共生产业单元彼此之间发展的融合性、互动性和协调性。共同进化、共同发展、共同适应是产业共生的本质。产业间共生系统为共生单元提供的演化发展路径要优于各产业的独立进化，共生系统内的产业进化过程是在整体收益和价值最大化发展机制的推动下所形成的合作进化，不仅体现为企业间的优胜劣汰，更表现为系统内软组织形态和契约关系的优化升级。

产业网络是参与主体在利用自己控制的特定资源实施特定行动的过程中建立起来的各种市场关系的总和。产业间共生网络是一种特殊的产业网络，它是仿自然生态系统的一个网络体系，是由产业组织之间、产业组织与共生环境之间通过网络联结的方式不断进行物质、信息和能量的交换，进而实现全面有效的共生合作的过程中所形成的有机组织系统，其组织架构，如图 8-2 所示。

产业间共生网络是经济系统的一种新型的运行模式，具有网络组织和共生系统的双重属性。

首先，产业间共生网络是一个共生系统，它所蕴涵的进化理念、共同理念、合作理念、互惠理念，以及相变理念在不同层面揭示了产业间共生的本质，即协同与合作。类似于种群的共生进化，产业间共生网络也会经历一个从简单到复杂、从不稳定到稳定、从局部最优到全局最优的动态演化过程。但与种群进化不同，产业间共生网络的演化实质上是一种知识的转移和扩散过程。

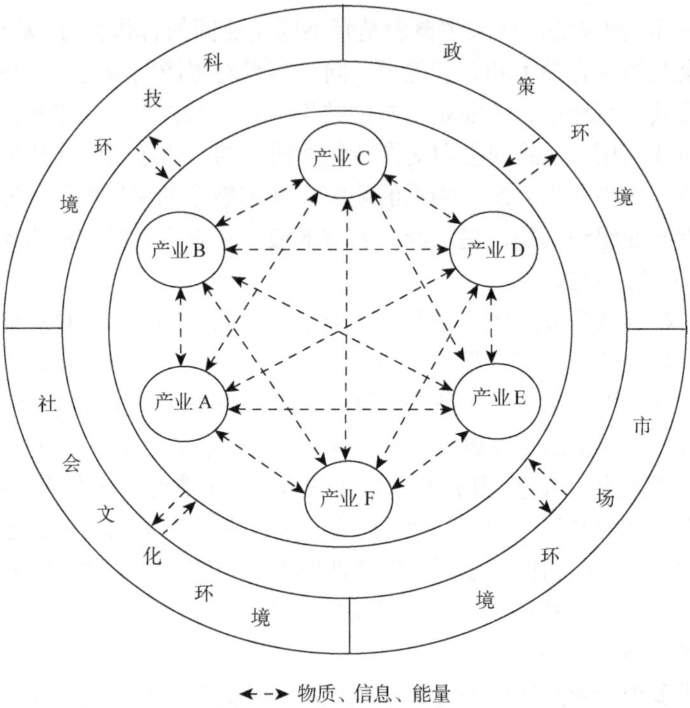

图 8-2　产业间共生网络的组织架构

其次，产业间共生网络是一种特殊的网络组织。传统意义上的网络组织是企业或社会组织之间在跨边界的资源整合过程中所形成的以各种经济连接为纽带的分工协作系统。产业间共生网络与传统意义上的网络组织有两点不同：第一，传统的网络组织是微观组织的耦合，产业间共生网络是宏观系统的协同；第二，传统的网络组织主要强调活性节点之间的连接关系，而产业间共生网络还关注环境的作用，突出共生单元与共生环境之间的交互作用。

从表现形式上来说，产业间共生网络可以分为实体型和虚拟型两种。实体型产业间共生网络是在一定的地域空间内，各产业因某种关联关系构成共生系统。这种类型的产业间共生网络往往具有协同定位效应，物质、信息和能量的流动都在这一地域空间内的产业间进行，外部产业很难进入。目前，中国国内所形成的产业间共生网络大多是这种类型，其格局划分多以省（自治区、直辖市）和典型经济区（如长江三角州、珠江三角州、京津地区）作为网络边界。虚拟型不以地理位置上的毗邻为局限，具有更高的开放性和灵活性，是利用信息通信技术形成的跨越地域网络边界限制的更大范围的共生系统，这种共生网络内物质、信息和能量的流动往往分为两个步骤：首先通过网络建立起共生单元间的物质、能量交换关系，然后在现实中加以实施。

三 相关概念的区别

1. 产业共生与产业关联

产业关联是指产业间以各种投入品和产出品为连接纽带的技术经济联系。这里，各种投入品和产出品可以是各种有形产品，也可以是无形产品；技术经济联系可以是实物形态的联系，也可以是价值形态的联系。

产业共生与产业关联这两个概念既有联系又有区别。产业关联的存在是产业共生关系形成的基本前提。胡晓鹏曾指出，产业共生是一个客观的经济现象，驱动共生关系形成的内因是产业链的不同环节之间的经济与技术联系。但产业共生又不同于产业关联，主要表现在以下三个方面。

（1）产业关联是一种以产业间投入产出关系为基础的数量协调关系，侧重从“量”的角度考察各产业部门间的技术经济联系与联系方式，即产业间的“投入”与“产出”的量化比例关系，更多注重短期利益。产业共生则强调协调的效率，是一种以推动产业技术进步和激发产业发展潜力为目标的质量协调。产业共生更注重长期发展，它对“重数量关系，轻质量关系”和“重短期利益，轻长远利益”的产业发展思路，形成强烈的冲击。产业共生带来利益扩张的同时，还会促进社会诚信化、决策远期化，以及竞争合作化的发展，这些问题已经触及产业发展的核心要素。

（2）产业的关联关系是线性的，而产业共生则是一个系统经济学现象。产业共生系统是一个非线性的复杂系统，共生系统内的要素流动、共生单元之间的作用机制，以及共生系统的演化都要比关联系统复杂得多。此外，与产业关联相比，产业共生更强调环境的适应性和改造性。共生环境作为共生三要素之一会对共生模式和共生界面的转化产生重要的影响，与此同时，共生系统的形成与演化也对外部环境有反哺作用，会推动市场运行机制和资源配置的优化发展，带动整个经济系统效率的提升。

（3）产业关联的界面主要是外生的，以市场界面为主，产业共生的界面则既有外生的，也有内生的，并且有向内生化转换的趋向。最初，共生界面是在供求关系的推动下所形成的硬性契约安排。随着共生关系的深化和共生网络的成熟化发展，共生界面的进化也有了质的飞跃，逐渐由偶然性和随机性较强的外生界面向具有较高稳定性和可控性的内生界面（如股权、契约、信任、友谊等）转化。共生单元之间通过内生界面的交流效率远远高于外生界面，形成了对内生界面的依赖性，巩固了共生关系。

2. 产业共生与产业融合

产业融合的概念最初是从技术角度提出的，认为产业融合是不同产业或同一产业内的不同行业在技术融合的基础上相互交叉、相互渗透，逐渐融为一体，形成新的产业属性或新型产业形态的动态发展过程。随着产业融合的发展和各种新融合模式的出现，产业融合概念又扩充进了市场和产品的内涵。但无论从哪个角度进行界定，新产业属性和产业形态的出现永远是产业融合最基本的特征。

产业共生与产业融合都强调产业间的交互性和渗透性。但产业融合更强调产业边界的位置，并以形成新的产业形态或新的产品特征作为其根本标志，融合后的产业所面对的市场环境发生了根本变化，部分针对原产业的管制措施也失去了效力。共生系统中的各产业具有充分的独立性和自主性，共生关系形成后原产业的性质和状态并未丧失，产业间通过物质、信息和能量的交换、配置相联结，在共同进化的过程中实现相互补充、相互促进。虽然融合性也是产业共生的基本特性之一，但产业共生中所讲的融合是与产业的价值创造过程相关联的，关注的是产业创新及其价值增值过程中的业务连接关系，是一种价值融合，与产业融合中所强调的边界融合有本质的区别。从实现方式上看，技术的互补、产品的供需及业务模块的组合等都可以促进共生视角下的融合。

产业共生、产业关联、产业融合的关系可以用图 8-3 来表示。产业关联是产业共生与产业融合的前提和基础，产业共生与产业融合可以看作是产业关联向深层次和高能级的一种演化，但是却有两条不同的演化路径。产业融合是一种“合二为一”的演化结果，产业共生则突出价值创造能力的提升。价值融合是产业共生和产业融合的交集。

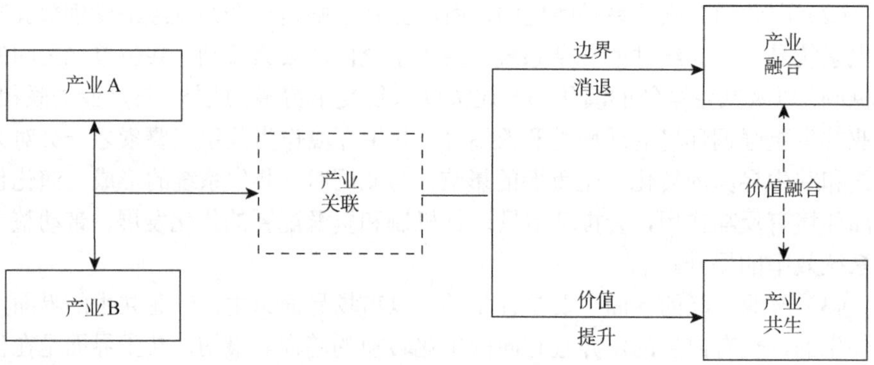

图 8-3 产业共生、产业融合、产业关联的关系

3. *产业共生与产业结构*

产业共生与产业结构的区别主要表现在以下两个方面。

（1）研究的对象不同。产业结构研究的重点是独立的产业；而产业共生体是一个复杂的、多层级的共生系统，层次性是产业共生体的一个基本特性。以企业部门、独立企业和独立产业为基本共生单元所形成的共生关系都在产业共生的研究范围之内。按照系统的开放程度，产业共生系统可分为四类：以企业部门为共生单元的企业内产业共生系统、以企业部门为共生单元的企业间产业共生系统、以独立企业为共生单元的企业间产业共生系统和以区域产业集群或主导产业群为共生单元的产业间共生系统。其中，第四类产业共生系统与产业结构的研究对象最为接近，但从整体上来说，产业共生的研究范围要大于产业结构。

（2）研究的内容不同。传统上，产业结构指产业间的相互联系与联系方式，着重于从经济发展和产业发展的角度，研究产业间的资源占有关系，揭示产业间技术联系和联系方式不断发展变化的趋势，揭示主导或支柱地位的产业部门不断替代的规律及其相应的“结构”效益。产业结构理论主要研究产业经济系统的构成及其变化，以及产业结构的合理性。产业共生在研究内容上区别于产业结构的主要有两点。其一，与产业结构的研究思路不同，产业共生更强调环境的适应性。共生环境是共生系统的重要组成部分，共生环境与共生单元的互动机制，以及共生环境对共生界面、共生组织模式和共生行为模式演化的影响永远是产业共生研究的重点内容。其二，产业共生侧重分析共生关系形成和演化的内在机理，要深入到产业间物质、信息和能量的传输过程之中。因此，产业共生的研究内容要比产业结构的研究内容更微观一些。

第二节　产业间共生网络的构成与特征

一　产业间共生网络的构成

产业间共生网络是一个复杂的经济系统，其构成要素包括：共生单元、共生环境、共生界面和共生模式。

1. 共生单元

共生单元是构成共生体或共生关系的基本能量生产和交换单位，是形成共生体或共生关系的基本物质条件。共生单元类似网络组织中的节点，具有“活性”与“互动性”的特征，其核心功能是对物质、信息和能量的消化、吸收和转换，以不断变化的集体行为来适应外界环境的复杂性和不确定性。根据性质的不同，共生单元有同质和异质两种，同质共生单元的性质、功能相同或相近，具有替代性特征，同质共生单元间的互动往往表现为竞争性合作，是一种“竞合关系”；异质共生单元的性质和功能差别明显，具有差异性特征，异质共生单元间的互动多为互补性合作，表现为“和合关系”。产业间共生网络的基本共生单元是独立的产业，且多为异质性产业。

2. 共生环境

共生环境是共生系统重要的外部条件。共生环境是共生单元以外所有影响因素的总和，包括政策环境、市场环境和人文环境等。共生环境与共生体之间是相互作用的，共生环境对共生体的影响是通过物质、信息和能量的交流来实现的。对共生体来说，共生环境是外生的。产业间共生网络作为一种宏观经济组织对共生环境的依赖性更为明显，政府经济发展战略的调整、消费者需求的变化，以及中介市场的完善程度，都会影响产业间共生网络演化的方向和进化的效率。

3. 共生界面

共生界面是指共生单元相互作用和相互沟通的媒介或接触介质，是共生单元之间接触方式和机制的总和。共生界面是共生单元之间进行物质、信息和能量传导的媒介、通道和载体，是共生关系形成和发展的基础。共生界面对共生关系的形成和发展、共生能量的形成和提升有着直接的制约作用。共生界面往往和共生模式紧密联系在一起，共生界面的性质及变化会影响共生模式的选择与演化。在产业间的共生网络内，共生界面可以分为内部界面和外部界面两种。内部共生界面是相对于产品层次上的产业业务模块而言的，特指业务模块之间的接触机制；外部界面是相对于拥有产业业务模块的经济主体而言的，特指各业务模块主体的接触机制。具体来说，市场机制、对话平台、社会关系和指令安排等可以归属为外部界面，其开放度依次降低；产品种类、规格、技术标准等属于内部界面，其开放程度将随着种类的增加、规格和技术标准统一程度的提高而提高。内外界面之间并非相互独立、互不影响的，外部界面是共生界面的具体表现，但它的最终选择在很大程度上要受制于内部界面；与此同时，内部界面的形成也会受到外部界面的约束。

4. 共生模式

共生模式是共生关系的核心，是共生单元之间相互作用或相互结合的方式。共生模式可以分为共生组织模式和共生行为模式。共生组织模式包括点共生、间歇共生、连续共生和一体化共生；共生行为模式包括寄生、偏利共生、非对称性互惠共生和对称性互惠共生。在产业间共生网络的形成初期，共生组织模式一般表现为点共生或间歇共生，共生行为模式表现为偏利共生或非对称性互惠共生，随着共生界面的内生化发展和共生单元之间契合程度的加深，共生模式逐渐向连续共生、一体化共生和对称性互惠共生转化。但是，这种稳定的共生模式不是一成不变的，共生环境的变化或其他外力的作用都可能打破这种稳定状态，开始新一轮的耦合过程，这也是产业间共生网络周期演化的外在表现。

二 产业间共生网络的类型

根据共生关系形成的原因不同，产业间共生网络大概可以分为三种类型：因供求关系而形成的共生网络、因技术性质而形成的共生网络和因业务连接而形成的共生网络。不同类型共生网络的内部结构和运作模式有很大的差异。

1. 因供求关系而形成的共生网络

因供求关系而形成的共生网络是在社会分工细化的背景下产生的。在这种共生网络中，产业间因产品或服务的供需建立起关联关系，在交互过程中实现了专业化程度、效率水平和价值创造能力的提升，生产性服务业与制造业共生网络是最典型的代表。

这种共生网络的内部结构大多呈“哑铃”状，如图 8-4 所示。从图 8-4 中可以看出，虽然三个制造业行业之间和三个生产性服务业行业之间也存在产品和服务的交流，共生关系也有一定体现，但共生强度相对来说要弱很多，主要的共生界面还是建立在制造业各行业与生产性服务业各行业之间。生产性服务业为制造业提供专业化的中间服务，推动制造业的资源集约化发展，有助于制造业挖掘和培育新的价值增长点。与此同时，制造业为生产性服务业提供了广阔的市场空间，拉动了生产性服务业的发展。

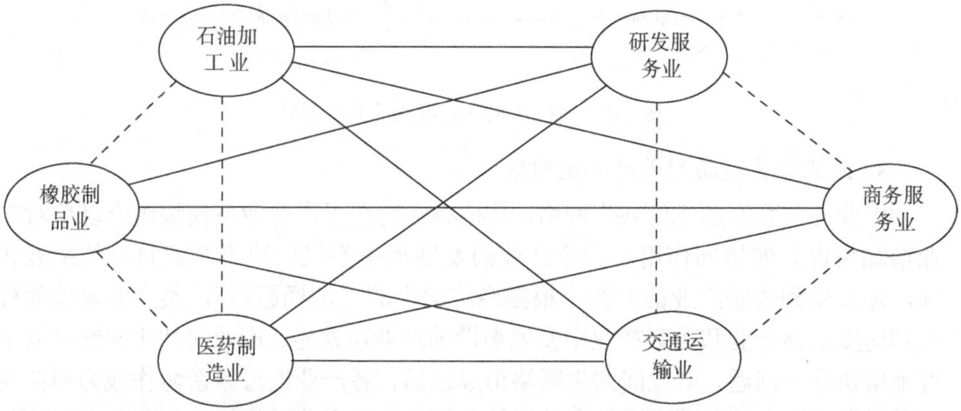

图 8-4　因供求关系而形成的共生网络

2. 因技术关联而形成的共生网络

因技术关联而形成的产业间共生网络大多出现在技术密集型产业之间。技术本身是一种知识，随着知识经济时代的到来，整个经济体都可以看作是一个知识传播和扩散的网络，知识的转移和共享已经跨越产业的边界，不同产业领域知识的耦合过程推动了产业间共生网络的形成。知识具有明显的非竞争性和非排他性，因此具有显著的溢出效应，因技术关联而形成的共生网络内各产业通过沟通可以从不同角度、不同业务链环节学到不同的知识，完成自身知识库的储备和更新，提高技术创新的效率。

在这种共生网络中，技术是产业间交流的主要介质，产业间通过技术的共享、转移、耦合不断推动技术的改革和创新，其核心作用在于拓展相关技术和产品的适用边界，赢得更大的市场空间和更多的客户群体。这种类型的产业间共生网络大多呈现“钻石”型结构，如图 8-5 所示。各共生单元处于对等的地位，一种产业技术的进步会在网络内产生连锁反应，诱发其他相关技术和产业生产组织模式的变革；3G 技术的出现推动了电信服务业与互联网产业的结合，同时也为电子设备制造业、软件业和计算机服务业带来了新的发展契机。

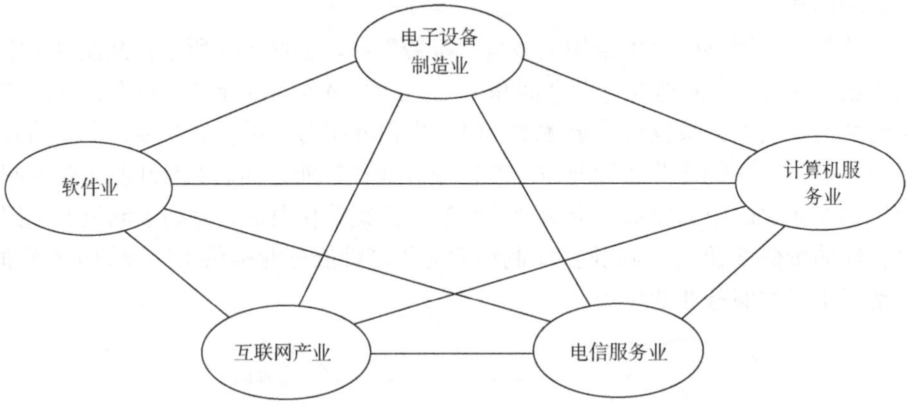

图 8-5　因技术关联而形成的共生网络

3. 因业务关联而形成的共生网络

因业务关联而形成的共生网络，其核心作用在于产业业务模块组合以后对产业增加值提升的协同作用。一个产业的发展水平不仅取决于产业自身的发展状况，还要受到关联产业的制约。根据经济学中的“木桶原理”，某产业发展的程度和速度由该产业和关联产业中发展最慢的产业所决定。产业间共生网络可以很好地解决这一问题，产业间共生网络形成以后，各产业通过紧密协作成为利益共同体，在网络内部实现资源共享和风险分担，可以充分发挥生产集约化和系统化的优势，产生协合作用或协力优势，有效应对经济波动的压力，提高产品质量和服务水平。这种来源于系统协调运作下的整体效用具有各独立组成部分所不具备的新功能，各产业单元可利用自身优势循环累积，形成自组织、自适应和自增强的特质，产生整体收益大于各独立组成部分收益总和的效应。

这种类型的产业间共生网络大多呈现“星”状结构，其中，某一产业处于主导地位，其他产业处于从属地位。例如，房地产开发业与物业管理、环境管理、公共设施管理和教育等产业所形成的产业间共生网络就属于这种类型，如图 8-6 所示。购房者在购房时不仅要考虑房屋的质量、楼层、举架和朝向，还要考虑小区的物业管理水平、小区内部及周边的环境、附近的公共设施是否健全、交通是否方便，以及是否是“学区房”等问题。这在一定程度上促进了房地产业和相关产业共生网络的形成。共生网络形成以后，房地产业的增加值会大幅度提升；与此同时，房地产业的健康、有序发展也会产生溢出效应，降低环境管理和公共设施管理的压力，为物业管理创造市场机会。

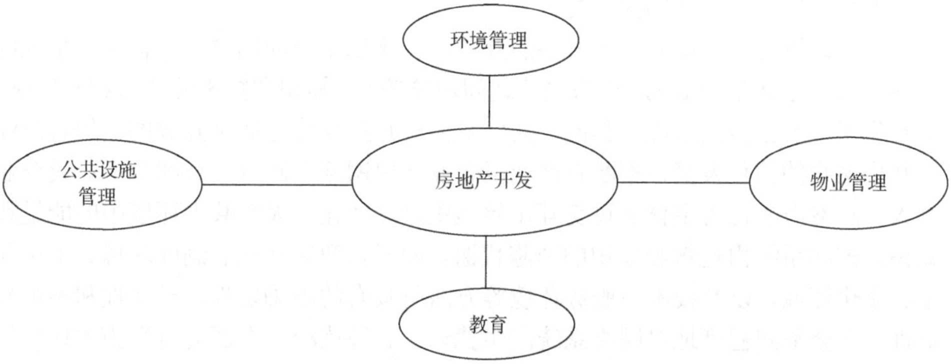

图 8-6　因业务关联而形成的共生网络

三 产业间共生网络复杂性的特征与根源

1. 产业间共生网络复杂性的特征

产业间共生网络的内部结构和演化过程中所表现出来的特征都符合复杂系统的特征，主要表现在以下五个方面。

（1）整体性。产业间共生网络是一个有机构造的整体，其性质和功能既不为各子系统单独存在时所具有，也不是各子系统性质和功能的简单相加，而是来源于各子系统之间的非线性相互作用。网络系统内各子系统从优化资源配置、提升运行效率的角度进行关联，彼此之间相互影响、相互制约，形成了一个非线性网络。任何子系统功能的发挥都会直接或间接地影响整体功能，当所有子系统都处于高效、良性运转时，产业间共生网络会产生溢出效应，所创造的整体收益大于共生网络未形成时每个子系统的最大化收益之和。产业间共生网络的整体性有静态整体性和动态整体性两种表现形式。静态整体性指的是产业间共生网络在某一个时点上所表现出来的结构性，包括各个子系统及其相互关系，是产业间共生网络发展过程中在某一时间的映射和外在表现形式。产业间共生网络的动态整体性指的是产业间共生网络的构成无论多么复杂都是作为一个整体进行演化和发展的，任何一个子系统的发展和演化必然会引起其他子系统相应的变化，从而造成系统整体范围内的变化与调整。

（2）层次性。复杂系统的层次性指的是复杂系统内部存在着整体与局部的关系。某个层次是由下一层次的组元之间非线性相互作用组成的，同时其与同一层次的组元一起又成为上一层次的组成部件。在产业间共生网络中，产业是基本的共生单元，同时也是一个子系统，由第二级的企业组元相互作用而成。对于企业而言，企业部门是构成企业子系统的第三级组员。各层次上组员之间的相互作用层层上传，构成了系统的整体性。

（3）开放性。产业间共生网络的开放性包含三个层面的含义。首先，系统内部各子系统之间是开放的。行为主体之间通过信息、知识和技术的交流相互影响、相互作用，产生协同效应。其次，共生主体与共生环境之间是开放的。随着产业间共生网络的演化发展，不断有产业或企业退出网络，同时又有部分产业或企业进入。网络内的行为主体通过交互不停地引进、消化、吸收共生环境中的能量和知识，推动系统内能量和知识的新陈代谢。同时，政策环境、制度环境、市场环境、文化环境，以及技术与服务环境等方面所具有的不确定性、时变性和不可预测性，又会不同程度地对网络系统产生扰动。这种扰动一方面会对行为主体的生产经营活动产生影响，刺激行为主体根据自身利益目标和市场需求重构与系统内其他行为主体之间的结构关系和联系方式；另一方面还有助于促进网络系统产生一致“对外”的倾向，合力寻求适应外部环境变化的方法和手段，并引导系统向适应环境的方向发展变化。最后，共生网络对外是开放的。产业间共生网络在发展演化过程中总会不断与其他产业间共生网络进行交流，获取市场变化的信息，以便及时对市场变化作出反应。

（4）动态性。产业间共生网络的动态性主要体现在共生环境、共生界面和共生模式的变化上。一般来说，随着经济技术的发展和市场的逐渐成熟，内生界面会逐渐替代外生界面起主导作用，共生组织模式会逐渐从点共生、间歇共生向连续性共生和一体化共生转换，共生行为模式会逐渐从偏利共生和非对称性互惠共生向对称性互惠共生转换。可以说，产业间共生网络的形成和发展是一个不断适应、不断调节，共生形态从无序向有序、从低级到高级不断演化的过程。

（5）自组织性。产业间共生网络具有自组织能力，其演化过程具有自组织行为所特有的动态性和内在要素的整体系统共变性等特点，能通过反馈进行自控和自调，达到适应外界变化的目的。非线性相互作用是产业间共生网络自组织演化的内在动力，外界环境的变化和各种随机性的“涨落”使得网络系统偏离均衡状态，各行为主体为了适应这种变化，在相互作用的过程中不断变化自己在系统中的位置，自动协调相互之间的行为，从而形成一种稳定有序的结构。

2. 产业间共生网络复杂性的根源

产业间共生网络的系统复杂性主要来源于主体结构的复杂性、共生环境的复杂性和演化发展的非线性。其中，主体结构的复杂性和共生环境的复杂性属于静态复杂性，演化发展的非线性属于动态复杂性。

（1）主体结构的复杂性。产业间共生网络主体结构的复杂性主要表现为系统结构的层次性和组成单元关联的多样性。层次性是区别简单系统与复杂系统的重要标准之一，简单系统的层次少且关系明确，复杂系统的层次多且关系复杂。一般来说，系统的层次越多，每一层子系统的规模越大，系统越复杂。产业间共生网络内各组成单元之间的关联关系呈现多样性。这种多样性有两个来源：第一，由于形成原因的不同，产业间共生网络呈现出不同的组织形态和内部结构，实体对应关系也不尽相同，这在一定程度上诱发了各组成单元之间关联关系的多样性；第二，对于特定类型的产业间共生网络来说，各组成单元之间在性质上也存在差异，不同性质的组成单元两两之间进行链接时会形成不同的交互作用模式，不同的交互模式可能产生完全不同的系统效果，在一定程度上也构成了组成单元之间关联关系的多样性。

（2）共生环境的复杂性。共生环境的复杂性主要表现在两个方面。首先，信息化时代的到来诱发更多的不确定性，技术创新更加活跃，产品的生命周期缩短，更新换代速度加快；电子商务的蓬勃发展使上下游产业的关系更为密切，信息化降低了产业的进入壁垒，提升了产业的开放程度，激化了企业间的竞争。其次，经济全球化的发展改变了市场竞争格局，企业面临一个规模更庞大、差异更显著、动态变化更剧烈的全球市场，产品、资金和人才跨国流动的范围扩大，全球范围内的分工与合作变得更为普遍，产业链加长，企业的生产和组织过程呈现虚拟化和跨区域化的趋势，企业间的竞争与合作形式趋于灵活多变。

（3）演化发展的非线性。产业间共生网络的演化发展是行为主体之间，以及行为主体与共生环境之间非线性相互作用和反馈的结果。行为主体之间、行为主体与共生环境之间的耦合作用在系统内部形成了内在的结构、组织模式及其使用与制约机制。由于网络系统是进化的、自组织和自适应的，系统内各种要素之间的关系不是固定不变的，某种要素的变化会引起系统内其他要素的非线性变化，最终导致系统演化过程和行为的变化。

第三节　产业间共生网络的演化

一　产业间共生网络的复杂适应系统

1. 复杂适应系统理论

复杂适应系统理论是复杂系统研究的一个重要分支，该理论认为系统元素会根据自身的目标和价值取向，在与环境的交互过程中，有方向、有目的地改变自己的结构和行为方式，形成适应环境的合理状态。而这类系统在面对变化时之所以能够实现协调和可持续发展，是因为系统元素的聚集性和适应性，以及系统元素间广泛的相互作用。

复杂适应系统理论引入适应性主体（在本节以下内容中简称主体）的概念，将微观和宏观世界联系起来。在微观方面，外部环境以一种“约束”的形式对主体的行为产生约束和影响，主体能够在与环境和其他主体的交互过程中不断学习，并根据积累的经验和知识改变自身的结构、行为方式和行为准则，以便更好地在环境中生存；与此同时，主体的各种行为又反过来不断地影响和改变着环境。主体和环境之间就是处于这样一种永不停止的相互作用、相互影响和相互进化的过程之中。在宏观方面，主体之间及主体与环境之间的交互作用使整个系统表现出分化和涌现等复杂的演化特征。

2. 复杂适应系统的主体

“主体”是复杂适应系统理论的核心概念，主体行为是复杂适应系统演化过程的具体体现，复杂适应系统通过主体实现自身的发展与进化。一般来说，主体具有以下特性。

（1）自治性和主动性特征。主体能够在没有其他主体和介质干涉、指导的情况下自主运行，并通过控制其内部状态和动作实现自己的目标。适应性主体的这种自治性和主动性主要表现在，它不仅能够主动地根据环境的变化作出反应，还具有能够预测环境的内在机制，在环境变化之前就作出准确判断。复杂性正是在主体之间，以及主体与环境之间主动交往和相互作用的过程中形成和产生的。主体的自治性和主动性程度决定了整个系统行为的复杂程度。

（2）社会性特征。复杂适应系统中的主体拥有其他主体的信息和知识，并能够通过某种通信语言与其他主体进行交互、协同和合作，以实现自己的目标。主体之间，以及主体与环境之间的相互影响、相互作用是系统演变和进化的主要动力。

（3）应激性特征。一般来说，主体本身具有感应器和执行器，能够感知所处环境的变化，这一点和主体的自主性是相辅相成的，可以保证当主体对环境变化的预测与实际环境的变化不一致时，能够迅速作出反应，从而采取适当的措施应对这种变化。

3. 复杂适应系统的基本特性和机制

复杂适应系统具有四个特性和三个机制，即聚集、非线性、流和多样性特征，以及标志、内部模型和积木机制。复杂适应系统的其他特性或机制都可以通过这七个基本特性或机制组合派生出来。正是在这些特性或机制的作用下，适应性主体不断地作用和演化，表现出复杂适应系统的基本特性。

（1）聚集。聚集有两层含义：第一层含义是指简化复杂系统的一种标准方法，即把相似的事物聚集成类。从这个意义上讲，聚集是构建模型的重要手段之一，可以利用这样的分类来舍弃细节为复杂适应系统建模，有利于探索复杂适应系统的本质。聚集的第二层含义是指较为简单的主体的聚集相互作用，必然会涌现出复杂的大尺度行为。

（2）非线性。主体之间，以及主体与环境之间的交互作用不是简单的、被动的、单向的因果关系，而是遵循“刺激—响应—反馈—学习—调整”规律的非线性适应过程。如此往复的适应过程、反馈作用的存在使得系统行为变得更加丰富多彩，可能出现混沌、突变、涌现和不可约性等出人意料的特征或现象，系统的非线性特征根源于主体内在的主动性和适应能力，这也是系统复杂性产生的根源。

（3）流。在主体之间，以及主体与环境之间存在着各种流，包括物质流、资金流、能量流、信息流、技术流和知识流等。这些流的流通渠道是否畅通和周转速度的快慢都直接影响系统的演化过程。在复杂适应系统中，流具有变易适应性、乘数效应和再循环效应的特征。

（4）多样性。多样性指系统中主体之间的差异性与层次性，差异性提供了主体之间更为新奇的交互作用，使之在不断交互和适应的过程中形成个体类型的多样化；复杂适应系统是一个多层次组织，每一层次上的主体是上一层次的建设“积木”。差异性和层次性是系统产生整体突现要求的条件，也是产生复杂适应系统多样性的基础。

（5）标志。标志是隐含在复杂适应系统中具有共性的组织机构背后的机制。主体的标志代表着主体某种特有的属性，可以看作是辨识主体身份的凭证。标志允许主体在一些不易分辨的主体或目标中进行选择，能够促进主体之间的交互性，帮助主体观察和领会隐藏在系统内部的特性。有了标志，主体之间就可以相互交流，实现聚集。设置良好的、基于标志的相互作用，为筛选、特化和合作提供了坚实的基础。因此，无论在建模过程中，还是实际系统中，标志的功能与效率都是需要认真考虑的因素。

（6）内部模型。内部模型指复杂适应系统应对外在刺激的响应能力和反应机制，它是建立在主体已有的经验、知识和学习适应能力上的。当复杂适应系统遇到类似的模式时，能够对主体的环境作出准确的推断，并主动确定主体的行为；当遇到新的模式时，能改善和重组自己的“积木”去适应新的环境。如果由此产生的行为对未来的结果能够有效地预测，则系统具有一个有效的内部模型；反之，则内部模型是无效的。

（7）积木。积木指复杂适应系统中许多能发生并行交互作用的主体。主体为了适应外部的环境变化而相互组合，组合方式和原则的差异导致所形成的复杂适应系统具有不同的功能。积木块的重新组合和再利用形成了系统中的“涌现”现象，新系统中新事物的不断产生又使得系统重新具有了复杂性。

由这七个基本要素或机制派生形成的各种复杂适应系统，是一个由许多并行发生作用的主体构成的网络。这些主体是智能的，对流经的各种资源具有消化、吸收并使之增值的能力，也有创造知识、技术、信息和资本等资源，以及自动适应环境的能力。系统演化的结果取决于主体之间的相互作用。主体根据目标适时重组系统的“积木”和重构系统的内部模型，以实现与其他主体和环境的动态适应。正是主体之间的相互作用和动态适应，造就了各种差异性的发展轨迹，从而形成主体类型的多样性；同时，主体的相互作用和不断适应，也造就了系统学习、进化与涌现的整体特征。

二 产业间共生网络的“双适应”周期演化模型

产业间共生网络的演化过程有两条适应路径：共生单元间的适应路径和共生单元与共生环境间的适应路径，这两条路径交互耦合，共同推动产业间共生网络的演化发展。共生单元之间以及共生单元与共生环境之间的协调、适应过程是通过各种“流”的流动来完成的，包括物质流、能量流、信息流和技术流等。按照产业间共生网络整体的状态变化，产业间共生网络的演化可以分为耦合、趋稳和突变三个阶段。同时，产业间共生网络的演化也具有周期性，可以分为形成期、成长期、成熟期和衰退期。产业间共生网络演化的周期性同其状态变化是相对应的，一般来说，耦合前期对应形成期，耦合后期到趋稳前期对应成长期，趋稳后期到突变前期对应成熟期，突变后期到耦合前期对应衰退期，同时也是一个新周期形成期的开始。此外，这种适应演化过程并不仅仅存在于产业共生单元这一层面，每个层次上的主体之间，以及主体与环境之间都会反复经历这一过程，产业共生单元之间，以及产业共生单元与共生环境之间的双适应过程，只不过是微观层面上主体行为的宏观体现，见图 8-7。

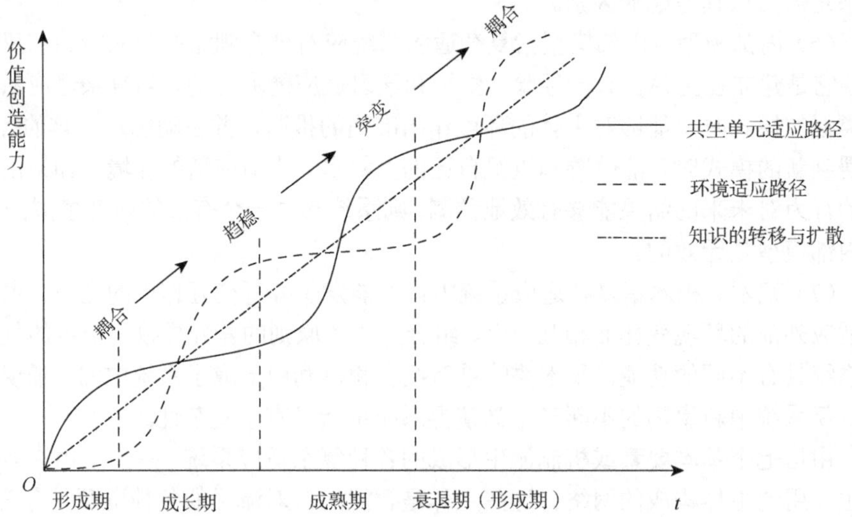

图 8-7 产业间共生网络的“双适应”周期演化模型

1. 适应的目标：产业价值创造能力的提升

1）产业价值创造能力的三维结构

产业价值创造能力不是静态的某一种能力，而是支撑产业竞争优势得以持续，并驱动产业不断创造新价值的各种能力的动态组合。产业是企业的集合体，企业在生存发展过程中，其价值创造能力包括业务层面的组分能力、支持层面的结构能力，以及发展层面的动态适应能力。同样，产业价值创造能力也可以分为组分能力、结构能力和动态适应能力，但与企业又略有不同，如图 8-8 所示。

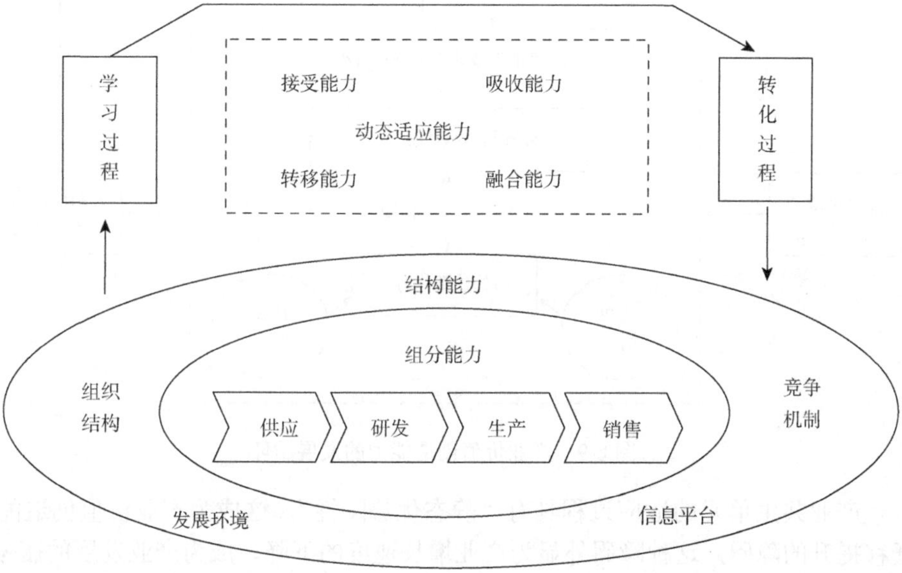

图 8-8　产业价值创造能力三维结构图

产业的组分能力是建立在从事供应、研发、生产和销售的企业之间经济技术联系的基础之上，与产业在相关业务的价值链环节的优势有关，产业具体的组分能力取决于其选择的价值链增值环节。产业的结构能力建立在组织结构、竞争机制、信息平台和发展环境等管理支持平台之上，是指能够有效地确定、复制、整合与管理组分能力的能力，表现为可优化升级的柔性组织结构、良性的竞争机制、顺畅的信息传递与沟通渠道和健康可持续的发展环境。结构能力使产业获得组织协同效应，形成结构性优势。产业的动态适应能力反映产业适应环境变化发展的能力，体现在产业的学习和转化过程中。

2）适应过程中产业价值创造能力的发展循环

产业共生单元的适应过程是产业价值创造能力不断迁移的过程。在不断变化的竞争环境下，支撑产业价值创造能力的关键因素不断地更替其主导地位，某种因素的主导地位是短期的，随着产业生命周期的推进和发展环境的变化，其作用会削弱，而其他因素的决定作用会增强。为了获得持续发展，某一产业必须在适应外在环境的过程中，适时主动地培养新的主导因素，构建新的价值创造能力，并在开发利用原有能力和构建新能力之间保持均衡协调，以平衡产业的现时生存与未来发展，实现产业价值创造能力的平稳迁移，如图 8-9 所示。

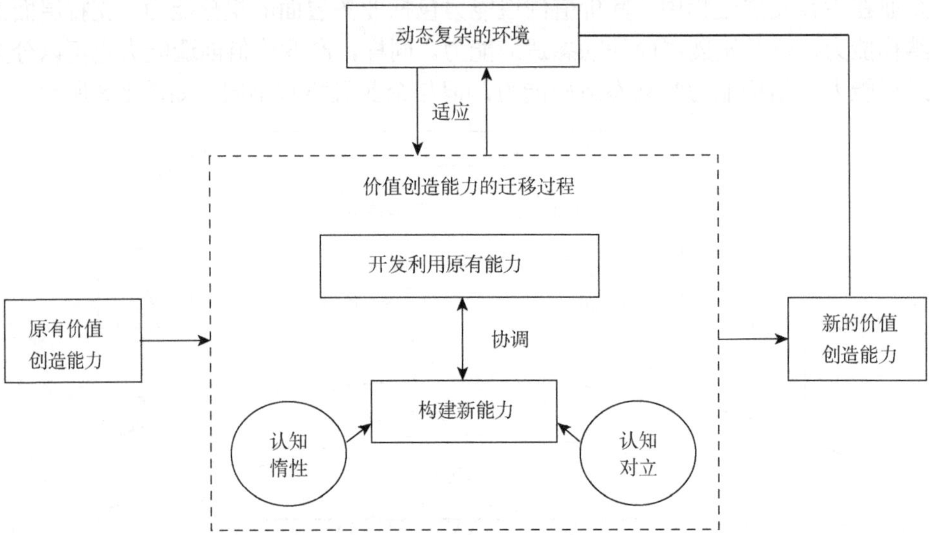

图 8-9　产业价值创造能力的发展循环

产业共生单元的适应过程具有“静态优势刚性”，这成为产业价值创造能力迁移提升的障碍，这种障碍外显为产业增长速度的下降，成为产业发展的瓶颈。在产业价值创造能力每个迁移循环初期，产业开发利用原有价值创造能力，充分配置资源，收获超额利润。然而，随着外界环境的改变，如果产业仍然按照原来的模式培养价值创造能力，必然会耗费大量的时间和资源。为此，产业共生单元在适应环境的过程中必须不断转移、接受和吸收异质性资源，构建新能力，并使新能力顺利融合进产业原有价值创造能力之中，调整产业现实资源和潜在资源的配置，突破发展瓶颈，进入下一个发展循环，开始新一轮增长。

2. 适应的本质：知识的转移和扩散

从知识管理的角度说，任何组织都可以看作是一个知识系统，产业共生单元与共生环境也不例外。产业共生单元之间，以及产业共生单元与共生环境之间流动的物质、信息、技术和能量都可以抽象成知识，产业共生单元就是以各种抽象知识的流动为载体完成与其他共生单元和共生环境的交互过程的。如图 8-10 所示，产业间共生网络也可以被视为一个知识网络，每个共生单元都是一个知识节点，共生环境是一个知识共享节点，各节点之间通过知识链建立双向的沟通和联系，节点之间知识互补，在网络内进行非正规性、非等价性的扩散，实现知识的共享、溢出和创新。在交互过程中，节点各取所需知识，并将其嵌入到共生单元的适应过程中，由此推动产业间共生网络的演化。

适应过程中知识的转移和扩散过程可以分为转移、接受、吸收和融合四个步骤。转移是知识节点有效传递所需知识的过程，转移速度的快慢和转移知识的多少取决于知识可接近性、默会程度，以及系统的复杂程度。接受是一种知识的储存能力，主要表现在节点可以将多少转移来的知识吸纳进自己知识库，接受能力取决于接受态度和系统的开放程度。吸收是节点在理解新知识价值的基础上将其分解的能力，新知识可以被拆分为若干片段，但这些片段并非都是节点可以利用的，有效拆分对于节点吸收新知识具有重要的意义。融合指节点将吸收的知识融合进自身的知识体系中，使之成为节点知识体系的有机组成部分，并将其用于创造新知识，实现产业价值创造能力的不断提升。

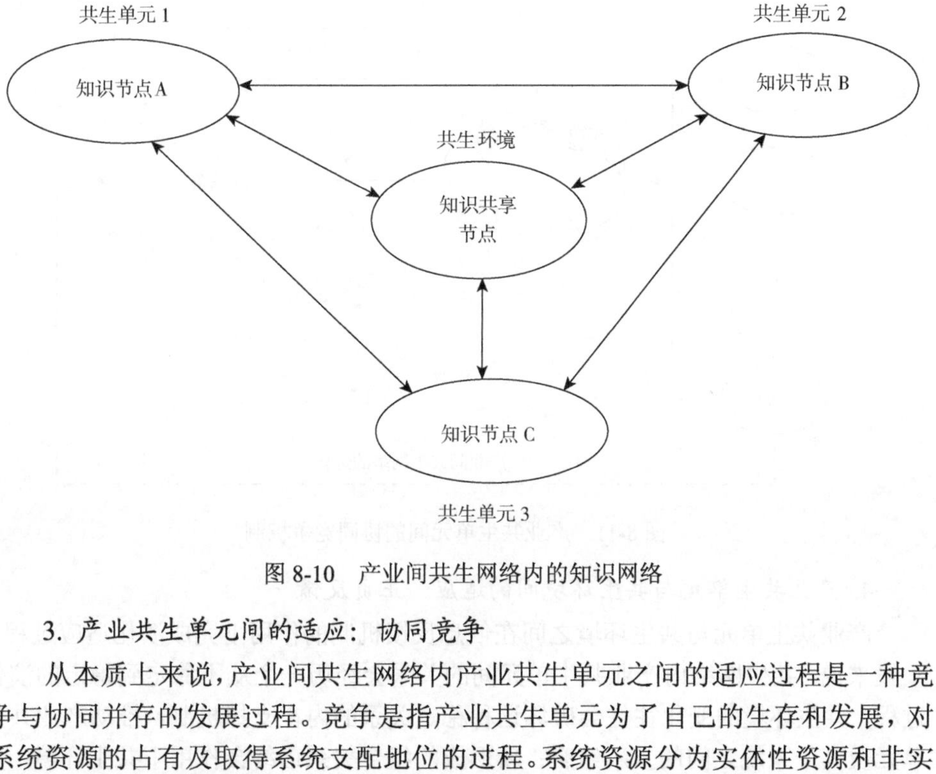

图 8-10 产业间共生网络内的知识网络

3. 产业共生单元间的适应：协同竞争

从本质上来说，产业间共生网络内产业共生单元之间的适应过程是一种竞争与协同并存的发展过程。竞争是指产业共生单元为了自己的生存和发展，对系统资源的占有及取得系统支配地位的过程。系统资源分为实体性资源和非实体性资源，实体性资源包括实物资源和金融资源，非实体性资源包括人力资源、技术资源和管理经验等。资源也是有限的，产业之间为抢占资源不可避免地会展开竞争，竞争是产业共生单元巩固市场地位的有效手段。协同则指的是产业共生单元之间相互依赖、相互合作，体现出“集体性”的过程。相关产业因供求关系、技术关联或业务联结形成产业间共生网络，网络内共生单元之间相互依存、协同发展，形成一系列价值活动的集合。这种集合通常以某一核心产品、技术或功能为基础，以能够满足消费者某种需要为目的而组合起来。产业共生单元之间的这种协同是一种长期、稳固和互补的结合关系。通过调整各利益主体之间的价值联结关系，产业间共生网络可以实现知识、技术和资源在更大范围内的交流与共享。

竞争体现出产业间共生网络内创造性的变化，形成系统局部范围的涨落；协同则把对系统有利的局部涨落通过各产业共生单元间的相互作用加以放大，形成系统整体范围内的巨涨落，从而导致系统向一个新的方向演化。竞争与协同过程是相互交叉的，在产业共生单元间的适应过程中，既没有纯粹的竞争，也没有纯粹的协同。竞争与协同的交互推动了产业共生单元间的适应过程的发展，如图8-11所示。

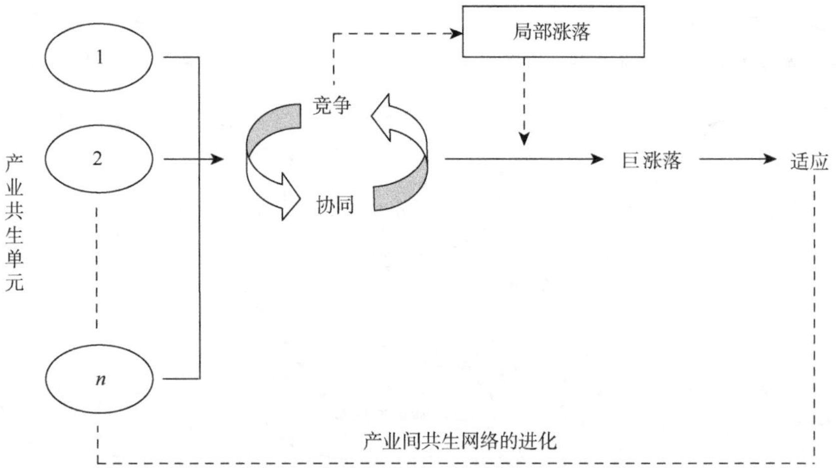

图 8-11　产业共生单元间的协同竞争机制

4. 产业共生单元与共生环境间的适应：正负反馈

产业共生单元与共生环境之间在信息反馈机制的作用下完成演化适应过程。一般来说，共生网络内产业共生单元间的关系会经历一个从不稳定到稳定的演化过程，共生环境的变化往往会破坏这种稳定关系的内在支撑机制，推动产业共生单元及其子系统之间的重新组合；新形成的组合关系最终会作用于共生环境，并根据共生环境的反馈调整系统行为。

产业共生单元与共生环境间的反馈机制有正反馈和负反馈两种形式。负反馈是使产业间共生网络保持现有状态和结构，保持现有秩序，实现组织稳定性的作用力。如果共生网络中某产业共生单元的行为表现偏离正常情形，负反馈机制会阻止这一趋势的继续演化，其结果是趋向于稳定的均衡。正反馈是推动产业间共生网络突破现有状态和结构，突显新的状态和结构的作用力，是产业间共生网络进化的推动力量。负反馈通过稳定性机制抑制正反馈，防止网络系统因为快速变异而解体。正反馈和负反馈是产业间共生网络内部同时存在的两种作用力，它们相互作用、相互影响，共同推动产业间共生网络的演化和发展。

5. 双适应过程的耦合：涌现

产业共生单元之间，以及产业共生单元与共生环境之间的双适应过程是同时发生、交互进行的，这两个过程的交互耦合使得产业间共生网络涌现出一系列整体特性。涌现性是复杂适应系统的主要特性，是一种“整体大于部分之和”的思想。产业间共生网络复杂适应系统的涌现性主要体现在以下三个方面。

（1）产业结构的优化升级。产业间共生网络的演化适应过程会对局部产业结构甚至整个经济系统结构产生重要影响，主要体现在两个方面。一是推动产业结构朝着合理化的方向发展，使产业结构更适应经济发展的长期规律。比如，会促进产业结构由劳动密集型产业占优势比重逐级向资本密集型产业和技术知识密集型产业占优势比重演进，由制造初级产品的产业占优势比重逐级向制造中间产品、最终产品的产业占优势比重演进等。二是推动产业结构内部的合理协调，包括生产规模上比例关系的协调、产值结构的协调、技术结构的协调、资产结构的协调、中间要素结构的协调和产业关联程度的提高等。

（2）资源配置效率的提升。产业间共生网络形成以后，资源配置是在网络系统整体范围内进行的，共生单元之间及共生单元与共生环境之间经过多次重复博弈，一方面会逐步淘汰落后的产能，提高资源的利用率；另一方面，各产业之间建立了顺畅的资源流通和分配渠道，使资源快速高效地被配置到最合适的环节。以生产性服务业与制造业共生网络为例，共生网络形成之前，制造企业内部大多设立服务部门，生产过程中所需的生产性服务由企业自身提供，服务的质量和专业化水平都相对较低；共生网络形成之后，相关服务由专门的生产性服务企业提供，人力、资本等资源也逐步由制造企业向生产性服务企业流转，资源的效用可以得到更大程度的发挥。

（3）创新网络的形成。产业间共生网络内双适应过程的本质是知识的扩散和转移，这一过程会推动共生单元与共生环境之间创新网络的形成。一方面，知识在共生单元间的流转会促进共生单元间知识的共享，并产生溢出效应，激发创新思想的产生，加速创新成果的转化，提高创新的效率；另一方面，共生环境是一个巨大的知识库和知识共享平台，共生单元与共生环境的适应过程会源源不断地将共生环境中的新知识转移到产业共生单元之中，对共生单元间知识的转移、扩散和创新网络的演化起到有益的补充作用，同时，适应过程会及时地反馈市场信息，使创新更贴近市场需求，提高了创新的质量。

三 不同演化阶段的变量特征

在生命周期的不同阶段，产业间共生网络所表现出来的外在特征有很大的差异。表征产业间共生网络演化特征的变量主要有共生组织模式、共生行为模式和共生界面等。综合考虑这三个变量可以基本把握产业间共生网络的演化程度，为相关的政策制定提供客观依据。

1. 共生组织模式

按照共生单元之间关联关系的紧密程度，共生组织模式可以分为点共生、间歇共生、连续性共生和一体化共生四种模式，且关联程度依次升高。

点共生反映的是共生单元之间偶然的关联过程，这种共生模式下的共生关系具有随机性、偶然性和不确定性，共生关系持续的时间较短，对共生系统组织演进的推动力十分有限。点共生却是共生关系形成的起点，是间歇共生、连续性共生和一体化共生的基础。

间歇共生反映的是共生单元之间间歇性的关联过程，分为规则间歇共生和非规则间歇共生两种。间歇共生模式下共生单元之间的关联关系尽管克服了随机性特征，但仍然是不确定的和不稳定的，没有反映出共生单元之间联系的必然性。

连续性共生反映的是共生单元之间连续的关联过程。连续性共生体现了共生单元之间长期的、连续的、稳定的共生关系，是共生系统最理想的组织模式，在这种模式下共生单元获得的收益和能量最大。

一体化共生反映的是共生单元之间一体化的关联过程，它将具有不同性质的共生单元组合成了一个具有独立性质和结构的共生体。在这个共生体中，原来共生单元的独立性消失，科层组织逐渐形成，共生单元之间的利益联系被权威关系所替代。一体化共生组织模式的形成是共生系统走向衰败的信号，当一体化共生发展到一定程度时，共生体的新生能量就会被上升的组织管理成本抵消掉，从而使共生体丧失共生效率，共生系统走向衰亡。

2. 共生行为模式

共生行为模式包括寄生、偏利共生、非对称性互惠共生和对称性互惠共生四种情况。

寄生模式本身不会产生新的能量，在共生过程中，能量是单向流动的，表现为一方能量的减少和另一方能量的增加。偏利共生会使共生系统产生新能量，但这种能量的分配只惠及共生单元的一方，对另一方来说，既无所得，也无所失。在市场经济条件下，追求经济利益是经济组织生产经营的最终目的，没有任何经济组织愿意长期为其他组织提供没有回报的服务。因此，寄生和偏利共生这两种共生行为模式是不稳定的，在经济系统中几乎不存在。

互惠共生是一个成熟的共生行为模式。在互惠共生状态下，共生单元之间的关系是平等的，物质、信息、能量在共生单元之间循环流动，共生单元各取所需，系统内部实现多赢。因此，互惠共生具有持久稳定的特征。互惠共生可以细分为非对称性互惠共生和对称性互惠共生。非对称性互惠共生是共生单元合作交流的过程，这种模式的利益分配机制是非对称的，即一方获得的能量或利益较多，而另一方较少，导致不同共生单元的能量和知识积累产生差异，形成共生单元的非完全同步进化。对称性互惠共生是共生单元平等合作的过程，其内含对称性的利益分配机制，共生利益和能量在共生单元之间是均衡分配的，使不同的共生单元获得近乎同等的能量积累和进化机会，是最稳定的共生状态。

3. 共生界面

共生界面是指共生单元之间通过开展共生行为所形成的接触方式和机制的总和。共生界面是共生单元之间物质、信息、能量传导的媒介、通道和载体，是共生关系形成和发展的基础，具有信息传输功能、物质交流功能、能量传导功能、共生序的形成功能，以及分工与合作的中介功能。共生界面的作用主要体现在其对共生动力机制和阻尼机制的影响上。共生界面对共生动力机制的影响，决定共生动力机制的形成、发展和优劣。有效的共生界面有利于共生单元之间相互激励、相互促进、相互作用、相互制约的内在机制的形成。共生界面对共生阻尼机制的影响体现在能量经过共生界面时的损耗程度，有效的共生界面能最低限度地降低能量损耗，加速能量在共生单元之间的流转。

产业间共生网络的共生界面一般都会经历一个从外生逐步向内生转化的过程。在产业间共生网络形成之初，共生界面仅局限于外生市场层面。随着共生关系的深化，共生组织模式逐渐由点共生、间歇共生向连续性共生和一体化共生转换，共生界面的进化也逐渐由偶然性和随机性较强的外生界面向稳定性和可控性都较好的内生共生界面转化。共生单元之间通过内生界面的交流效率远远高于外生界面，形成了对内生界面的依赖性，巩固了共生关系。

共生组织模式、共生行为模式和共生界面的发展演化展现了产业间共生网络从无到有、从小到大、从少到多的衍生过程，也反映出产业间共生网络由不平等共生到平等共生、由不稳定共生到稳定共生的发展变化过程。产业间共生网络的生命周期不同阶段的变量特征，如表 8-1 所示。

表 8-1　产业间共生网络演化各阶段的变量特征

	形成期	成长期	成熟期	衰退期
共生组织模式	点共生	间歇共生	连续性共生	点共生/一体化共生
共生行为模式	偏利共生/非对称性互惠共生	非对称性互惠共生	对称性互惠共生	偏利共生/非对称性互惠共生
共生界面	外生界面	以外生界面为主	以内生界面为主	外生界面

第四节　生产性服务业与制造业的共生网络

一　生产性服务业与制造业的共生机理

1. 生产性服务业与制造业的共生性判定

生产性服务业与制造业的关系经历了一个“合久必分、分久必合”的动态演化过程。最初，社会分工的细化推动了生产性服务业从制造业主体的剥离，制造企业“大而全、小而全”的生产组织模式不复存在，取而代之的是制造企业的增值活动向核心技术和主要价值增值环节集聚，以及生产性服务业的自成体系和独立发展。然而，随着经济环境的复杂化、信息通信技术的发展和经济制度的变革，不仅企业间的界限变得越来越模糊，产业间的交互渗透也日益强烈，生产性服务业与制造业之间又呈现出共生发展的趋势。在中国，随着经济发展战略的转型，服务业实现了快速发展，“双轮驱动”的经济增长模式逐渐形成，尤其是生产性服务业与制造业之间，依存度逐渐提高，发展互动性逐渐加强，表现为一种“你中有我，我中有你”的共生状态。

生产性服务业与制造业的发展互动符合产业共生的客观要求，生产性服务业的发展源于制造业的服务外包，为制造业提供服务的生产性服务企业比制造企业自我提供服务更具有规模优势和专业化优势。生产性服务业与制造业的共生合作不仅提升了制造业的生产效率、专业化水平和市场竞争力，反过来也形成了对生产性服务业更高的要求，带动了生产性服务业的发展。

随着生产性服务部门与制造业部门关系的复杂化，两个产业之间已不再是一种简单的分工关系，而是逐渐演变为一种相互作用、相互依赖、共同发展的动态联系，在制造业结构变革给生产性服务业带来巨大发展空间的同时，生产性服务业也成为制约或促进制造业发展的重要因素。此外，随着共生强度的提升，生产性服务业与制造业之间有融合的发展趋势，制造业服务化、生产性服务业与制造业产业组织模式的集群化、联盟化，以及服务功能区的出现都是二者共生所缔造的新的单元形态、新的共生形态和新的系统结构。

2. 生产性服务业与制造业共生的内在动因

生产性服务业与制造业之间属于差异性产业共生，产业链的内在延续性是二者共生的内在动因。生产性服务业与制造业的分离是社会分工细化的结果，但产业链的内在延续性却并未因此而被割断，反而因专业化的增强提升了生产性服务业与制造业的依存度。

生产性服务业与制造业之间存在物质循环和能量转移的复杂联系。制造业由传统制造业向信息化、软化和外包化方向发展，并逐渐改变原来依靠资金、劳动力和自然资源等生产要素的粗放型增长方式，生产过程融入了越来越多的生产性服务作为中间投入要素，从上游的市场挖掘、产品设计、原料采购、风险资本的引入，到中游的质量检测、人事管理、设备租赁、保养与维修，再到下游的广告宣传、运输仓储、售后服务等环节，生产性服务已经成为商品生产体系中不可或缺的一部分，这为生产性服务业与制造业共生关系的形成创造了基础条件。

生产性服务是一种知识密集型的生产要素，生产性服务投入带给制造业商品生产过程的不仅仅是服务产品本身，更主要的是其中所蕴含的人力资本、知识资本和技术资本。生产性服务业所传输的知识已经成为制造业技术变革、产品创新和制造企业建立比较优势的重要决定因素。

在当今激烈的市场竞争中，差异化等非价格竞争手段已经取代了传统的价格竞争而上升到首要地位。现代科技的发展、先进生产线的使用，使制造企业的产品在物质形式上的差异微乎其微，只有生产性服务才是形成产品差异性和企业之间进行非价格竞争的重要手段，企业利润的主要来源和企业价值增值的主要环节也正在由生产制造环节向服务环节转移。

3. 生产性服务业与制造业共生的外部条件

生产性服务业与制造业的共生需要以下两类外部条件。

1）共生界面

生产性服务业与制造业早期的共生界面仅局限于外生市场层面，表现为供求关系框架下服务产品的买卖交易行为。随着共生关系的深化，生产性服务业与制造业之间的共生组织模式逐渐由点共生、间歇共生向连续性共生和一体化共生转换，共生界面的进化也有了质的飞跃，逐渐由偶然性和随机性较强的外生界面向稳定性和可控性都较好的内生共生界面转化，制造业服务化、服务产品生产的定制化、服务提供方式的人性化都是共生界面内生化的佐证。共生单元之间通过内生界面的交流效率远远高于外生界面，形成了对内生界面的依赖性，巩固了共生关系。

2）共生环境

共生环境是共生单元以外所有影响因素的总和，包括政治体制、产业政策、人文习惯等。从各国经济发展的历史及现状来看，部分发达国家已经历了生产性服务业与制造业共生发展的阶段，正在向以服务经济为主导的经济发展模式转化。而大部分发展中国家的服务业，尤其是生产性服务业发展相对滞后，基本上都处于由工业化向服务化过渡的阶段，各种制度环境、政策环境、金融环境都对生产性服务业与制造业共生关系的形成与发展有正向的激励作用。

以中国为例，转轨时期“双轮驱动”的发展思路便为生产性服务业与制造业的共生开辟了巨大的空间。从微观层面来看，协作化、集团化、一体化、战略联盟、关系营销、联合投资等组织模式的发展为生产性服务业与制造业的共生演化创造了良好的微观共生环境，组织内生产性服务企业与制造企业间以利益关系和信息关系构成集聚程度高、影响范围广、分工有序、优势互补的共生网络。企业间通过物质、信息、能量的集成交换和梯级利用形成互利的共生关系，企业间组织结构、经营方式、方向、规模和技术水平既相互适应，又相互依赖，将竞争与冲突转化为目标共设、利益共享、风险共担的联盟，并从中获益。

二 生产性服务业与制造业共生的核心：服务外包

随着经济的发展和社会分工的细化，生产性服务业逐渐从制造业中分离出来。制造企业为了实现对核心技术的垄断，强化核心业务的竞争力，实现生产经营的专业化和低成本化，提高企业的价值创造能力，将原来由企业内部提供的各种服务和边缘技术开发活动转向由外部购买，即服务外包。从组织形式上看，服务外包是生产性服务业形成与发展的主要模式，也是生产性服务业与制造业共生网络形成及“双适应”演化过程的主要载体。

生产性服务业与制造业共生网络的双适应演化过程，如图 8-12 所示。从图 8-12 中可以看出，生产性服务业与制造业之间、生产性服务业与共生环境之间、制造业与共生环境之间的适应过程最终都可以通过服务外包这一行为体现出来。制造业生产的产品最终都将投放于市场，接受市场和产品需求者的检验，市场的反馈信息诱发企业生产经营过程的改变，其中涉及中间服务投入的部分会通过服务外包传递到生产性服务企业，生产性服务企业据此调整服务产品的性质和服务提供模式。此外，政策导向的转变可能推动生产性服务业的快速发展，进而导致服务产品种类的增加，以及服务质量和服务水平的提升。这些变化也会通过服务外包反馈给制造业企业，致使制造业企业提高服务外包的种类和数量，借以提升企业的生产经营效率。

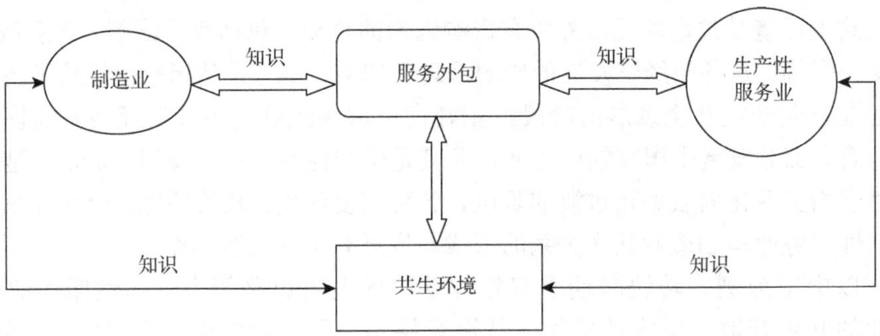

图 8-12　生产性服务业与制造业共生网络的“双适应”路径

三 制造业的技术创新

对于制造企业来说，核心技术的研发和创新是其主要的价值增值环节，是企业维持市场竞争优势和决定国际分工地位的主要因素。因此，技术创新能力的提升是制造业嵌入共生网络后的最直接受益点，也是生产性服务业与制造业共生网络学习机制的最直接体现。服务外包对制造业技术创新效率的影响主要体现在两个方面：一是制造企业通过生产性服务业外包的方式将风险分散，把资源配置于最具竞争优势的技术创新环节，降低服务成本的投入，增强企业的灵活性和效率，促进技术的专业化和精细化，从而提高技术创新的效率和企业的竞争力；二是对于制造企业的技术创新过程而言，生产性服务业为该过程提供了必需的社会资本，降低了制造企业在吸收这些资本时的交易成本和交易的不确定性，在一定程度上提高了投入产出的效率。

本节将通过构建模型验证服务外包对制造业技术创新的影响，分析以服务外包为载体的双适应演化过程及其内在的学习机制对制造业共生单元的作用机理。

1. 变量设计

（1）因变量。技术创新本身是一个投入产出过程，衡量投入的指标有研发经费的投入、研发人员的数量、非研发经费的投入等，衡量产出的指标有新产品的销售收入、技术开发项目、发明专利、新产品的利税和科技论文的发表情况等。此外，在技术创新投入产出的衡量指标中，还包括一些无形的要素，如创新目标、战略、管理、思想来源、品牌、市场拓展力等。下面侧重讨论技术创新的效率，所以选用 R&D 人员投入和 R&D 经费投入作为衡量技术创新投入的指标，选用新产品销售额、专利申请数量和技术开发项目数作为衡量技术创新产出的指标。所谓技术创新效率，就是在技术创新投入固定的情况下产出的大小；或者是技术创新产出固定的情况下投入成本的高低。本例的分析采用数据包络方法（DEA），。应用线性规划原理，通过比较同一时点不同经济体加权的投入、产出数量，得出前沿产出水平，再通过衡量各经济体的实际产出与前沿产出的差距，得到它们的效率数值。本书选取 2004 年和 2005 年 31 个省（自治区、直辖市）大中型工业企业的数据，并将计算得到的制造企业的技术创新效率作为模型的因变量[①]。

（2）自变量。结合《中国统计年鉴》的分类，把生产性服务业的外延设定为交通运输仓储及邮电通信业、金融保险业、科学研究和综合技术服务业。取各地区 2004 年和 2005 年的交通运输仓储及邮电通信业、金融保险业、科学研究和综

① 由于无法找到各地区制造企业的技术创新投入产出数据，在此用大中型工业企业的相关数据替代。就中国现阶段的制造业发展水平及其构成而言，大中型工业企业掌握着大量的资金、技术和人力资源，拥有技术创新先发优势，是制造业技术创新的主体，而小型企业只是创新的跟随者和先进技术的接收者。本例研究的仅仅是生产性服务业的外包对制造企业技术创新的促进作用，是一种相对关系，所以这种数据的替代不会影响最终结果的分析导向。

合技术服务业的经济增加值及其总和分别占整个 GDP 的比重作为模型的 4 个自变量[①]。

（3）控制变量。大量研究表明，企业规模的差异会对企业创新活动与创新行为产生非线性复杂影响效应，因此选择各地区大中型企业 2004 年和 2005 年的工业增加值作为控制变量；人力资本积累与技术人员的开发能力是影响企业自主创新和技术吸收后二次创新活动的重要因素，因此设置了技术人员与管理人员中本科及其以上学历所占比例变量，作为人力资本因素的控制变量；中国转轨背景下企业的产权形式也是对企业技术创新活动造成重要影响的因素之一，因此引入国有制造业所占比重作为控制变量，具体用各地区国有制造业增加值与整个制造业增加值的比值来衡量。

2. *研究假设及模型构建*

1）研究假设

本例主要分析三个问题：一是制造企业的生产性服务外包是否促进制造企业的技术创新效率的提升；二是不同地区制造企业的生产性服务外包程度不同，这种不同程度的外包对制造企业技术创新效率的影响是否存在差异；三是不同类型的生产性服务业在制造企业技术创新过程中所扮演的角色是否一致。针对这三个问题，提出三个理论假设。

假设 1：服务外包可以提高制造企业的技术创新效率。

假设 2：制造业和生产性服务业的协同定位效应在制造业技术创新的过程中可以得到充分的体现，即服务外包活动越活跃的地区生产性服务业越发达，制造企业的技术创新效率也越高。

假设 3：由于分工的不同，不同类型生产性服务业在制造企业技术创新过程中的贡献程度也存在差异，其中，知识密集程度高的生产性服务业的贡献大。

2）模型构建

根据以上理论分析，结合以上三个假设，建立对应的计量模型如下

$$\mathrm{RDR1}_{it} = \alpha_0 + \alpha_1\mathrm{PPS}_{it} + \alpha_2\mathrm{SIZE}_{it} + \alpha_3\mathrm{HUM}_{it} + \alpha_4\mathrm{SO}_{it} + \mu_i + \varepsilon_{it}$$

$$\mathrm{RDR2}_{it} = \beta_0 + \beta_1\mathrm{PPS}_{it} + \beta_2\mathrm{SIZE}_{it} + \beta_3\mathrm{HUM}_{it} + \beta_4\mathrm{SO}_{it} + \beta_5\mathrm{PPS}_{it} \times \mathrm{EAST} + \mu_i + \varepsilon_{it}$$

$$\mathrm{RDR3}_{it} = \gamma_0 + \gamma_1\mathrm{TCS}_{it} + \gamma_2\mathrm{FI}_{it} + \gamma_3\mathrm{RD}_{it} + \gamma_4\mathrm{SIZE}_{it} + \gamma_5\mathrm{HUM}_{it} + \gamma_6\mathrm{SO}_{it} + \mu_i + \varepsilon_{it}$$

其中，i 代表 31 个横截面观察单位，t 表示 2004 年和 2005 年两个观察年份，α、β、γ 为斜率系数。μ_i 指第 i 个省份的个体效应，在固定效应的面板模型中，其为常量，ε_{it} 为随机误差项。RDR 指制造企业的技术创新效率，用 DEA 效率值

① 根据“中国统计年鉴”的分类，这里将一部分本属于消费性服务业的部门也纳入进来。此外，生产性服务业的服务对象也不仅仅是制造业企业部门，还包括其他的生产性服务业部门和个人，如金融业。因此，在以这些指标作为自变量构建模型时，对分析结果难免会造成偏差，但本例分析的是生产性服务业和制造企业技术创新效率之间的一种相对关系，这种偏差不会影响分析的导向性。

表示。PPS、TCS、FI、RD 分别代表整个生产性服务业、交通运输仓储及邮电通信业、金融保险业、科学研究和综合技术服务业的增加值占整个 GDP 的比重。SIZE 表示企业的规模，HUM 表示人力资本因素，SO 表示国有制造业的比重。EAST 为东部地区虚拟变量，引入交互项 PPS×EAST 检验地区虚拟变量同生产性服务业之间的交互作用[①]。

3. 计算结果分析

1）技术创新效率

运用 DEA 方法对原始数据进行处理，得到各省（自治区、直辖市）制造企业的技术创新效率值（表 8-2）和东、中、西部地区的技术创新效率平均值（表 8-3）。

表 8-2 各省（自治区、直辖市）制造企业的技术创新效率值

地区	2004 年	2005 年	地区	2004 年	2005 年	地区	2004 年	2005 年
北京	0.684	0.728	安徽	0.854	0.846	四川	0.522	0.749
天津	0.735	0.691	福建	0.793	0.912	贵州	0.097	0.152
河北	0.741	0.852	江西	0.055	0.392	云南	0.153	0.306
山西	0.658	0.703	山东	0.518	0.638	西藏	0.966	0.058
内蒙古	0.107	0.472	河南	0.832	0.881	陕西	0.751	0.831
辽宁	0.532	0.629	湖北	0.683	0.725	甘肃	0.049	0.129
吉林	0.871	0.741	湖南	0.729	0.816	青海	0.132	0.305
黑龙江	0.698	0.704	广东	0.837	0.793	宁夏	0.207	0.287
上海	0.739	0.817	广西	0.127	0.063	新疆	0.158	0.489
江苏	0.921	0.783	海南	0.364	0.592			
浙江	0.676	0.805	重庆	0.269	0.817			

表 8-3 东、中、西部地区的技术创新效率平均值

创新效率	2004 年	2005 年
东部平均值	0.704	0.732
东部标准差	0.214	0.226
中部平均值	0.673	0.717
中部标准差	0.273	0.249
西部平均值	0.295	0.388
西部标准差	0.315	0.298

注：东部地区包括北京、天津、河北、辽宁、上海、江苏、浙江、福建、山东、广东、海南 11 个省（直辖市）；中部地区包括山西、吉林、黑龙江、安徽、江西、河南、湖北、湖南 8 个省；西部地区包括内蒙古、广西、重庆、四川、贵州、云南、西藏、陕西、甘肃、青海、宁夏、新疆 12 个省（自治区、直辖市）

① 顾乃华，毕斗斗，任旺兵. 2006. 中国转型期生产性服务业发展与制造业竞争力关系研究. 中国工业经济，（9）：14-21.

通过表 8-3 我们可以看出，计算结果和假设 2 分析的情况基本一致，东部地区制造企业的服务外包活动频繁，生产性服务业比较发达，相对应的技术创新效率也比较高，而中部和西部地区则相对较低。在这些地区，生产性服务业发展比较缓慢，制造企业在技术创新过程中难以借助外部生产性服务业的力量及时有效地获得创新投入资源，只能自我提供服务；与此同时，生产性服务业由于缺乏现实市场需求而难以成长，所以在生产性服务业和制造业发展的过程中，出现了高效服务缺失与市场潜力巨大之间的发展错位。这种恶性循环既不利于生产性服务业的发展，更不利于制造业技术创新效率的提高。

东部和中部地区技术创新效率平均值之间的差异非常微小，这也从侧面反映了中国东部地区的生产性服务业的发展水平还远远不够，还没有把生产性服务业对制造业技术创新的促进作用发挥到最大限度，因此还有很大的发展潜力。

2）面板数据处理结果

用广义最小二乘法对数据进行处理，以避免出现异方差，计量检验结果，如表 8-4 所示。从表 8-4 中我们可以得出以下结论。第一，SIZE 的估计系数均为正，且在 10%的水平上显著，说明企业规模在一定程度上会影响制造企业的技术创新效率，这也与现实情况比较吻合，大中型企业往往技术创新积极性较高，也具有较强的创新能力，而小型企业则往往在技术创新过程中遇到各种障碍。第二，HUM 的估计系数均为正，且在 1%的水平上显著，说明人力资本是决定技术创新效率的关键要素。第三，SO 的系数均为正，且在 5%的水平上显著，说明国有企业比重越高企业的技术创新效率也就越高，从理论上讲，这种结果是不正确的，但之所以出现这种情况，有可能是与中国转轨时期的经济发展背景分不开，但这并不是说因此就要放弃进行国有企业的改革。第四，PPS 在两个方程中的系数均为正，说明服务外包会提高技术创新的效率，验证了我们假设 1 的正确性，从数值上可以看出，生产性服务业增加值占整个 GDP 的比重每增加 1%，技术创新效率会提高 0.035%左右。第五，交叉项的系数为正，且达到显著水平，这就再次验证了假设 2，东部地区由于生产性服务业比较发达，技术创新的效率也比较高。第六，对于三大类生产性服务业行业而言，交通运输仓储及邮电通信业的系数为负，并不能说明它会降低制造企业技术创新的效率，只能从一个侧面反映出该部门尚没有发挥其应该发挥的作用。金融保险业的系数为正，且在 1%的水平上显著，说明目前中国的生产性服务业众行业中，对制造企业的技术创新效率促进作用最大的是金融保险业，该行业主要通过资金融通的方式为制造业的技术创新活动提供资金支持，这是对假设 3 的一个有力佐证。科学研究和综合技术服务业的系数为正，但是不显著，这与假设 3 有些许相悖，在假设 3 的分析当中，该行业应该属于知识密集型的服务业，应该在制造企业的技术创新过程中扮演主要的角色，但计量检验结果显示，其作用很微妙，这在一定程度上反映出中国对技术创新资源的利用率不高。因此，应充分发挥生产性服务业的作用，在全社会范围内实现创新资源共享，从而促进制造企业的技术创新。

表 8-4　计量检验结果

自变量	因变量 RDR					
	方程 1		方程 2		方程 3	
	估计系数	标准差	估计系数	标准差	估计系数	标准差
SIZE	0.134*	0.013	0.128*	0.017	0.115*	0.014
HUM	0.285***	0.037	0.317***	0.042	0.236***	0.028
SO	0.083**	0.005	0.042**	0.003	0.051**	0.003
PPS	0.036***	0.005	0.033***	0.004		
PPS×EAST			0.023	0.011		
TCS					–0.017***	0.006
FI					0.045***	0.008
RD					0.014	0.010
*R*2	0.988		0.988			
D.W 检验值	2.679		2.683			
F 统计值	20 391.54		58 714.37			

注：***、**和*分别表示显著水平为 1%、5%和 10%

四　生产性服务业劳动生产率的提升

在生产性服务业与制造业共生网络的双适应演化过程中，服务外包对制造业的影响比较容易观察，而对承接方生产性服务业的作用是怎样的呢？强调需求拉动的理论认为，制造业服务外包所引致的需求扩张推动了服务业尤其是生产性服务业的发展，但这种判断过于宏观和简化。制造业的服务外包行为不仅增加了服务业的市场需求，同时也改变了社会资源的流向，部分原本流向制造业的社会资源产生了分流，转而流向了服务业，使服务业在短期内发展成为资源密集型的行业，中国目前正处于这一发展阶段。从理论上讲，服务业占用了大量的社会资源，理应实现跨越式的发展。近 10 年，中国服务业的发展呈现出先慢后快的趋势，服务业增加值在 GDP 中所占比重也呈现出先下降后上升的趋势。服务业占 GDP 的比重在 2004 年是 40.7%，2006 年下降到 39.5%，到 2013 年上升到 46.1%。可见，制造业服务外包通过作用于服务业的产出和资源的投入在一定程度上影响了服务业的发展。

1. 外包背景下服务业生产率的动态演化

制造企业所需的服务可以通过外包和自行提供两种途径获得，其外包决策主要取决于企业内部生产这些服务的边际成本（MC）、服务的市场价格（P）、外购服务的交易成本（TC）和控制成本（CC），以及外购服务的质量。如果企业在外部市场能够获得相同品质的服务，且当 $MC \geqslant P+TC+CC$ 时，企业会选择服务外包。即便是取等号时，企业为了节约管理成本仍然会选择外购服务。制造业的服务外包主要通过影响服务业的产出和劳动力转移进而作用于服务业劳动生产率的变化。

1）制造业服务外包与服务业生产率的变动

首先采用服务外包的制造企业以较低的成本获得了同品质的服务，成本曲线下移，企业赢得超额利润。在巨大利润空间的诱使下，其他制造企业会模仿并进入服务外包市场，带来服务市场总需求的扩张，需求曲线右移，服务的市场价格上升。如果服务市场是一个竞争市场，那么所有的服务企业都会增加产出，服务的市场供给随之增加，市场价格下降。在这种良性市场循环的作用下，服务业的总产出不断增加。

制造业服务外包会产生规模效应。服务外包使得制造企业在产品分工体系中向产品内部延伸，改变了要素之间的替代率，提升了各种要素的效率和企业的劳动生产率，增加了企业产出（假设市场需求足够大），进一步增加了服务外包需求和服务业的产出。

在短期内，服务企业的资本投入量和技术水平是固定不变的，为了满足产出增长的需求，企业需要加大人力资本的投入，从而导致服务业劳动力市场需求和服务业工人工资的增加。尽管如此，一些因素会推动服务市场劳动力供给的增长，减小因需求扩张所带来的工资上涨的压力。一方面，制造企业因外包被解雇的服务部门的员工会转而向服务企业求职；另一方面，劳动力市场的新进入者也会成为服务企业员工的一个重要来源。

服务外包使制造企业更加专注于产品的专业化生产，对熟练工人和技术工人的需求随之增加，工人的平均工资上涨；而劳动力向服务市场的转移会满足服务企业的用工需求，抑制了工资的上涨，这在一定程度上加剧了制造企业和服务企业的工资差距。由于短期内制造企业和服务企业的可变投入要素为劳动力，所以可变成本主要体现为工人的工资，工资差距的拉大更使制造企业自行提供服务的成本远远大于外包成本，这会进一步推动制造业服务外包的发展。由此可见，在短期内，制造业的服务外包导致了服务业产出和劳动力投入的双重增加，使得服务业劳动生产率的净效应具有不确定性。

2）制造业服务外包与服务业生产率增长的滞后性

制造业服务外包不仅对服务业生产率有影响，还会诱发服务业和制造业生产率增长的差异。Allen 等从资本市场角度入手建立了生产率增长与资本市场运作的关联模型，对服务业部门的劳动生产率问题进行了验证。结论认为，制造业部门和服务业部门就业份额的增长率差异与两部门的劳动生产率的增长率差异，以及服务产品的需求价格弹性有关，用公式表示为

$$l_p - l_s = (\theta_p - \theta_s)(\varepsilon - 1)$$

其中，下标 p 和 s 分别代表制造业部门和服务业部门；l 代表就业份额增长率；θ 代表劳动生产率的增长率；ε 为服务产品的需求价格弹性。将该公式进行变换，得

$$(\theta_p - \theta_s) = \frac{l_s - l_p}{1-\varepsilon}$$

由此可得，制造业和服务业劳动生产率增长的差异（服务业劳动生产率增长的滞后性）受到两部门就业份额增长率差异和服务产品的需求价格弹性的影响。

短期内，服务外包提升了制造业的劳动生产率和相关服务的市场需求，推动了劳动力由制造业向服务业的转移，使服务业就业份额的增长速度快于制造业，$l_p < l_s$，等式右侧分子的符号为正且逐渐增大。一般来说，服务产品的需求价格弹性为$-1<\varepsilon<0$，分母的符号也为正。因此，制造业服务外包在短期内加剧了两部门生产率增长的差距。

从长期看，制造业和服务业生产率增长的差距不会无限度拉大。一方面，制造业服务外包对服务市场需求的拉动力有限，外包的增长速度呈边际递减趋势；另一方面，在长期内，服务企业不会只通过增加劳动力投入这一种渠道来实现产出的增长，技术变革、组织创新、过程创新，以及服务提供渠道的完善等措施都会缩减服务企业的用工数量，提升劳动生产率；此外，从长期来看，资本要素对劳动力的替代效应会逐渐显现，这在一定程度上也会降低服务企业的劳动投入量，提升劳动生产率。

2. 数据处理与统计分析

1）数据来源与处理

本例的数据主要来源于《中国统计年鉴》和 1987 年、1990 年、1992 年、1995 年、1997 年、2000 年、2002 年、2005 年的“中国投入产出表”。服务业劳动生产率用人均劳动力增加值来表示。其中，服务业增加值按照 1978 年的不变价格指数进行折算；服务业从业人员用年底就业人员数量来表示。中国目前的统计体系中缺乏对企业外包数据的统计，制造业的服务外包额用投入产出表中第三产业及各主要服务部门对制造业的投入来代替，投入值用以 1985 年为基期的生产者价格指数进行折算。考察制造业服务外包的时间为 1987～2006 年，为了进行长短期的对比分析，将时间跨度分为两个时间段：1987～1996 年和 1997～2006 年。服务业用第三产业来代替；主要服务部门划归成四个，即运输邮电业（包括交通

运输及仓储业、邮政业），批发零售贸易、住宿和餐饮业，金融保险业，其他服务业（包含租赁和商务服务、综合技术服务、科学研究、信息传输和计算机服务等行业）；制造业用第二产业来代替。

2）统计分析

统计分析包括两个部分。

第一，变化趋势分析。样本区间内服务业增加值、就业人员数量、劳动生产率及其滞后程度的变化趋势，如图 8-13 所示。1987～2006 年，服务业增加值（按可比价格计算）和就业人员数量呈现稳定上升趋势，年平均增长速度分别达到 9.34%和 5.33%，但短期和长期内二者的增长趋势有所不同。短期内服务业增加值的增长速度（9.91%）略低于长期（9.97%），而就业人员数量在短期内的增长速度则明显快于长期，分别为 7.44%和 3.23%。这说明，在技术变革和服务创新的推动下，服务业发展的规模效应有所体现，产出增长速度略有提升，但服务业吸纳劳动力的速度在逐渐放缓，服务业以高人力资本投入为代价的增长模式发生转变，服务业就业市场趋于饱和。

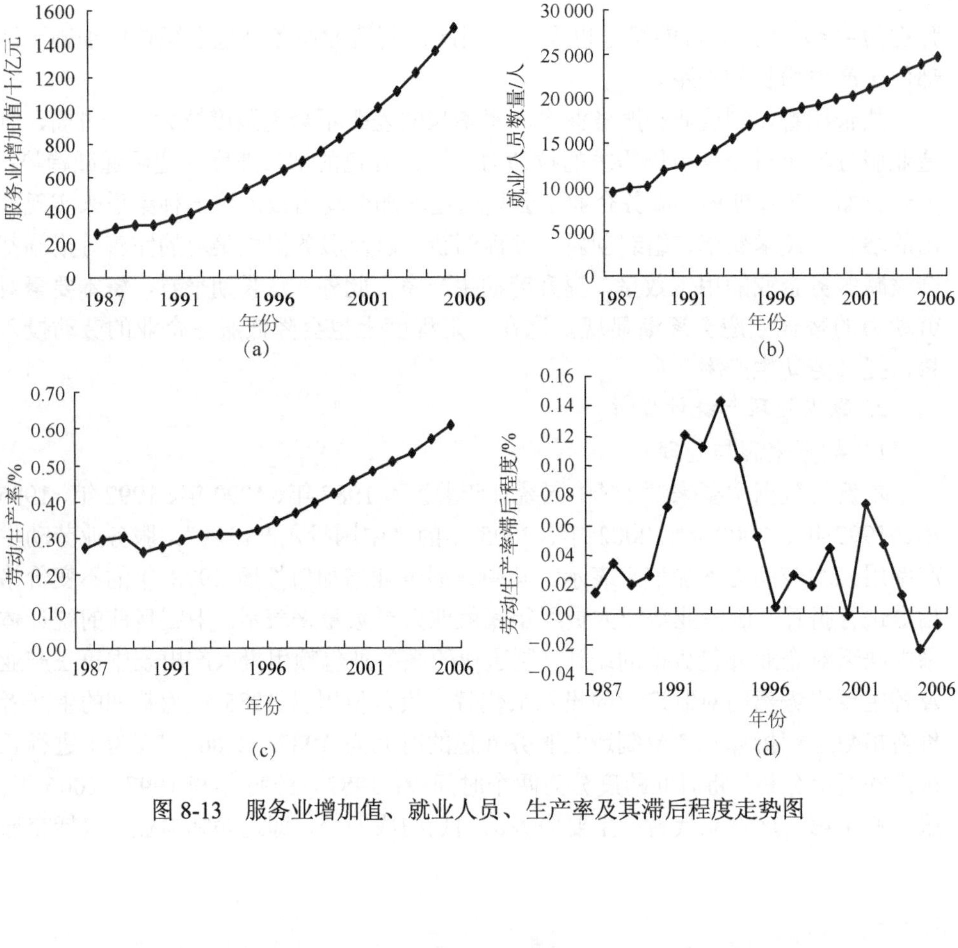

图 8-13　服务业增加值、就业人员、生产率及其滞后程度走势图

服务业劳动生产率的变化具有不稳定性。短期内，服务业劳动生产率呈现波动变化趋势，1990 年达到最低值 0.2638%；长期内，服务业劳动生产率逐年提高，年均增长速度达到 6.54%。服务业劳动生产率滞后程度（制造业与服务业劳动生产率增长率的差异）整体上呈现先增后降的倒“U”形状，1994 年达到峰值，滞后量为 0.1427。1987～1996 年，服务业劳动生产率的增长率平均比制造业滞后 0.07；1997～2006 年，服务业劳动生产率的增长率平均滞后程度却只有 0.0197，其中，2001 年、2005 年和 2006 年三年内服务业劳动生产率增长的滞后量由正变负，服务业劳动生产率的增长率分别高出制造业 0.0004、0.0246 和 0.0071。此外，在长期内，虽然服务业劳动生产率增长的滞后性也发生波动，但波动的幅度较短期内要小得多，这体现了中国制造业与服务业劳动生产率增长的同步性和趋同性，也从侧面反映出中国“二元”经济发展模式趋于成熟。

第二，地区差异分析。所考察的中国 30 个省（自治区、直辖市）服务业产出、劳动力和生产率的变化情况与全国范围内的分析结果相似，总体上均呈现出稳定上升的趋势。其中，生产率在短期和长期内的波动情况，如表 8-5 所示。

表 8-5　各地区服务业生产率的波动情况[1]　　（单位：年）

地区	波动时间		地区	波动时间	
	短期	长期		短期	长期
北京	0	2	河南	1	2
天津	2	0	湖北	1	0
河北	1	1	湖南	4	1
山西	1	0	广东	1	2
内蒙古	1	0	广西	5	1
辽宁	1	0	海南	2	0
吉林	2	1	四川	8	2
黑龙江	1	0	贵州	7	9
上海	0	1	云南	1	1
江苏	1	0	西藏	1	3
浙江	4	1	陕西	4	4
安徽	5	0	甘肃	1	0
福建	0	1	青海	6	3
江西	4	1	宁夏	2	3
山东	2	2	新疆	0	0

① 为了保证统计数据的可比性，将 1997 年以后的重庆市数据并入四川省的相关数据中。

由表 8-5 可知，有 17 个省（自治区、直辖市）服务业的生产率在短期内的波动频率要高于长期，有 4 个省长短期内的波动频率相当，只有北京、上海、福建、河南、广东、贵州、西藏、宁夏 8 个省（自治区、直辖市）服务业的生产率在长期内波动较大，而新疆服务业的生产率则未发生波动，一直呈现出持续增长的态势。在长期内发生波动的省（自治区、直辖市）当中，有许多省（自治区、直辖市）都是受短期波动惯性的影响，波动的年份集中在 1997～1999 年三年内（如河北、浙江、福建、山东、河南、湖南、广东、四川、云南等）。此外，长期内各地区服务业生产率的波动幅度要明显小于短期。

长短期内各地区服务业生产率增长的滞后性差异特点不同，如表 8-6 所示。短期内，河北、上海、浙江等 15 个省（自治区、直辖市）服务业生产率增长的滞后性要大于长期，其中以东、中部省（直辖市）为主；而北京、天津、辽宁、黑龙江、吉林、山西、内蒙古等省（自治区、直辖市）服务业生产率增长的滞后性则在长期内表现明显，以西部省（自治区、直辖市）居多。计算结果表明：东中部省（自治区、直辖市）的发展状况可以代表中国整体服务业，因此其服务业生产率增长的特点与前文全国范围内的分析结果相似；西部地区的经济发展相对落后，在样本期的长期阶段（1997～2006 年），其服务业发展刚刚起步，因此服务业生产率增长的滞后程度要大于短期；黑龙江、吉林、辽宁、山西等省（自治区、直辖市）的经济结构中制造业占主导地位，服务业起步较晚，服务业的发展特点与西部地区相似。

表 8-6　各地区服务业生产率增长的滞后性差异

地区	短期		长期		地区	短期		长期	
	平均值	标准差	平均值	标准差		平均值	标准差	平均值	标准差
北　京	0.004	0.092	0.086	0.150	河　南	0.043	0.120	0.017	0.048
天　津	–0.052	0.149	0.062	0.048	湖　北	0.051	0.103	0.066	0.064
河　北	0.010	0.100	0.005	0.068	湖　南	0.100	0.203	0.029	0.085
山　西	0.030	0.081	0.064	0.060	广　东	0.109	0.173	0.036	0.043
内蒙古	0.053	0.090	0.119	0.071	广　西	0.111	0.126	0.070	0.064
辽　宁	0.009	0.105	0.087	0.096	海　南	0.022	0.196	0.062	0.068
吉　林	0.024	0.107	0.069	0.109	四　川	0.087	0.129	0.057	0.070
黑龙江	–0.001	0.117	0.070	0.117	贵　州	0.111	0.357	0.077	0.101
上　海	0.057	0.085	0.052	0.075	云　南	0.030	0.080	0.027	0.053
江　苏	0.026	0.113	0.031	0.045	西　藏	0.069	0.229	0.031	0.174
浙　江	0.115	0.100	–0.001	0.060	陕　西	0.070	0.080	0.077	0.098
安　徽	0.084	0.130	0.004	0.070	甘　肃	0.037	0.229	0.051	0.035

续表

地区	短期		长期		地区	短期		长期	
	平均值	标准差	平均值	标准差		平均值	标准差	平均值	标准差
福　建	0.068	0.113	0.017	0.180	青　海	0.021	0.168	0.085	0.073
江　西	0.127	0.227	0.041	0.088	宁　夏	0.017	0.067	0.037	0.058
山　东	0.081	0.101	0.039	0.039	新　疆	–0.003	0.087	0.075	0.041

3. 实证检验结果

为了验证制造业服务外包对服务业增加值、就业人员数量、劳动生产率及其滞后程度的影响，构建如下回归模型

$$Y_{it} = \alpha_0 + \alpha_1 \mathrm{FWY}_t + \mu_t \quad (1)$$

$$Y_{it} = \beta_0 + \beta_1 \mathrm{YSYD}_t + \beta_2 \mathrm{PFLS}_t + \beta_3 \mathrm{JRBX}_t + \beta_4 \mathrm{QT}_t + \mu_t \quad (2)$$

其中，i=1，2，3，4，Y_{1t}、Y_{2t}、Y_{3t}、Y_{4t}分别代表服务业增加值、就业人员数量、劳动生产率及劳动生产率的滞后程度；t表示1987～2005年中的8个观察年份；FWY表示整个服务业，YSYD、PFLS、JRBX和QT则分别表示运输邮电业，批发零售贸易、住宿和餐饮业，金融保险业，其他服务业。计量分析结果，如表8-7所示。

表8-7　计量分析结果

项目	服务业增加值	就业人员数量	劳动生产率	劳动生产率滞后程度
制造业服务外包	0.930 566***	1.104 000***	2.69E-05***	–4.29E-06
	(13.22)	(4.957)	(13.824)	(–0.892)
运输邮电业务外包	0.515 822	–0.265 628	9.60E-06	–6.34E-05**
	(0.743)	(–0.139)	(0.519)	(–2.261)
批发零售贸易、住宿和餐饮业务外包	1.542 471**	4.540 070**	2.65E-05*	5.04E-05*
	(1.784)	(1.916)	(1.149)	(1.443)
金融保险业务外包	–1.350 741	–5.65 7365	6.29E-06	7.55E-05
	(–0.438)	(–0.669)	(0.077)	(0.606)
其他服务业务外包	1.407 816*	1.037 508	5.60E-05**	1.26E-06
	(1.411)	(0.379)	(2.105)	(0.031)

注：①括号内的数据为t统计值，*、**和***分别表示估计值在10%、5%和1%的水平上显著；②由于样本容量较小，主要服务部门的大部分估计值不显著，但通过横向比较可以粗略判定不同类型服务业务外包对制造业的影响差异

由表8-7可知，制造业服务外包对服务业产出（增加值）的正向促进作用显

著，制造业每外购 1 单位服务会引起服务业增加值增长 0.93 个单位。但是，不同服务业务外包的作用差异较大。其中，金融保险业务的外包与服务业产出增长呈负相关，运输邮电、批发零售和其他服务业务外包与服务业产出增长呈正相关，以批发零售贸易、住宿和餐饮业务为最，相关系数达到约 1.54。这表明中国服务外包市场发展处于初期阶段，批发零售贸易、住宿和餐饮等传统服务业务的外包对服务业成长的拉动力要大于金融、物流、咨询等高端现代服务业务。而金融保险业的负相关系数并非金融保险业务的外包阻碍了服务业产出的增长，这主要是由于 1997 年前后的金融危机对制造企业的心理预期产生影响，面对外部金融市场复杂的发展环境，制造企业实施金融业务外包的积极性下降，企业宁愿付出高成本来自己处理相关业务，以降低经营风险。制造业服务外包对服务业就业人员数量增长的正向促进作用显著，制造业每外包 1 亿元会促使劳动力向服务业转移 1.1 万人。

在服务业各主要部门中，批发零售等业务外包对劳动力转移的推动作用最为显著，这与中国服务业发展的实际情况相符合，传统服务业仍然是吸纳劳动力的主要部门。在整个样本区间内，制造业服务外包与服务业生产率的提升有显著的正向相关关系，其中以其他服务业的相关系数最高也最为显著。这主要是由于其他服务业中，包含计算机软件、咨询、综合技术等与制造业密切相关的生产性服务业，这些行业本身属于高生产率行业，制造业服务外包需求的扩张提升了这些行业在服务业中的比重，进而提升了整体服务业的生产率。在整个样本区间内，制造业服务外包与服务业生产率滞后性的相关关系不显著，这或许是由服务外包对服务业生产率滞后程度的影响在短期和长期内的差异较大所致。

参考文献

安琴，赵公民，王仰东，等. 2011. 服务创新与高技术服务业. 北京：科学出版社.
代文. 2007. 现代服务业集群的形成和发展研究. 武汉理工大学博士学位论文.
戴延寿. 2003. 企业服务创新中的文化冲突及调适. 企业经济，（4）：47-48.
方新. 1991-11-25. 论技术创新与技术扩散. 科技日报，3 版.
冯之浚，于丽英. 2008. 知识密集型服务创新与现代服务外包. 科学学研究，（6）：1025-1031.
弗里曼. 2004. 工业创新经济学. 北京：北京大学出版社.
约翰・福斯特，J.斯坦利・梅特卡夫. 2005. 演化经济学前沿：竞争、自组织与创新政策. 贾根良，刘刚，译. 北京：高等教育出版社.
富克斯，许微云. 1987. 服务经济学. 北京：商务印书馆.
郭克莎. 2000. 第三产业的结构优化与高效发展（上）. 财贸经济，（10）：51-56.
胡晓鹏. 2008. 产业共生：理论界定及其内在机理. 中国工业经济，9：118-128.
雷伊赛宁. 2010. 服务建模：原理与应用. 吴晓波，陈琦，严素蓉，译. 杭州：浙江大学出版社.
李春成，和金生. 2008. 基于创新的服务业分类问题探讨. 科学学与科学技术管理，（4）：77-80.
李江帆. 1990. 第三产业经济学. 广州：广东人民出版社.
李江帆. 1994. 第三产业发展规律探析. 生产力研究，（2）：49-53.
李靖华. 2009. 大规模定制化服务创新. 北京：科学出版社.
李善同，高传胜. 2008. 中国生产性服务业发展与制造业升级. 上海：上海三联书店.
蔺雷，吴贵生. 2004. 服务创新的四维度模型. 数量经济技术经济研究，（3）：32-37.
蔺雷，吴贵生. 2005. 服务创新：研究现状、概念界定及特征描述. 科研管理，（2）：1-6.
蔺雷，吴贵生. 2006. 服务创新调查数据库的构建及其应用. 科学学研究，（12）：661-667.
蔺雷，吴贵生. 2008. 制造业发展与服务创新：机理、模式与战略. 北京：科学出版社.
刘继国. 2009. 制造业服务化发展趋势研究. 北京：经济科学出版社.
刘明宇，芮明杰，姚凯. 2010. 生产性服务价值链嵌入与制造业升级的协同演进关系研究. 中国工业经济，（8）：66-75.
柳卸林. 2005. 对服务创新研究的一些评论. 科学学研究，（6）：856-860.
鲁若愚. 2010. 多主体参与的服务创新. 北京：科学出版社.
陆娟，芦艳，娄迎春. 2006. 服务忠诚及其驱动因素：基于银行业的实证研究. 管理世界，08：94-103.
马克思. 1975. 资本论. 中共中央马克思恩格斯列宁斯大林著作编译局，译. 北京：人民出版社.
马月华，董华. 2003. 旅游业的服务创新与品牌建设. 青岛科技大学学报：社会科学版，（1）：51-55.
迈克尔・波特. 2002. 国家竞争优势. 李明轩，邱如美，译. 北京：华夏出版社.
迈克尔・哈默，詹姆斯・钱皮.1998. 改革公司：企业革命宣言书. 徐荻洲，译. 上海：上海译文出版社.
乔・迪德，福兰克・M. 赫尔. 2010. 服务创新：对技术机会和市场需求的组织相应. 李靖华，译. 北京：知识产权出版社.

让·盖雷，法伊兹·加卢. 2012. 服务业的生产率、创新与知识. 李辉，王朝阳，姜爱华，译. 上海：格致出版社.
任旺兵. 2008. 我国制造业发展转型期生产性服务业发展问题. 北京：中国计划出版社.
舒伯阳. 2005. 基于BSC的服务创新成长绩效评估. 中南财经政法大学学报，（6）：45-49.
斯特劳斯，吴健，李莹，等. 2010. 服务科学：基础、挑战和未来发展. 杭州：浙江大学出版社.
谭力文，刘林青. 2008. 跨国公司制造和服务外包发展趋势. 北京：人民出版社.
田吉生，金伟飞. 2003. 论以客户为中心的保险服务创新. 保险研究，（2）：27-28.
魏江. 2004. 知识密集型服务业与创新. 北京：科学出版社.
吴炳康. 2003. 强化服务理念提升服务品质. 福建金融，（5）：22-24.
熊彼特. 1990. 经济发展理论. 北京：商务印书馆.
徐冠华，郭铁成，刘琦岩，等. 2011. 关于促进我国创新服务业发展的几个问题. 科技创新与生产力，（10）：24-26.
徐文虎. 2003. 服务创新是保险发展的关键. 保险研究，（4）：7-9.
徐哲. 2009. 服务利润链及其打造战略. 企业改革与管理，（2）：40-41.
许庆瑞，吕飞. 2003. 服务创新初探. 科学学与科学技术管理，（3）：34-37.
于洪彦，银成钺. 2006. 市场导向、创新与企业表现的关系——基于中国服务业的实证研究. 南开管理评论，（3）：10-15.
俞仁龙. 1999. 服务市场正在发生变化. 商业经济研究，（5）：35-36.
原毅军. 2008. 面向全球市场的中国服务业发展. 大连：大连理工大学出版社.
原毅军，陈艳莹. 2011. 中国高端服务业发展研究. 北京：科学出版社.
原毅军，李军. 2011. 国际产业转移与中国生产性服务业升级——基于承接高端制造业国际转移视角. 经济研究导刊，（4）：137-140.
詹姆斯·A.菲茨西蒙斯，莫娜·J.菲茨西蒙斯. 2007. 服务管理：运作、战略与信息技术（第5版）. 张金成，范秀成，等，译. 北京：机械工业出版社.
赵晓庆，许庆瑞. 2002. 企业技术能力演化的轨迹. 科研管理，（1）：70-76.
Aarikka-Stenroos L，Jaakkola E. 2012.Value co-creation in knowledge intensive business services：adyadic perspective on the joint problem solving process. Industrial Marketing Management，41（1）：15-26.
Allard C R，Jos L，Hans O. 2004. High-technology service innovation success：a Decision-making perspective. Product Innovation Management，（21）：348-359.
Aranda D A，Molina-Fernández L M. 2002. Determinants of innovation through a knowledge-based theory lens. Industrial Management & Data Systems，102（5）：289-296.
Azadegan A，Wagner S M. 2011. Industrial upgrading，exploitative innovations and explorative innovations. International Journal of Production Economics，130（1）：54-65.
Barcet A，Bonamy J，Mayère A. 1987. Modernisation et innovation dans les services aux entreprises. Lyon：Report for Commissariat Général du Plan.
Barras R. 1986. Towards a theory of innovation in services. Research policy，15（4）：161-173.
Barras R. 1990. Interactive innovation in financial and business services：the vanguard of the service

revolution. Research Policy, 19 (3): 215-237.

Belleflamme C. 1986. Innovation and research and development process analysis in service activities. Brussels: IRES, EEC-FAST reports. No. 116.

Bessant J, Rush H. 1995. Building bridges for innovation: the role of consultants in technology transfer. Research Policy, 24 (1): 97-114.

Bharadwaj A S. 2000. A resource-based perspective on information technology capability and firm performance: an empirical investigation. MIS quarterly, 24 (1): 169-196.

Chaminade C, Vang J. 2008. Globalization of knowledge production and regional innovation policy: supporting specialized hubs in the Bangalore software industry. Research Policy, 37 (10): 1684-1696.

Chang Y C, Linton J D, Chen M N. 2012. Service regime: an empirical analysis of innovation patterns in service firms. Technological Forecasting and Social Change, 79 (9): 1569-1582.

Daniel B. 1976. The coming of post-industrial society: a venture in social forecasting. New York: Basic Books.

David P A, Foray D. 1994. Percolation Structures, Markov Random Fields and the Economics of EDI Standards Diffusion. Amsterdam: Elsevier Science Publishers BV.

Djellal F, Gallouj F. 2000. Innovation surveys for service industries: a review. Sophia Antipolis: Paper Presented at the DG Enterprise Conference on Innovation and Enterprise Creation: Statistics and Indicators.

Djellal F, Gallouj F. 2001. Patterns of innovation organisation in service firms: postal survey results and theoretical models. Science and Public Policy, 28 (1): 57-67.

Drejer I. 2004. Identifying innovation in surveys of services: a schumpeterian perspective. Research Policy, 33: 551-562.

Droege H, Hildebrand D, Forcada M A H. 2009. Innovation in services: present findings, and future pathways. Journal of Service Management, 20 (2): 131-155.

Elfring T. Hulsink W. 2003. Networks in entrepreneurship: the case of high-technology firms. Small Business Economy, 21 (4): 409-422.

Ettlie J E. 2012. Service innovation in manufacturing. Journal of Service Management, 23 (3): 440-454.

Evans P B, Wurster T S. 1997. Strategy and the new economics of information. Harvard Business Review, 75 (5): 70.

Freeman C. 1991. Networks of innovators: a synthesis of research issues. Research Policy, 20 (5): 499-514.

Gainelli G, Evangelista R, Savona M. 2006. Innovation and economic performance in services: a firm-level analysis . Cambridge Journal of Economics, (3): 435-458.

Gallouj F. 1991. Les formes de l'innovation dans les services de conseil. Revue I'économie Industrielle, 57 (1): 25-45.

Gallouj F. 1998. Innovating in reverse: services and the reverse product cycle. European Journal of

Innovation Management，1（3）：123-138.

Gallouj F. 2000. Beyond technological innovation：trajectories and varieties of services innovation. Services and the Knowledge-Based Economy，25（3）：129-145.

Gallouj F. 2002. Innovation in services and the attendant old and new myths. Journal of Socio-Economics，（31）：137-154.

Gallouj F，Weinstein O. 1997. Innovation in services. Research Policy，26（4）：537-556.

Gebauer H，Krempl R，Fleisch E，et al. 2008. Innovation of product-related services. Managing Service Quality，18（4）：387-404.

Gremyr I，Löfberg N，Witell L. 2010. Service innovations in manufacturing firms. Managing Service Quality，20（2）：161-175.

Hardouin J. 1733. Opera Varia：Cum Indicibus & Tabulis Oeneis. Amsterdam：Henr. du Sauzet.

Haskel J. 2007. Measuring innovation and productivity in a knowledge-based service economy. Economic & Labour Market Review，（7）：27-31.

Hauknes J. 1996. Innovation in the service economy. Norway：Studies in technology，innovation and economic policy，No. 199607，STEP Report series.

Henderson R M，Clark K B. 1990. Architectural innovation：the reconfiguration of existing product technologies and the failure of established firms. Administrative Science Quarterly，35（1）：9-30.

Hertog P D. 2000. Knowledge-intensive business services as co-producers of innovation. International Journal of Innovation Management，4（4）：491-528.

Hertog P D，Bilderbeek R. 1999. Conceptualising service innovation and service innovation patterns. Utrecht：Thematic essay within the framework of the Research Programme Strategic Information Provision on Innovation and Services（SIID）for the Ministry of Economic Affairs.

Heskett J L，Sasser W E，Schlesinger L A. 1997. The service profit chain：how leading companies link profit and growth to loyalty，satisfaction，and value. Simon and Schuster，9（3）：312-313.

Hipp C，Grupp H. 2005. Innovation in the service sector：the demand for service-specific innovation measurement concepts and technology. Research Policy，24（4）：517-535.

Hipp C，Tether B S，Miles I. 2000. The incidence and effects of innovation in services：evidence from Germany. International Journal of Innovation Management，4：417-453.

Howells J，Tether B. 2006. Innovation in Services：Issues at Stake and Trends. Luxembourg：Office for Official Publications of the European Communities.

Keeble D，Nachum L. 2002. Why do business service firms cluster? Small consultancies，clustering and decentralization in London and southern England. Transactions of the Institute of British Geographers，27（1）：67-90.

Keegan A，Turner J R. 2002. The management of innovation in project-based firms. Long Range planning，35（4）：367-388.

Kemeny T. 2010. Does foreign direct investment drive technological upgrading? Original research article. World Development，38（11）：1543-1554.

Kline J K，Rosenberg N. 1986. An overview of innovation. The Positive Sum Strategy：Harnessing

Technology for Economic Growth，275：305-327.

Kowalkowski C. 2010. What does a service-dominant logic really mean for manufacturing firms?CIRP Journal of Manufacturing Science and Technology，3（4）：285-292.

Kuusisto J，Meyer M. 2002. Insights into Services and Innovation in the Knowledge-intensive Economy. Helsinki：National Technology Agency.

Lambert A D，Boons F A. 2002. Eco-industrial parks：stimulating sustainable development in mixed industrial parks. Technovation，22（8）：471-484.

Leiponen A. 2005. Organization of knowledge and innovation：the case of Finnish business services. Industry and Innovation，（2）：185-203.

Lia X. 2011. Upgrading of China's manufacturing industry：two-sector analysisbased on the facilitation of producer services. Procedia Environmental Sciences，10：307-312.

Lightfoot H W，Gebauer H. 2011. Exploring the alignment between service strategy and service innovation. Journal of Service Management，22（5）：664-683.

Love J H，Roper S，Bryson J R. 2011. penness，knowledge，innovation and growth in UK business services. Research Policy，40（10）：1438-1452.

Lovelock C. 2008. Services Marketing People，Technology，Strategy. New York：John Wiley & Sons.

Lovelock C H. 1983. Classifying services to gain strategic marketing insights. Journal of Marketing，47（3）：9-20.

Lovelock C H. 1999. Developing marketing strategies for transnational service operations. Journal of Service Marketing，13（4/5）：278-295.

Loverlock C H，Day G H. 1987. Marketing Public Transit：a Strategic Approach. New York：Praeger.

Mamede R. 2002. Does innovation（really）matter for success? Elsinore：The case of an IT Consulting Firm. Conference on Industrial Dynamics of the New and Old Economy.

Mankiw N G，Romer D，Weil D N. 1992. A contribution to the empirics of economic growth. The Quarterly Journal of Economics，107（2）：407-437.

Mansfield E. 1968. Industrial Research and Technological Innovation：an Econometric Analysis. New York：Norton.

Martinez-Noya A，Garcia-Canal E，Guillen M F. 2012. International R&D service outsourcing by technology-intensive firms：whether and where?Journal of International Management，18（1）：18-37.

Miles I. 1993. Services in the new industrial economy. Futures，25（6）：653-672.

Miles I. 1995. Knowledge-intensive business services. EIMS Publication，4（15）：491-528.

Miles I. 1995. Service innovation，statistical and conceptual issues. Paris：Working Group on Innovation and Technology.

Miles L. 2008. Patterns of innovation in service industries. IBM Systems Journal，（1）：115-128.

Minna K，Hugo H，Anthony A. 2006. 2006 Trend Chart Report：Can We Measure and Compare innovation In Services? Maastricht：Maastricht University Press.

Mintzberg H，Lampel J，Ahlstrand B. 2005. Strategy Safari：a Guided Tour Through the Wilds of

Strategic Management. New York：Simon and Schuster.
Miozzo M，Grimshaw D. 2008. Service multinationals and forward linkages with client firms：the case of IT outsourcing in Argentina and Brazil. International Business Review，17（1）：8-27.
Normann R. 1983. Service Management. New York：John Wiley&Sons.
OECD，European Communities. 1997. Proposed Guidelines for Collecting and Interpreting Technological Innovation Data：the Oslo Manual. Paris：Organisation for Economic Co-operation and Development.
Paton R，McLaughlin S. 2008. Services science and innovation series. European Management Journal，26（2）：75-76.
Pietrobelli C，Rabellotti R. 2011. Global Value Chains Meet Innovation Systems：are there learning opportunities for developing countries? World Cevelopment，39（7）：1261-1269.
Quinn J. 1993. Intelligent Enterprise. New York：Free Press.
Rogers E M. 1995. Diffusion of Innovations. New York：Simon and Schuster.
Rosa J M. 2004. Importance of research and development in the business services sector. Innovation Analysis Bulletin，2：11-213.
Santamaría L，Jesús Nieto M，Miles I. 2012. Service innovation in manufacturing firms：evidence from Spain. Technovation，32（2）：144-155.
Schultz T W. 1961. Investment in human capital. The American Economic Review，1-17.
Schweitzer E，Aurich J C. 2010. Continuous improvement of industrial product-service systems. CIRP Journal of Manufacturing Science and Technology，3（2）：158-164.
Smith F W. 1968. Pattern classifer design by linear programming. Computers IEEE Transaction on，100（4）：367-372.
Solo C S. 1951. Innovation in the capitalist process：a critique of the Schumpeterian theory. The Quarterly Journal of Economics，65（3）：417-428.
Spring M，Araujo L. 2013. Beyond the service factory：service innovation in manufacturing supply networks. Industrial Marketing Management，42（1）：59-70.
Stigler G J. 1951. The division of labor is limited by the extent of the market. The Journal of Political Economy，59：185-193.
Sundbo J. 1994. Modulization of service production and a thesis of convergence between service and manufacturing organizations. Scandinavian Journal of Management，10（3）：245-266.
Sundbo J. 1996. The balancing of empowerment. A strategic resource based model of organizing innovation activities in service and low-tech firms. Technovation，16（8）：397-446.
Sundbo J. 1997. Management of innovation in services. Service Industries Journal，17（3）：432-455.
Sundbo J，Gallouj F. 2000. Innovation as a loosely coupled system in services. International Journal of Services Technology and Management，1（1）：15-36.
Tether B S. 2003. The sources and aims of innovation in services：variety between and within services. Economics of Innovation and New Technology，（6）：481-505.
Thakur R，Hale D. 2013. Service innovation：a comparative study of US and Indian service firms.

Journal of Business Research，66（8）：1108-1123.

Tidd J，Bessant J，Pavitt K. 1997. Managing Innovation：Integrating Technological，Market and Organisational Change. Chichester：John Wiley & Sons.

Triplett J E，Bosworth B P. 2003. Productivity measurement issues in services industries："Baumol' s disease" has been cured. FRBNY Economic Policy Review，(9)：23-33.

Utterback J M.1974. Innovation in industry and the diffusion of technology. Science，183（4125）：62-626.

Wild P J. 2010 A. systemic framework for supporting cross-disciplinary efforts in services research. CIRP Journal of Manufacturing Science and Technology，3（2）：116-127.

Williams A. 2007. Product service systems in the automobile industry：contribution to system innovation? Journal of Cleaner Production，15（11）：1093-1103.

(SCPC-BZBEZE09-0020)

丛书策划：林　鹏　胡升华　侯俊琳
责任编辑：石　卉　乔艳茹
封面设计：黄华斌　陈　敬

随着生产社会化程度不断提高，决策变得越来越复杂，决策者必须借助于专家群体进行软科学研究以提供决策支撑。

“中国软科学研究丛书”以科技部组织实施的“国家软科学研究计划”优秀项目成果为依托，旨在解决我国科技战略与决策等方面的前瞻性问题，对推动决策科学化、民主化等具有重要的作用，并将促使软科学研究成果真正成为各级政府部门、企事业单位等决策的科学依据，真正把科研成果转化为生产力。

本丛书适于政府有关部门管理者、科技管理研究者阅读，也是从事软科学相关研究的学者、高校学生的实用参考书。

ISBN 978-7-03-041014-6

9 787030 410146 >

上架建议：经管/社科

定　价：88.00 元